U0937491

大清皇宫
DAQING HUANGGONG
LIDE NVRENMEN
里的女人们

后宫，一个女人不想作战却别无选择的战场！一朝成为帝王的女人后，开始为男人而活，为生存而战。那些顶尖绝色的皇宫里的聪慧女子，她们在历史的万道霞光中，叱咤风云、深谋远虑、锐意进取、血泪悲欢，谱写了一段段凄美的史诗。

毛泽东曾这样评价大清的女人：清朝有一个好女人，一个坏女人。好女人就是庄妃，坏女人就是慈禧。在清朝历史上确实演出了一幕幕以后妃为主角的凄惨悲剧。她们的尔虞我诈、皇帝的一时好恶，都可能改变一个妃子的命运。实际上，在那个男权至上的社会大环境和皇权至上的宫廷中，虽然贵为后妃，但她们让自己立于不败之地的唯一有效的依恃就是贤淑的个人品质。

读悲情故事，叹红颜薄命。她们，之所以言其特殊，因为封建时代后妃的身份决定了她们作为一个女性的情与爱是可以被忽略不计的，而事实上能够真正与帝王产生感情的后妃廖廖无几。好在清王朝毕竟还有那么几个性情皇帝，自然也会制造出一些风花雪月的故事。

大清皇宫
李世化◆著
DAQING HUANGGONG
LIDE NVRENMEN
里的女人们

企业管理出版社
EMPH
ENTERPRISE MANAGEMENT PUBLISHING HOUSE

图书在版编目（CIP）数据

大清皇宫里的女人们/李世化著. --北京：企业管理出版社，2014.7

ISBN 978-7-5164-0842-1

Ⅰ.①大… Ⅱ.①李… Ⅲ.①后妃-生平事迹-中国-清代-通俗读物 Ⅳ.①K828.5-49

中国版本图书馆 CIP 数据核字(2014)第 110062 号

书　　名:大清皇宫里的女人们
作　　者:李世化
责任编辑:杨苏敏
书　　号:ISBN 978-7-5164-0842-1
出版发行:企业管理出版社
地　　址:北京市海淀区紫竹院南路 17 号　　邮编:100048
网　　址:http://www.emph.cn
电　　话:总编室 68701719　　发行部 68467871　　编辑部 68701408
电子信箱:80147@sina.com　zbs@emph.cn
印　　刷:北京嘉业印刷厂印刷
经　　销:新华书店
规　　格:170×240 毫米　　16 开本　　17 印张　　238 千字
版　　次:2014 年 7 月第 1 版　　2014 年 7 月第 1 次印刷
定　　价:35.00 元

前言

清王朝是中国历史上最后一个封建帝国，在近300年的历史长河中，经历过康乾盛世的鼎盛时期，一度国富民强，四海升平；也经历过鸦片战争后的屈辱，沦为西方列强的殖民地，在各国间乞尾摇怜，丧权辱国。清朝特殊的历史吸引了世人的目光，人们自然也将注意力投向了权力交织、利益交错的皇宫，而帝王背后的女人们则因其特殊身份，更值得玩味。

皇宫作为帝王妻妾生活的地方，聚集了太多复杂的关系。因此，不许后宫干政历来成为一条铁律。然而在清代，这一原则屡次被打破。纵观清朝近300年的历史，皇宫中的女人们一直都掌握着相当大的权力，她们作为皇帝的枕边人，一举一动甚至能够左右朝堂的局面。

权力就意味着斗争，拥有巨大权力的清代后宫更是随处可见女人之间的斗争，她们拉帮结派，为了讨皇帝的欢心，为了各自的利益，手段无所不用其极。在清代皇宫之中，女人们之间存在的只有利益的结合和利益的斗争。

在封建时期，女人的地位低下，更多的时候都是依附于男人而存在的，后宫的妃子更多的时候只要帮助 皇帝处理好家事，那就做好了自己的本分，最后会在历史上留下贤良淑德的美名。但是大清皇宫的女人们却不甘寂寞，她们总是通过自己的手段登上这一时期的舞台，享受这一时期的风光，更有甚者，连皇帝的风头都抢了去。

本书讲述的就是大清皇宫中的皇后、妃子通过自己的计谋手段，在皇宫中生存的故事。其中，汇集了众多后妃的史迹、杂说，还原了现场的细枝末节，也从侧面反映了人物的性格，勾勒出大清皇宫里那一个个个性鲜活、敢爱敢恨、不让须眉的女人。

皇宫中的争斗复杂激烈，有的女人因为斗争的成功而步步高升，最终赢得全天下最尊贵的地位；有的女人因为一着不慎满盘皆输，最终落得身败名裂的下场，甚至还会搭上身家性命。但无论怎样，在大清的皇宫中最重要的就是活着，只有活着才有能够成为赢家的机会，所以说，她们最需要掌握的本领就是活下去的方法。

权术似乎是属于男人的名词，权力博弈更应该是男人的游戏。但是，清朝近300年的历史上却有几个善于玩弄权术的女人，她们以巾帼不让须眉的气势将一群男人玩弄于鼓掌之间，甚至包括皇帝本人。比如，孝庄皇后历经三朝，赢得皇帝的尊敬，让人钦佩；而慈禧太后身居后宫把握朝政，成为晚晴历史上的一代女皇。历史对于这两个女人一褒一贬，这是无可争议的，同样这两个女人玩弄权术的手段也让人佩服不已。正是凭借这一手段，她们才能历经政治风云变幻而不倒。

后妃的一生无论多么风光，归根到底她们只有一个身份 - 皇帝的女人。在大清的后宫中，皇帝的恩宠是决定一个女人地位的根本性因素，只要皇帝喜爱，哪怕是一个贵人也可以无视贵妃；倘若皇帝不喜爱，即使是皇后也有可能被降为妃子，这一切都全凭皇帝的个人喜好。实际上，很多后妃都因为得不到皇帝的喜爱而导致悲惨的结局。在清朝历史上，静妃被顺治皇帝所废，寂寥一生；乾隆皇帝视皇后为仇人，在外巡幸游弋；隆裕皇后一生与光绪为敌，形同路人……在很大程度上，这都是因为皇帝的个人好恶而造成的。

其实，每一个封建时期的男人都希望有一个贤良淑德的妻子，能够很好地履行相夫教子的责任。在古代，皇宫中的女人是全天下女人的表率，皇帝很希望看到自己的妻子能够表现出母仪天下的风度，所以贤淑的妃子往往能够得到皇帝的好感，哪怕不能获得恩宠也能够得到应有的尊敬。在那个男权至上的社会大环境和皇权至上的宫廷中，虽然贵为后妃，但要想让自己立于不败之地，最重要的还是要有贤淑的个人品质。

在封建时期，成为皇帝的女人是每一个女人梦寐以求的荣耀，但是一入皇宫那就永远都不可能谈论爱情，爱情似乎是同皇宫中的女人绝缘的东西。那些被恩宠的后妃更多的时候是得到皇帝的欢心，很少有后妃能够得到皇帝的爱。但皇宫中确实存在爱情，确实有女人能够得到皇帝的倾心，虽然这些女人有的结局悲惨，但终究是给麻木无味的大清后宫里增添了些许风花雪月的故事，并引得后人啧啧称奇。

大清王朝维持了近300年，大清后宫里的那些女人们的故事也持续了近300年，这些故事中有让人心潮澎湃的，也有让人扼腕叹息的；这些女人里有感动的让人热泪盈眶的，也有让人恨得咬牙切齿的。本书将大清后宫中女人们展示在读者面前，呈现她们多彩 的人生经历，为历史长河中的这一抹浓艳色彩驻足。

目录 Contents

第一章 不让须眉的深宫弄权高手

中国历史上，后妃弄权司空见惯，搞得朝庭黑暗、国无宁日，像汉朝的吕后、隋朝的独孤后、辽代的萧太后等。在清代，尽管后宫规矩严格，后妃不得干预朝政的祖训也基本上得了遵守，但仍然有不甘寂寞的后妃在特定的历史条件下“挺身而出”，成为掌握权力和操纵时局的高手。

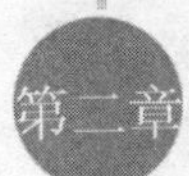

第二章 被皇权扼杀的皇妃国母

皇妃国母的地位是极其尊贵的，但又是充满变数的。宫廷内的斗争激烈程度决不比朝堂逊色，后妃之间的尔虞我诈、皇帝的一时好恶，都可能改变一个妃子的命运。而事实上，在清朝历史上也确实演出了一幕幕以后妃为主角的凄惨悲剧。

第三章

以贤淑的形象立于不败之地

在《红楼梦》中有一句形容王熙凤的话：机关算尽太聪明，反误了卿卿性命，形象地道出了所谓聪明女子的命运。实际上，在那个男权至上的社会大环境和皇权至上的宫廷中，虽然贵为后妃，但她们让自己立于不败之地的唯一有效的依恃就是贤淑的个人品质。

第四章

为情所困的特殊女性

之所以言其特殊，因为封建时代后妃的身份决定了她作为一个女性的情与爱是可以被忽略不计的，而事实上能够真正与帝王产生感情的后妃廖廖无几。好在清王朝毕竟还有那么几个性情皇帝，自然也会制造出一些风花雪月的故事。

第五章 位高名淡的孤家寡人

后妃作为国母，地位自然无与伦比，但是作为帝王的附属品，她们也没有任何属于自己的空间。除了那么几个入得君王法眼或者特定的历史条件提供给她特殊机遇的人，绝大多数后妃自迈进紫禁城的第一步起，就注定了其默默无闻、自生自灭的命运。

不让须眉的深宫弄权高手

中国历史上，后妃弄权司空见惯，搞得朝庭黑暗、国无宁日，像汉朝的吕后、隋朝的独孤后、辽代的萧太后等。在清代，尽管后宫规矩严格，后妃不得干预朝政的祖训也基本上得了遵守，但仍然有不甘寂寞的后妃在特定的历史条件下“挺身而出”，成为掌握权力和操纵时局的高手。

1

一生充满传奇色彩的孝庄皇太后

布木布泰（公元1613～1687年），清太宗妃子。父为科尔沁贝勒宰桑。公元1636年封为庄妃。谥号“孝庄文皇后”。布木布泰是明末清初历史舞台上有影响的人物之一。她在政局动荡的数十年中，历经二代（明、清）三朝（天聪、顺治、康熙）的变化，把全部精力都投入到风云变幻的政治斗争之中，对清王朝统一全国和入关初期巩固统治起到了重要的作用。

○一个嫁给“政治”的蒙古少女

博尔济吉特氏，是清宫后妃中有极其特殊地位的一个姓氏。

话说当年努尔哈赤统一女真诸部，他的雄心壮志引起了蒙古诸部的防范。在这样的情形下，努尔哈赤首先耀之以威：在战事中俘虏了蒙古王公；然后又示之以好：拿重礼将人送了回去。从此开始了与蒙古部分王公世代通婚的历史。这是历朝历代最成功的政治联姻，不但在当时分化了蒙古，使蒙古草原不再完全与自己为敌，而且还得一力助。其中漠南蒙古并入满洲八旗，最后甚至一并归入版图，直到清中叶，还上演了一出土尔扈特部万里东归的史诗。

博尔济吉特氏，就是历代清帝联姻最频繁的蒙古支系：科尔沁蒙古。博尔济吉特氏虽为成吉思汗的黄金家族姓氏，但是科尔沁这一支并非成吉思汗本人的直系后裔，它的创始人是成吉思汗的弟弟，发展到后来，科尔沁共有四位世袭亲王。在满蒙联姻的历史上，首开先河的自然是清太祖努尔哈赤：他于明万历四十年（公元1612年）正月，迎娶了蒙古科尔沁贝勒明安的女儿，她是走进爱新觉罗家族的第一位博尔济吉特氏。两年后，他又为心爱的第八子皇太极迎娶了科尔沁贝勒莽古思之女哲哲。万历四十三年，努尔哈赤再次迎娶了科尔沁郡王孔果尔之女。在将博尔济吉特氏的姑娘们迎进门的同时，爱新觉罗家的女儿也陆续嫁到了蒙古草原：努尔哈赤八女聪古伦嫁喀尔喀蒙古台吉固尔布赐；养女巴约特嫁喀尔喀蒙古台吉恩格德里；养孙女肫哲嫁蒙古土谢图亲王巴达礼……总之，清王朝的公主宗女们，大多数都成为蒙古草原的主妇了。

努尔哈赤所娶的两位博尔济吉特氏是他晚年的侧妃，也许是因为这个原因都没有生下儿女，对于清王朝没有什么实际的影响力，只是开了一个好头而已。真正引人瞩目的博尔济吉特氏，要从清太宗皇太极的后宫里去找。

在努尔哈赤死后，皇太极继承了父亲的后金汗位。十年后的明崇祯九年（公元1636年）四月，他正式登基为帝，称“宽温仁圣皇帝”，定国号为大清，改元崇德。崇德元年七月，他定下了自己的后宫“五宫制”，在自己的女人堆里选出了地位最高的五人。

皇太极的五宫后妃，分别是：中宫为清宁宫皇后、东宫为关雎宫宸妃、次东宫为麟趾宫贵妃、西宫为衍庆宫淑妃、次西宫为永福宫庄妃。

而这五宫后妃，全是清一色的博尔济吉特氏，其中有三位还是亲姑侄：皇后、宸妃、庄妃。其中最广为人知的，莫过于庄妃了。庄妃这个女人，即使在那个男尊女卑的年代，她也是一个政治人物，因为从史书上看她刚出现，就已经承载着政治。不过她并不能算是一个顶级的政治家，因为她所生活的那个时期，清王朝出类拔萃的政治天才实在太多了。

庄妃名布木布泰，是蒙古科尔沁贝勒宰桑的小女儿，生于明万历四十一年十二月初八（公元 1613 年 3 月 28），嫁给皇太极的时候年方十三，而皇太极已经三十四岁了。

这桩婚姻之所以缔结，与庄妃的亲姑妈、皇太极的皇后哲哲有密切的关系。

哲哲是科尔沁贝勒莽古思的女儿，当满蒙开始通好联姻之后，她于明万历四十二年（公元 1614 年）六月来到赫图阿拉，嫁给了努尔哈赤的第八子皇太极。当时的皇太极刚二十出头，但是早已妻妾成群。除了元妃钮祜禄氏，还有继妃乌拉那拉氏。而其中早在哲哲成婚之前五年，皇太极的长子豪格就已经出生了。

由于嫁给努尔哈赤的两位蒙古妃子都没有所出，嫁给皇太极的哲哲就承担着为爱新觉罗氏生儿子、维系科尔沁草原在后金宫廷中未来地位的重要责任。她盼子之心极其殷切，可是送子娘娘却一直不曾光顾她，别说儿子，就连女儿都没能生出一个。虽然努尔哈赤对蒙古亲戚们厚待隆遇，但科尔沁草原的王公们仍对后金没有出一位带蒙古血统的王子，表现得既失望又担忧。

成婚十二年后，对自己的生育能力已经没有了信心的哲哲决定从草原上再接一位博尔济吉特氏到后金，替自己完成这个生儿子的任务。征得家族的同意之后，她选中了自己的侄女、弟弟宰桑的女儿布木布泰。

后金天命十年（公元 1625 年，明天启五年）二月，十三岁的布木布泰在哥哥吴克善的护送下，来到了沈阳城。

对于这位身份高贵又身负重任而来的蒙古格格，后金给予了极高的接待。皇太极亲自出城相迎，与送亲队伍在沈阳北岗相遇并举行最高级的礼仪，大摆宴席之后再一起返回城中。与此同时，后金大汗努尔哈赤亲自率领着自己的诸妃和诸贝勒摆下仪仗，出城十里迎候。当然，并不是布木布泰这个小姑娘能够享有这样的待遇，这一切其实是给予科尔沁草原的。

布木布泰的到来，似乎给哲哲带来了好运气，十余年不育的她居然当年就怀了身孕。布木布泰也非常得宠，此后姑侄俩频频地为皇太极诞育孩子。然而有件事令人挠头，她们生的都是不能领兵也没有王位继承权的女儿：哲哲先后于1625年诞皇次女、1628年诞皇三女、1634年诞皇八女；布木布泰则从17岁开始生育，先后于1629年诞皇四女、1632年诞皇五女、1633年诞皇七女。

○不可避免地介入政治

到了1636年，皇太极改国号为大清，称帝于盛京（沈阳），同时建立后宫制度，在其众多妻妾中分封了五宫后妃。布木布泰被封为庄妃，居次西宫——永福宫，皇太极颁给她的册文用满、蒙、汉三种文字写成，文辞简约："……兹布木布泰，系蒙古科尔沁国之女，夙缘作合，淑质性成。朕登大宝，爰仿古制，册尔为永福宫庄妃。尔其贞懿恭简，纯孝谦让，恪遵皇后之训，勿负朕命。"庄妃的姑姑哲哲当然是正位中宫为皇后，比庄妃后入宫的姐姐海兰珠被封为宸妃，位居东宫——关雎宫，地位仅次于皇后。其他两位西宫麟趾宫贵妃、次东宫衍庆宫淑妃，原为察哈尔蒙古林丹汗之妻，皇太极征服察哈尔部后娶之，并作这样的安排，主要是出于政治上的考虑。因此，在后宫中，庄妃姑侄的地位是最突出的，除姐姐宸妃最受恩宠外，最年轻的庄妃也是比较受宠爱的。特别是崇德三年（公元1638年）正月，宸妃所生被皇太极视为皇嗣的皇八子夭折，庄妃恰逢时机地于两天后生下了皇九子福临，更加抬升了她的地位。

清代官书称庄妃曾"辅佐太宗文皇帝"，但在太宗皇太极时期，年轻的庄妃还不大可能在政治上有多少展露与作为。只有民间盛传"庄妃劝畴"的故事，为后来"太后下嫁"之说作了铺垫，似乎说明了这位聪明美丽的庄妃娘娘惯施美人计。崇德七年（公元1642年），明清松锦大战，关外明军的最高统帅蓟辽总督洪承畴兵败被俘，被押解到盛京。皇太极迫切希望洪承畴能够归降，为其所用，遂派范文程等一干汉族官员轮番前往劝降。但是，洪承畴似乎意志很坚决，不为所动，在狱中绝食等死，急得皇太极一筹莫展。一天夜里，牢门轻启，庄妃飘然而至，手进参汤，一席话打动了洪承畴，使其回心转意，拜倒在石榴裙下，归降了大清，后来为清王朝立下了汗马功劳。这个故事被很多文学作品演绎得很生动。但是据史书记载，洪承畴被俘之初拒不投降，却被皇太极抓住了他的思想弱点，亲自出马招降成功。

崇德八年（公元1643年）八月九日，清太宗皇太极患脑溢血突然病故，因为他生前未立嗣子，所以“诸王兄弟，相争为乱，窥伺神器”。当时争夺皇位最激烈的是在睿亲王多尔衮（太宗之弟）和肃亲王豪格（太宗长子）叔侄之间，两白旗贝勒大臣支持多尔衮，两黄旗贝勒大臣拥戴豪格，双方剑拔弩张，大有火并之势。

这时善于谋略的庄妃，虽然沉浸在年轻丧夫的悲痛之中，仍不忘国事，看到了满族贵族内部出现的继统危机，如果处理不好，必然影响清的前途，因此她为了清统治阶级的根本利益，把个人安危置之度外，挺身而出，干预此事，设法使自己的儿子福临继承皇位，以此来平衡协调多尔衮与豪格双方的争夺，从而制止了一场自相残杀的悲剧。

当时她施展巧妙的政治手腕，笼络各方力量，特别是将多尔衮叫进宫来，施加压力，立其子福临。在崇政殿诸王商讨立嗣会议上，有人提出要立豪格，可是他对形势估计不足，却虚假地表示谦让，“固辞退去”，而立于殿外的两黄旗大臣举行武荐，要求“立先帝之子”。大贝勒代善表示赞成，除了豪格以外，显然包括福临。多尔衮见此情景，虽然有人“劝睿亲王即帝位”，但是他看到面对的形势不利，而庄妃会前要求立福临，正是摆脱眼前困境的唯一办法，于是对自己“即帝位”，“犹豫未允”，采纳了庄妃的意见，表示同意“立帝之子”。既然豪格“固辞退去”，便提出要立年方6岁的福临为帝。所谓“八高山（即固山）军兵，吾与右真王（即济尔哈朗）分掌其半，左右辅政，年长之后，当即归政”。

这个折中方案，即尊重“立先帝之子”的要求，又便于日后对幼帝的控制，因此为双方贝勒大臣所接受。庄妃在这场继统斗争中取得了胜利，不仅阻止了满族贵族的内讧，而且使其子福临继承了皇位，成为清朝入关后的第一个皇帝，自己则被尊为皇太后。

因顺治元年（公元1644年）清入关后，摄政王多尔衮的权势不断扩大，企图做皇帝的欲望也日益增加，为此他植党营私、打击异己、独专朝政，竟为自己建碑记绩，命史官按帝王礼制记摄政王起居注，停止御前跪拜礼、私制御用服饰等，根本不把顺治帝放在眼里。因此“大权在握，关内关外咸知有睿王一人”。皇太后见多尔衮所作所为，深知他随时都可能发动政变，夺取福临皇位，这必导致满族贵族内部混乱和斗争，不利于清初的统一，也不利于她们母子，于是她为了对付这种危急的形势，粉碎多尔衮夺位阴谋，保住儿子福临的皇位，采取了以下策略：

一是韬晦之计。皇太后表面上对多尔衮准备夺位称帝的种种行径，皆无动于衷，置之不理。而幼帝福临在母后的授意下，“遨嬉胶桧，渔猎鄙事，无不为之”。因此多尔衮“安意无猜，得以善全”。这就起到了麻痹和延缓多尔衮政变的作用。

二是尊多尔衮为皇父摄政王。顺治五年（公元1648年）十一月，顺治帝“加皇叔父摄政王为皇父摄政王，凡进呈本章旨意，俱书皇父摄政王”。同时宣示中外，在给朝鲜国“咨文中有皇父摄政王之语”。从形式上密切多尔衮与福临的关系，在表面上提高多尔衮的政治地位，以达到稳定、约束、限制多尔衮的作用。

皇太后的这些策略收到了很好的效果，多尔衮的皇帝梦始终未能实现。当他犯病时，曾无可奈何感叹地说：“若以我为君，以今上居储位，我何以有此病症。”顺治七年（公元1650年）十一月十三日，时值寒冬，多尔衮心情不好，不顾身体有病，带领王公大臣往边外围猎，不慎从马上摔下受伤，经过简单治疗，又上马继续追猎，此时“度不自支”，顿回到喀喇城。他见病情日益加重感到不久于人世，在弥留之际，秘召其兄“英王（阿济格）语后事，外莫得闻”。但是从阿济格事后种种诡秘行动分析，是对摄政王权力的交接有所安排，因此他积极“计图摄政”。十二月九日，多尔衮病死，阿济格“即遣三百骑入京”企图逼宫夺权，制造动乱。但被随猎的大学士刚林发现，“知其意，立策马行日夜驰七百里，先入京”，将此情急报皇太后和顺治帝。皇太后得知多尔衮已死，阿济格派兵入京逼宫，她沉着应战，安排“闭九门，遍告宗王、固山等为备，待三百骑至，皆铠甲，尽收诛之，英王未知也”。然后抢先机，“派兵役监英王至京”，逮捕问罪，就这样粉碎了阿济格的逼宫夺权的政变阴谋。

当摄政王多尔衮死讯传到京城，满朝震惊，各有所思，人心浮动，谣言四起时，皇太后为了稳住政局，特别要防止多尔衮的死党犯上作乱，授意顺治帝下诏“臣民易服举丧”，亲率诸王、贝勒、文武百官出东直门迎接灵柩，以“帝礼”厚葬，追尊“义皇帝，庙号成宗”。至此，多尔衮获得了最高的荣誉和地位，生前未能称君，死后却被尊为帝，这当然是个绝顶高明的策略，使多尔衮的死党放心，不会因为他专权欺君，而罪及己身，所以没有闹事。

顺治八年（公元1651年）二月，议政大臣苏克萨哈上疏告发多尔衮生前阴谋篡逆之心等罪行。于是，皇太后认为时机已到，遂彻底清算多尔衮的罪行，借此清除敌对势力。因此，顺治帝诏示中外，公布多尔衮的罪状，指出多尔衮“逆谋果真，神人共愤，谨告天地、太庙、社稷，将其母子并妻所得封典，悉行追夺”，并把多尔衮扶植的心腹党羽一网打尽，有的处死，有的监禁，有的贬革，从而进一步巩固了福临的帝位。

多尔衮死后，解除了夺位的威胁，皇太后精心辅助其子福临主政。

首先要求顺治帝努力学习汉族文化，精通治国安邦之术，同时下令把许多汉籍译成满文，供满族贵族阅读，从中吸取汉族统治经验；其次为了加速清初统一全国的进程，积极团结汉族的文官武将，使他们成为清王朝效力工具。顺治十年（公元1653年），她把在桂林战死的平南王孔有德的女儿孔四贞，“育之宫中，赐白金万两，岁俸视郡主”。同年，又把皇太极的第十四女和硕格纯长公主嫁给平西王吴三桂之子吴应熊为妻。再者，明末清初的长期战争使社会生产遭到严重破坏，所以她提倡节俭，曾多次把宫中节省银两赈济受灾民众，等等。这些都表现出她的深远谋略和政治才能，确实难能可贵。

顺治十六年（公元1659年），南明永历朝延平王郑成功率领十多万大军北伐，势如破竹，由舟山进入长江，攻占镇江，包围南京，占领江苏、安徽四府三州二十四县，江西、浙江等省州县也有举旗响应的，一时震动了清廷。顺治帝对江南地区突然骤变的形势惊惶失措，束手无策，一会儿要逃往关外，一会儿又要率军亲征，皆遭到母后的反对和斥责。据史书记载：当这个噩耗传至北京，皇帝完全失去了他镇静的态度，而常常有逃回满洲之思想。可是皇太后却对他加以叱责。她说：“你怎样可以把祖先们以他们的勇敢所得来的江山，竟这么卑怯地放弃了呢?”他一听皇太后说这话，反而发起了暴怒。他拔出宝剑，宣称他要亲自去出征，或胜或死。为此，他竟然用剑把一座皇帝御座劈成碎块。他还要用同样的办法对待一切对于这御驾亲征的计划说出一个不字来的人。对此，皇太后就尝试着用言辞来平复皇帝的暴怒。

不过，顺治帝最终放弃亲征，遵照母后旨意，派兵南下，传旨驻守南京的江南总督郎廷佐坚守南京。最后清军取得南京之战的胜利，收复江南失地，进逼金、厦。所以顺治帝曾这样说：“联自弱龄，即遇皇考太宗皇帝上宾，教训抚养，唯圣母皇太后慈育是依。”皇太后的精心辅佐，在很大程度上帮助其子顺治帝在清初复杂激烈的斗争中取得了重大胜利。

○辅育皇孙继承皇权

有关顺治皇帝的最终结局，是清朝历史上的又一大疑案，他最终是因为董鄂妃去世而灰心意冷，选择了出家，还是因为患天花病死，都不得而知，到现在还是个谜。无论如何，皇帝已经不在了，饱经风霜的孝庄太后不得不再次走到了政治舞台的前台，她力保顺治的皇子玄烨继承皇位，是为康熙帝，孝庄太后被尊为太皇太后。

玄烨继位时年仅 8 岁，培养、训导小皇帝成长的重任就当仁不让地落在了太皇太后的身上了。此时的孝庄，已不是那个刚刚走出大草原的懵懂无知的少女，而是一位历经三朝的太皇太后了。政治风云变幻的锤炼，使她毫无争议地已成为大清帝国中枢政治的核心。朝臣要求太皇太后仿效前朝旧制，垂帘听政。孝庄太后呕心沥血，只希望自己的孙儿能够早日长大成人，严词拒绝了大臣们的请求。她坚持由皇帝亲自主政，并选任老臣索尼、遏必隆、苏克萨哈和鳌拜四大臣辅政。皇帝主前台，太后幕后操纵，大臣主外事，皇帝的尊严依然存在。

为了笼络辅政大臣，孝庄太后在康熙 13 岁的时候，特意为他选择首席辅政大臣索尼的孙女、内大臣索额图之侄女赫舍里为皇后，辅政大臣遏必隆的女儿钮祜禄氏、国舅佟国维的女儿佟佳氏为皇妃。索尼、遏必隆等人都是朝中老臣，孝庄太后以婚姻为手段，就是希望他们尽心辅佐年幼的康熙，光大满清基业。老臣索尼不负重托，处处为小皇帝周旋，把朝政打理的妥妥帖帖。

为了避免康熙不重蹈顺治的覆辙，孝庄太后对于康熙的后宫生活以祖母之尊不时地加以过问，她不希望康熙陷于儿女私情，荒废了国家大事。皇后赫舍里氏生下皇子允礽后病死，康熙尊奉祖母的旨意，册立遏必隆之女为皇后，而他所钟爱的佟佳氏只被加封为贵妃。

孝庄太后对幼年即位的孙儿倾注了全部的心血。康熙刚刚即位，她就训诫康熙，为人君须明白得人心治国家的道理，一言一行都要谨慎，只有夙夜恪勤不怠，才可承继祖宗基业，康复国家。康熙也不负孝庄厚望，牢记祖母教诲。据史书记载，康熙君临天下61年，每日临朝听政，批答奏章，从无间断。即使是出巡外地的时候，各衙门奏章要照常送到行在，康熙帝不分昼夜，亲自批览，康熙一生坚持勤政不怠，这是与早年祖母的言传身教是分不开的。孝庄太后不仅从治理国政上对康熙加以辅导，而且对日常生活、举止言谈也都按帝王的标准严格要求他。孝庄太后告诫康熙，为人主必须有威严，行为坐卧，不可回顾斜视、摇头晃脑，这不仅有关德容威仪，而且有犯忌讳，康熙日后举止端严，很有风格，与孝庄太后的严格教诲也是分不开的。

为了考察康熙的才智，也让他在大臣中树立起威严来，孝庄太后经常在众人面前考问皇帝，既锻炼了康熙的胆识，又让朝廷官员瞻仰了君主的风采。孝庄问康熙，贵为天子拥有天下，皇帝还有什么心愿吗？年幼的康熙就按照祖母平常教导的话，一本正经地回答说："朕只希望天下安定，百姓乐业，大清国福力强，万事治久。"大臣们没有想到康熙年纪轻轻，竟会说出如此有分量的话来，于是一致赞扬皇帝聪明过人。满清入关已久，孝庄担心康熙在优裕的环境中忘记了满族的传统，因此不断勉励他祖宗靠骑射创业，武功不可废弛，今天虽然天下太平，也不能忘记居安思危的道理。康熙一一铭记在心，文治武功样样精通，据记载，康熙一生仅围猎射死的老虎，就达百只以上，足见他的骑射技术之高超。

○皇孙大业的庇护者

康熙朝的清帝国虽然仍旧风云变幻，然而孝庄总算过上了相对安稳的晚年。前半世一直和亲生儿女没有感情交集的孝庄，也许到这时才开始重新体会到母子祖孙之情，开始反思自己与儿子水火不相容的关系以及儿子的早逝。

顺治朝的宫闱悲剧，终于没有延续到康熙的宫闱——在康熙的后宫中，没有董鄂氏，也没有博尔济吉特氏。从此，这两个姓氏的女子再也不必在后宫中争个你死我活了。孝庄为孙子选择的皇后再也不是蒙古格格，而是满族勋贵的女儿。

康熙年间一件重要的事情，莫过于“诛鳌拜”。孝庄是否参与了诛鳌拜？在其中起了怎样的作用？从外围很难确定。但是我们可以从康熙第一次大婚，这位太皇太后为孙子做主选择的最初一批后妃中看出端倪：皇后为四辅臣之首索尼的孙女赫舍里氏；妃子中既有原为鳌拜一党并同属镶黄旗的遏必隆之女钮祜禄氏、又有号称“佟半朝”家族的女儿佟佳氏，甚至还有出身一般的……却偏偏鳌拜本人的女儿落了选，虽然她随后被指给了宗室郡王为福晋，但是丈夫又为皇族远系（褚英后人敬谨郡王兰布）。尽管随后皇家将顺治的女儿嫁给了鳌拜的侄子，但是再怎么说，这样的八杆子亲家，与做皇帝的老丈人相比，实在差得太远。

这是孝庄在一面继续安抚鳌拜，同时又分化鳌拜党羽，为诛鳌拜所下的一步棋。此后，小后妃们的家人亲眷都纷纷加官晋爵、入朝为官，并因成为皇亲而顺理成章地提拔，后来的宰相纳兰明珠也是其中之一。大婚不久的康熙随后接到了首辅索尼力请皇帝亲政的奏章，遏必隆自女入宫后，也一反紧跟鳌拜的的行径，转而为皇帝笼络人心。

事实上，在康熙八年（公元 1669 年）五月十七日这一天，当康熙最终动用善扑营小布库擒拿鳌拜时，外戚们起到了相当重要的作用。正是鳌拜非常相信的遏必隆（翊坤宫妃钮祜禄氏之父）将鳌拜诱入武英殿、更是皇后的叔父索额图亲率众侍卫围攻鳌拜的。

不过话说回来，为什么当初孝庄竟眼看着四大辅臣中的鳌拜坐大呢？后来又为什么听任鳌拜杀死辅臣之一苏克萨哈？

其中的原因非常复杂。其中之一是因为苏克萨哈隶属于正白旗，而另三位辅臣全为两黄旗下。鳌拜的坐大，与身为首辅的索尼对其默许纵容大有关系，以致孝庄太后也无计可施。

苏克萨哈与鳌拜最大的冲突应属圈地事变。

但是对于鳌拜挑起的事端，当时首辅索尼采取了默许，遏必隆则公开表态做同盟军，而能从其中取得利益的两黄旗人，也大都被拉拢。清王朝当时的政体并非集权于皇帝一人，皇帝和太后所能做的，只是尽可能地在各旗势力之间取得平衡点，保障自己的地位，并不能在实际上制约得了他们。

因此，尽管明知孝庄太后和康熙皇帝反对两黄旗与两白旗互换圈地，但是鳌拜仍然敢于矫诏处死赞同帝后意见的三名重臣——大学士苏纳海、直隶总督朱昌祚、直隶巡抚王登联。但在索尼和遏必隆的默认下，朝臣竟没有谁为这三人鸣冤，等于公然抹了太后和皇帝的面子。这使得鳌拜势头更劲，很多官员都倒向他的一边，三朝元老鳌拜的势力越发盘根错节。

索尼和遏必隆直到成为皇帝丈人之后，才算是真正诚心帮太后和小皇帝的忙。但是此时鳌拜已经根深蒂固了。更糟的是皇帝大婚不久，首辅索尼就死了。虽然临终时他仍然不忘上表请求皇帝亲政，但此时鳌拜已坐大。

苏克萨哈本来就是鳌拜的对头，与鳌拜遏必隆搞不到一起的，但在孝庄太后决定册立索尼的孙女为皇后之时，他竟公然表示反对，这不但令孝庄太后非常气恼，更将索尼一系得罪了个彻底。于是在四辅臣中他成了光杆一条。

索尼去世、康熙亲政，事实上当时的权力还掌握在三辅臣手里。就在这时，苏克萨哈上了一道奏章，要求退休，而且用意很明显，要鳌拜与遏必隆一起退休。鳌拜当然不能容忍。于是他挑出了苏克萨哈奏章中的一句牢骚：“往守先帝陵寝，如线余息，得以生全。”然后以此为借口，命议政王大臣会议论罪。在议罪当日，鳌拜将可能倾向苏克萨哈的大臣全部排除在外，结果当然可想而知：苏克萨哈本人凌迟，全家抄斩。

由于鳌拜同党已经把持了朝政，康熙虽然强烈反对，这个判决仍然被鳌拜强行执行了。而孝庄在整个事件中，一直都没有正面与鳌拜交锋，更没有力保苏克萨哈。令人颇有些不解。

可能是鳌拜上次违旨杀三大臣的事情，已经给了她一个警觉。康熙初年的皇权并不集中，实际权力更多都掌握在旗主们手里，在实权并没有抓在手里之前，即使是太后和皇帝，也不能将势力大的臣子怎么样。

还可能是由于苏克萨哈起家的方式方法令她久已不满——苏克萨哈从前一向逢迎多尔衮，又是白旗身份，却在多尔衮死后立即见风转舵，向顺治告发多尔衮的过失，使多尔衮尸骨无存、子嗣不继。

无疑地，孝庄因此事对苏克萨哈的所谓忠心十分怀疑。做了辅臣以后的苏克萨哈在政务及立皇后之事上的表现，也使人感觉到，他只是在做政治投机，并不是一个与皇帝太后一条心的人物。在索尼死后，作为努尔哈赤的女婿，他的实力虽弱，名分上却已是首辅，——苏克萨哈权力欲望极大，又是旗主，假若他此时又以退为进，在搞倒鳌拜后抓住更多的权力，焉知他不是下一个更阴狠的角色？

活着的苏克萨哈虽然对于平衡朝中势力有一定的作用，但他如果死了，长远来看，对皇帝亲政更为有利。加之此时孝庄和康熙在朝中培养的势力都未长成，还不能贸然与鳌拜对抗，孝庄实在没有力保他的必要。

在苏克萨哈死后，就连鳌拜同出一旗的辅臣遏必隆，都开始对鳌拜心存惊惧，另做打算了。所有对鳌拜专权不满的人、受过鳌拜打击的人，迅速地向皇帝太后靠拢。至于遏必隆，他既是皇帝的岳丈之一，当然此时也属于皇帝一系。孝庄和康熙只要最后与鳌拜一搏，就能将权力都集中在自己的手里了。从这个角度来看，苏克萨哈之死于皇权大有裨益——假若他不死，他将成为朝中鳌拜以外的另一股势力，世人投靠的选择多了他一个，几时才轮到小皇帝出头呢！

苏克萨哈死后第三年，鳌拜被擒。权力终于高度集中到了皇帝的手里。

虽然孝庄没有过多地让史官记下自己在政事中起的作用，但是康熙十一年（公元1672年）十二月之时，孝庄向康熙所说的一席话，仍然显出她在康熙的成长以及理政方面所起的重要作用："安不可忘危，闲暇时仍宜训练武备。诸如在朝诸臣奏事，岂无忠诚入告者，然不肖之类，假公行私，附己者即为引进，忤己者即加罔害，亦或有之。为人君者，务虚公裁断，一准于理，则事无差失矣。"

孝庄并没有过多参与军事，但在三藩之乱时，当精兵都出发平乱后，蒙古察哈尔亲王布耳尼却趁乱起兵，直攻京师重地。康熙在孝庄的指点下，派出了图海为将，征用起了旗下包衣家奴，居然在两个月后大胜而还。

○绝唱千古的祖孙深情

孝庄在平定三藩之乱过程中起的作用，旁人是根本无法替代的，这一点举朝尽知。可当玄烨和大臣们请求按照朝中惯例，为她加上尊号时，她却表现了十分谦逊的作风，再三拒绝，并对奏请前来的大学士们说："8年以来，皇帝焦心劳思，运奇制胜，故得寇盗削平，皇帝应受尊号，以答臣民之望。予处深宫之中，不与外事，受此尊号，于心未惬"。孝庄全力扶持康熙，想让孙儿的威望通过平定三藩更加扩大，为此，她尽量掩去自己的作用，将功劳一并归于爱孙。

从孝庄作为玄烨政治导师和保护人的角度审视，随着玄烨不断成熟与孝庄的日渐衰迈，康熙二十年前后，他们的关系逐步过渡到一个新的时期。直至康熙二十六年（公元1687年）孝庄去世，尽管玄烨早已对各项政务应付自如，不再需要祖母的点拨，但还是将祖母视为顾问，

“朝廷有黜陟，上多告而后行”；孝庄虽然精力不济，但也仍同以往，时刻关怀孙儿，处处予以支持。

古今中外，晚辈对于自己最依恋的年长之人的感情，很大一部分体现在对其健康状况的极大关注上。玄烨也是如此。随着孝庄年事不断增高，他无时无刻不在牵挂祖母的身体。祖母稍有不适，他会不由自主地陷入担忧与恐惧；祖母一旦安康，他便如释重负，心喜若狂。为使祖母康健，祛除病灾，玄烨还采取了一些具体措施，比如他曾分别于畅春园和南苑，建造思佑寺和永墓寺，以给祖母祈求福佑；康熙二十一年（公元 1682 年）二月，他亲自居景山斋戒祭星，为祖母祈福，并派遣近御侍卫关保，偕同太监牛之奇、乾清官首领太监顾文兴，“祭星三年”。然而，人的生老病死乃客观规律，玄烨的愿望与所做的一切，并不能扭转孝庄身体日渐衰弱的趋势。

康熙二十三年（公元 1684 年），孝庄 72 岁后，身体开始明显走下坡路，本已有的脑血管硬化、高血压等病症，进一步严重起来。从保留至今的孝庄画像看，她晚年比较胖，当是诱发这些疾病的重要因素。

康熙二十四年（公元 1685 年）六月，玄烨身体欠安，孝庄体恤爱孙“命往口外避暑静摄”。玄烨遂遵旨，协同皇太子、皇长子巡幸塞外。不料玄烨返京前，八月二十八日深夜，孝庄突然中风，右肢麻木，言语不清。孝庄的近侍太监崔邦吉立刻告知，请太医共同诊视、商议，又增加几味药，开下药方，很快配制煎好，给孝庄服用。几位太医禀告闻信赶来的裕亲王福全、内务府总管图巴等人：太皇太后“脉尚好，断无大妨”。服药后，孝庄的病情迅速缓解。八月二十九日黎明，她吩咐一直在身边守候的福全传旨：“著蒙古喇嘛奈宁呼图克图看视。”奈宁呼图克图诊视后，认为“太皇太后中风乃因不洁食物入口而致”，并建议由包括他本人在内共 4 名喇嘛，当日起即在慈宁宫花园诵经。孝庄同意了这一做法。

九月初一，玄烨接到图巴等人关于孝庄突然发病的奏报，心急如焚，在折子上作了简短朱批：“知道。朕从速返回。”他星夜兼程，初二日正午抵京后，直奔慧宁宫祖母榻前。当玄烨看到祖母“慈体已安，尚在服药”，才稍稍松口气。他为祖母“亲侍进药，侍奉至夜半”。此后数日内，玄烨每天两三次去祖母宫中问安探望。

由于医治及时，对症下药，孝庄的身体逐步恢复。为感谢神明的“助佑”，她下旨“修葺庙宇”，特命玄烨于康熙二十四年九月十八日“吉日”，前往白塔寺（位于今北京阜城门内）进香礼拜。十八日当天，玄烨正准备从宫中动身时，突然电闪雷鸣，下起瓢泼大雨。近侍担心雨大路滑，泥泞难行，请求玄烨稍停片刻，等雨停后再去。玄烨没有同意，他说：“近固莹祖母偶尔违和，朕心忧虑。今日痊愈，甚为庆幸，伺惮此往。”说完毅然冒雨祈祉。

事实证明，在孝庄宫中专设御医，昼夜值宁的措施，对于她此次中风后得到妥善救治，起到决定性作用。翌年五月，玄烨谕令吏部嘉奖两位有功的御医：“昨年太皇太后圣体偶有违和，命太医院御医李玉白、张世良殚心诊视，恭酌方药，今已万安，朕心欢悦。伊等恪尽殿职，尔等可量加议叙。”可见孝庄自康熙二十四年秋发病，经医治大大缓解后，又过了半年多时间，才完全康复。

孝庄初愈不久，康熙二十五年（公元 1686 年）二月，迎来她的 74 岁生日。玄烨特“上太皇太后万寿表”，上面写道：“臣幼荷深思，长资明训，孝养难酬，罔极尊崇，聊展承欢，伏愿景命弥新，纯禧益茂，东朝永范，亿万年而成算，祖母常来。”在此前后，玄烨还专为祖母铸造了一尊高 73 厘米的黄铜镀金四臂观音像，其莲座下沿刻有满、蒙、汉、藏 4 种文字写成的铭文：“大清昭圣慈寿恭简安懿章庆敦惠温庄康和仁宜弘靖太皇太后，虞奉三宝，福庇万灵，自于康熙二十五年，岁次丙寅，恭奉圣谕，不日告成。永念圣祖母仁慈，垂佑众生，更榜菩萨感应，圣寿无疆云尔。”这尊佛像后来一直被供奉在慈宁宫大佛堂。

万寿表和四臂观音像，是玄烨献给祖母 74 岁生日的两件珍贵礼物，反映出他感戴祖母，企盼祖母健康长寿的真切心愿。

康熙二十六年（公元1687年）冬天，是玄烨一生永难忘怀，感情历程中最痛苦的日子。正是在此时，他平日最为担心，不愿想也不敢想的事，终于发生。

是年十一月二十一日，75岁高龄的孝庄"旧症复发"，"疹患骤作"，病势凶猛，不同以往。从这一天起，玄烨处理完政务，便立即趋至慈宁宫侍疾。他守候在祖母的床边，"衣不解带，寝食俱废"，为祖母"亲调药饵"。孝庄入睡时，他"隔幔静候，席地危坐，一闻太皇太后声息，即趋至榻前，凡有所需，手奉以进"。孝庄心疼孙儿，多次让他回宫休息一下，但玄烨执意不肯稍离。他"唯恐圣祖母有所欲用而不能备，故凡坐卧所须以及饮食肴馔，无不备具"，就连米粥也准备了三十多种，以供祖母所求。

为挽救祖母的生命，玄烨"在宫中五日不竭诚默祷"。十一月二十七日，他下诏刑部，除十恶死罪等重犯外，其余一概降等发落，希望能以此好生之德，感动上苍，保佑祖母转危为安。然而，孝庄的病情仍在加重，"一日之内，渐觉沉笃，旦夕可虑"。万般无奈之下，玄烨不顾众臣反对，断然采取了一项前所末有的举措。

十二月初一日凌晨，寒风刺骨。玄烨率王公大臣从乾清宫出发，步行前往天坛致祭。事前他亲自撰就的祭文中说：伏恳苍天佑助，"悯念笃诚，立垂昭鉴，俾沉疴迅起，遐算长延。若大数或穷，愿减臣龄，冀增太皇太后数年之寿"。玄烨跪在坛前，滴泪成冰，在场王公大臣无不感泣。34岁的玄烨竟然乞求上苍，以减少他本人的寿命为交换，尽可能地延长孝庄的生命，足见他对祖母感情之深，依恋之至。

可是，玄烨的赤诚并没有感动上苍，这次不同寻常的天坛之行，未能取得他期望的效果。由于为祖母延长寿命的愿望未能实现，玄烨从此放弃亲诣天坛求雨的做法，这从一个方面，反映出祖母之死对他所产生的巨大影响。

康熙二十六年十二月二十五日，孝庄与世长辞。弥留之际，她嘱咐玄烨："太宗文皇帝梓棺安奉已久，不可为我轻动，况我心恋汝皇父及汝，不忍远去。务于孝陵近地，择吉安厝，则我心无憾矣。"她知道孙儿对她的感情，担心孙儿过度悲伤，特在遗诏中指出："唯是皇帝大孝性成，超越千古，恐过于悲痛，宜勉自节皮，以万机为重。""其丧制，悉遵典礼，成服后三日，皇帝即行听政。"又叮嘱身为皇太后的儿媳："我病若不起，皇帝断勿割辫。"

尽管玄烨已有精神准备，但事情真的到来时，仍然难以承受。孝庄逝世后一连十余日，玄烨水浆不入口，以至吐血昏迷。他违反清朝后丧皇帝例不割辫的祖制，不遵祖母遗旨，不听皇太后劝告，毅然割辫；又拒绝臣子关于"我朝向日所行，年内丧事不令踰年"的奏告，决定将孝庄梓棺安放在慈宁宫内，直到翌年正月十一日发丧。

康熙二十七年（公元1688年）新春佳节，玄烨坚持于慈宁宫为祖母守丧。他"每念教育深思，哀痛实难自禁"，恸哭不止如前。正月十一日，孝庄的梓棺被迁往朝阳门外殡宫，发丧时，玄烨"割断轿绳"，坚持步行；途中每次更换抬梓棺的扛夫时，也"必跪于道左痛哭，以至奉安处，刻不停声"。玄烨执意为祖母持服守丧二十七个月，后经百官士民再三劝奏，才勉强同意依照祖母的遗嘱，"以日易月，二十七日而除"。

连续60天"不宽衣解带，犹未盥洗"的侍疾，守丧生活与巨大悲痛，几乎摧毁了玄烨的身体，他"足疾虽痊，旧病丛生"。直到正月下旬，"力疾御门理事"时，还得令人扶着出入。玄烨晚年的高血压及心脏病等病证，很可能就是此时落下的病根。

康熙二十七年四月，玄烨亲自护送祖母的梓棺，前往遵化孝陵以南刚刚建成的暂安奉殿。孝庄去世后，玄烨谕令礼部并传谕诸王、大臣："太皇太后祭物，俱照世祖皇帝往例。"表明祭祀孝庄的规格，完全与皇帝相同。

○被列为清初三大疑案之一的太后下嫁之谜

顺治五年十一月，小皇帝福临颁下了这样一道诏书："叔父摄政王治安天下，有大勋劳，宜加殊礼，以崇功德，尊为皇父摄政王。凡诏疏皆书之。"

于是，多尔衮又成"皇父摄政王"。这个称号使很多人浮想联翩，认为这是因为多尔衮嫡妻去世，皇太后下嫁所致，还说庄妃就是多尔衮前妻的姐姐，他已经暗恋多年，还出了一篇多尔衮为情让帝位的故事。

多尔衮在政治和军事方面是个绝顶人物，但是在私生活这块，实在不值一提。他不但绝非情圣，更足称好色之徒，他与发妻是少年夫妻，感情确实不错，但从做摄政王开始起，他就已变本加厉地向各属地索要美女。

多尔衮的皇父称号，是顺治五年十一月正式得到的，早于他再婚之喜一年有余。当时清王朝的太后并不只有一人，孝庄的姑姑哲哲还在世。她对多尔衮有养育之情，多尔衮既不可能娶她，她也不可能允许孝庄下嫁。

多尔衮的元配妻子博尔济吉特氏，是顺治六年十二月去世的，被追封为"敬孝忠恭正宫元妃"。她是孝庄的堂姐，多尔衮对她很有感情。

元妃死后，多尔衮于次年，即顺治七年五月继弦。然而继娶的不是太后，而是朝鲜公主李氏。朝鲜听说摄政王丧偶要娶本国公主为妃，非常郑重，由于真正的公主尚未成年，于是精心挑选了适龄的宗室之女为公主，以官员之女为媵妾送嫁。谁知多尔衮却嫌身份高贵的女子美貌不够，又逼着朝鲜为新王妃选送美貌侍女。

除了朝鲜公主，顺治七年的正月，多尔衮也确实又纳了一位"博尔济吉特氏"。但是她与孝庄关系更远，而是豪格的寡妻、多尔衮元配的亲妹妹。

当时南明文人张煌言，曾写诗说太后下嫁云云。“上寿觞为合卺尊，慈宁宫里烂盈门。春官昨进新仪注，大礼恭逢太后婚。”“掖庭又闻册阏氏，妙选孀娃足母仪。椒殿梦回去雨散，错将虾子作龙儿。”实际上，张煌言写诗时身在南方，又是清王朝的敌人，他的诗文有多少可信度呢？只怕是听见“博尔济吉特氏”就想到皇太后，就想到“皇父”的称号，然后诋毁对手，图个口爽而已。

更重要的，是到现在为止都没有找到任何太后下嫁的证据，即使国内的记录被销毁，至少送女到摄政王府来的朝鲜也应有明确记载，我们却不见朝鲜使节参加太后婚仪的实载。作为属国，这样的大事不可能不记录在案。

此外，多尔衮遭妻丧之时，庄妃已经36岁，就算两人少年时很熟悉，但多尔衮才智过人，是清王朝事实上的统一之主，不太可能做这样的事。

至于说这下嫁乃是庄妃的策略，以此保障儿子的帝位，那就更离谱。她本是太后，若是下嫁摄政王就成了摄政王妃，在名分上与皇太极和两黄旗再无瓜葛，能保护得了儿子吗？她儿子的帝位只会更不稳当！

多尔衮经常入宫面见太后议事；在入关之后，庄妃又与福临分宫而居，母子之间并不是很亲密，所以小皇帝对守寡的母亲和好色的叔父之间的关系，应该多少是有些疑影的，也不排除这个可能。再加上庄妃为了政治考虑，多数时候向多尔衮让步，并未能很好地照顾儿子的情绪，恐怕都是顺治后来与母亲关系恶劣的原因之一。

初期如果孝庄和多尔衮之间还算合作的话，自豪格入狱之后，形势就不能不发生转变。豪格毕竟是皇太极一系，他倒台后，多尔衮成尾大不掉之势，两黄旗的几位重臣也接着被他给收拾了一票。又来个“皇父”的尊称，庄妃母子的日子就很不好过了。这个尊称背后的意义，一则是他要真正的凌驾于小皇帝之上，事实上他也已经在摄政王府里开始穿用皇帝冠服；二则只怕是他也要开始为自己真正登上皇帝之位做些准备了。事实上，在当时“唯知有摄政王，不知有皇帝”的情形下，他取福临而代之，只不过是个时间问题而已。

然而，就在这个时候，多尔衮暴死了。

多尔衮身体并不好，早在暴死前几年，就经常病怏怏的。早在七月初十，他就已经病得不轻，甚至于向亲信锡翰等人发牢骚说：“我近来迭逢大丧（元妃、胞弟多铎、孝端文皇后），身体又这么不好，小皇帝怎么也不来看望一下自己！皇帝年纪小不懂事，你们也不懂事吗？”马屁精们果然将小皇帝强拉到摄政王府去了。

然而，即使病成这样，这位摄政王却仍然要抓住朝政大权、军事力量，同时荒淫无度，如此折腾，只会是加速地往死路上走。

就在他迎娶朝鲜公主和“博尔济吉特氏”的当年，顺治七年（1650）十二月初九夜晚，他死在了边外喀喇城，年仅三十八岁。

多尔衮刚死的时候，还有些余威尚在，小皇帝命丧礼如帝制，追封为“懋德修道广业定功安民立政诚敬义皇帝”，称“成宗”，他去世的元妃也追封为“义皇后”。

然而仅仅过了一个多月，一切就翻了个个儿。

苏克萨哈和詹岱告发，说是为多尔衮从殉的侍女吴尔库尼临死前曾说要将多尔衮私制的皇帝袍服入棺。以此为引子，顺治开始狠狠地治起了多尔衮的罪。

眨眼间的工夫，多尔衮戎马半生为清王朝立下的大功劳就被弄了个精光，就连骨灰都没有留下。而实际上，多尔衮才是为清王朝奠定中原的重要人物，努尔哈赤与皇太极入主中原的梦想，是他以“每战必征”的亲自努力最后完成的。他从未为自己的私欲而撼摇清王朝的基础，所做的一切都是为了整个王朝的前途。假如他不肯忍耐而非要快马加鞭地夺帝位的话，清王朝肯定是不能真正统治中原的——比较一下崇桢自缢之后，明王朝的几位亲王郡王为了抢“皇帝”的名头，不顾清兵虎视，拼命自相残杀的后果，多尔衮的退让就显得格外富于远见和牺牲精神。

而假如没有他，顺治也不可能成为中原皇帝。因此顺治只是为了儿时的少许不如意，就这样对待多尔衮，实在离谱，毫无人君肚量。

假若布木布泰真与多尔衮有私情的话，这时的她心里都在想些什么？

就算没有私情，看着一个曾目空一切的人在死后被小皇帝运用帝权清算，即使这小皇帝是自己的儿子、即使这清算中也有自己的意思，只怕太后心里也多少有些警惕。

当然，再多的感慨，孝庄太后心里应该还是舒坦的成分更多的。做了皇太极多年的妃子，又经历了十余年提心吊胆、内外交逼的太后生涯，她也许觉得，自己终于熬出头了。

2

一语定江山的孝和皇太后

孝和睿皇后，钮祜禄氏，礼部尚书恭阿拉女。后事仁宗潜邸，为侧室福晋。仁宗即位，封贵妃。孝淑皇后崩，高宗敕以后继位中宫。先封皇贵妃。嘉庆六年，册为皇后。二十五年八月，仁宗幸热河崩，后传旨令宣宗嗣位。宣宗尊为皇太后，居寿康宫。道光二十九年十二月甲戌，崩，年七十四。宣宗春秋已高，方有疾，居丧哀毁，三十年正月，崩于慎德堂丧次。咸丰三年，葬后昌陵之西，日昌西陵。初尊皇太后，上徽号。国有庆，累加上，日恭慈康豫安成庄惠寿禧崇祺皇太后。逮崩，上谥。咸丰间加谥，日孝和恭慈康豫安成钦顺仁正应天熙圣睿皇后。

客观地讲，孝和皇太后在咸丰和道光朝政治上的作为是十分有限的，之所以将其列入所谓“强权后妃”之列，是因为当政治的风浪把她推到峰口浪尖之时，她能够勇敢而果断地做出决策、稳定了局势，而这绝非一般的女性所能为。

○夫君嘉庆皇帝的暴亡

嘉庆二十五年（公元1820年）盛夏，嘉庆帝率领大批随员、名优艺伎，浩浩荡荡向木兰进发，不久抵达热河，安顿于避暑山庄，开始了木兰秋狩。嘉庆皇帝怎么也想不到，这是他最后一次进驻避暑山庄。七月二十五日，年过60的他在没有任何预兆的情况下，猝然离开了人世。当时钮祜禄氏皇后并不在承德，而是在百里之外的北京。嘉庆皇帝死后，热河行宫立即封锁消息，避暑山庄大门紧闭，限制人员出入。二十七日留京王公大臣才得悉噩耗，延至八月初二，道光皇帝向内阁发布上谕，才告知朝廷上下。当时朝鲜国官员在盛京中江地方见清官员皆着素服，头帽拔去花翎，惊问其故，才晓知皇帝已逝。好好的皇帝怎么会突然死了呢？宫闱之事向来保密，清廷当然不会对民间公开解释死因，于是民间就产生了各种推测和传说。

一个说法是遭雷劈而死的。嘉庆帝到达避暑山庄后，立即全副武装，率领满汉大臣和八旗劲旅，大队人马直奔木兰围场。他们追踪围猎多日，虎熊全无，只猎获一些野兔，连平常遍地觅食的麋鹿也甚少见。嘉庆帝非常扫兴，决定提前结束秋狩。回来路上恰遇变天，雷电交加，大地震撼，忽然平地一声雷，那么多人中，唯独皇帝被击中落马。凯旋回营变成护丧返京，满朝惊恐呆然。类似的说法还有嘉庆皇帝在山庄遇疾，卧床调养，并无甚大碍，精神尚佳，照常处理政事。一日，热河上空骤变，雷鸣电闪，顿时寝宫即遭雷击，只有他触电身亡，等等。更荒诞不经的一个版本是：他长期嬖宠一小太监，经常寻欢作乐，引起近侍大臣们的非议，驻山庄以后，更是变本加厉。帝之寝宫设于“烟波致爽殿”，殿后有一座小楼，名“云山胜地”，据说此楼正是皇帝与小太监幽会场所。某日，他们正在此寻欢，忽然道道闪电劈开云层而下，一个火球飞进小楼，在嘉庆身上炸开，顿时毙命。嘉庆被雷击烧焦，面目全非，已经无法收殓入棺。若将事实曝光，无异于宫廷之最大丑闻。大臣们商定个办法，将一相貌体材与嘉庆相似之太监秘密绞死，再进行盛装打扮，真皇帝骸骨放在棺材底部，上面平躺着假皇帝尸体，以此掩人耳目，运回北京，祭葬了事。这个说法虽然流传很广，但没有丝毫史实根据，在此仅聊备一说。

根据当时的实际情况推测，嘉庆皇帝的死因大概是长期的操劳而导致的心脏衰竭。从登基以来，皇帝这个差使把他弄得焦头烂额，不管他为之付出多少心血，还是有源源不断的麻烦事找上门来，让他心烦意乱，没有一天轻松的日子过。

嘉庆不明白，为什么父亲（乾隆）在世的时候，天下太平，轮到自己坐江山，怎么会如此棘手？为了那些长期阻挠国家振兴的老大难问题，他呕心沥血，费尽心机，苦斗25年，可是依旧如斯，怎不叫他觉得失望、烦闷和伤感呢？面对日益衰败的国家，他感到无能为力，但是又无法从数不胜数的公务中抽身，在巨大的压力之下，他的身体健康状况也渐渐恶化。

嘉庆帝从病倒至归天，还不到一天工夫。虽然死前没有任何征兆，但是导致猝死的最大的祸首却是长期的劳累、伤神、压抑、苦恼、忧郁和烦躁。再者，他年逾花甲，身体肥胖，天气暑热，旅途劳顿，有可能诱发心脑血管病而猝死。可以毫不夸张地说，几十年来，他为治理这个封建大国殚心竭力，付出了全部心血。他曾经有扭转王朝颓败的豪情，也露出以振兴国家为己任的雄心抱负，但他的能力不足以带领大清帝国走向中兴，他根本无能力驾驭这个动荡不安的大清王朝。

○情急之中的英明决策

众所周知，清代自雍正帝始，为避免康熙朝那样的争储之乱再生，采用秘密立储的方法，即由先帝健在时亲书皇嗣之名，然后将御旨用锦匣密封而藏于乾清宫“正大光明”匾后。先帝驾崩，即从锦匣取出密旨而公布天下，被命名为皇太子的皇子就成了皇帝。嘉庆帝虽然也遵用密建家法，但他并没有把缄名密诏放置在正大光明匾之后，而是将密诏“缄藏金匣”，即密锁在小金盒内，命贴身太监随身保存而不离其左右。这种做法就产生了弊端，因嘉庆帝崩逝得十分突然，他连装有建储密缄诏书的金匣放在何处也没能交代清楚。故在嘉庆帝去世时，大臣们为寻找金匣忙乱了好一阵子，搜检了十几个御箧也没找到。最后，嘉庆帝的近侍从贴身处拿出了小金盒，因为大臣们寻找密诏，而怀揣小金盒的太监却并不知自己身上的小金盒里收藏的是缄名密诏。金盒找到了，可是“锁固无钥”，钥匙又不知去向。情急之下，军机大臣托津拧断金锁打开了盒子——密诏终于找到了。遵密诏遗命，大臣们奉绵宁继承大统。

热河行宫里发生的这一切，远在京师的孝和睿皇后钮祜禄氏是无法知晓的。当她在京城惊悉嘉庆帝驾崩的噩耗时，孝和睿皇后也不知密诏金匣放在什么地方，但她首先想到的是不能因此耽误了绵宁的嗣位。因而，孝和睿皇后特发懿旨，称大行皇帝已去，嗣位尤为重大。而皇次子智亲王仁孝聪睿，英武端醇，现正随先帝在热河行宫，应立即登基安抚国民，以不负皇上重托。但自己深知万一大行皇帝未及明谕，皇次子绵宁秉性谦逊，所以特降懿旨，传谕留京王大臣驰寄皇次子，即正尊位，上慰皇帝在天之灵，下顺天下臣民之望……在缄名密诏尚不明确的情况下，孝和睿皇后主动提出立绵宁，而不是立自己亲生的皇三子绵恺或是皇四子绵忻，实在是令人称道。所以，当绵宁在热河接到懿旨时，万分感动，伏地叩头，内心的情感无以言表，并立即将金匣中所藏皇父的缄名朱谕恭呈懿览，叩谢慈恩。

孝和睿皇后是在嘉庆六年（公元 1801 年）四月，得封皇后而正式掌管六宫。钮祜禄氏的福分要比孝淑睿皇后喜塔腊氏强得多，终清一朝，在中宫之位行使皇后之权时间最长的就是孝和睿皇后钮祜禄氏。清朝共有 27 位皇后，其中包括死后追封为皇后的，如太宗之母孝慈高皇后和嘉庆帝之母孝仪纯皇后等；也包括因儿子当了皇帝而由妃直接晋尊为皇太后的，如顺治帝之母孝庄文皇后和乾隆帝之母孝圣宪皇后等。属于上述这两种情况的她们，实际上都没有当过名副其实的皇后。而真正在皇帝健在时位居中宫而母仪天下的 16 位皇后中，孝和睿皇后钮祜禄氏以当了 19 年零 3 个月的皇后的纪录名列前茅，这还不包括其因赶上太上皇大丧而不得不推迟举行册立大典的一年零 10 个月。

孝和睿皇后一生育有两个儿子，一为皇三子绵恺，一为皇四子绵忻。绵恺小道光帝13岁，于嘉庆二十四年（公元1819年）封多罗淳郡王，二十五年（公元1820年）晋和硕淳亲王。道光七年（公元1827年）降为郡王，八年（公元1828年）又赏还亲王。十八年（公元1838年）六月又降为郡王，十二月薨，享年44岁，奉旨赏还亲王。绵忻比胞兄小10岁，但于兄长一同受封时，却被封为比兄长高一级别的和硕瑞亲王。只可惜其不长寿，于道光八年（公元1828年）薨，年仅24岁。虽然当时孝和睿皇后的两个亲生儿子在继承皇位的条件方面要比后来即位的道光帝要逊色许多，但在遗诏不明的情况下，最具优势的绵宁远在热河，自己与长子绵恺守在京城，次子绵忻则与大行皇帝在热河行宫，搏一下也不是不可以。但孝和睿皇后在嘉庆帝崩后，难能可贵地做出了特发懿旨，令非自己所出之子绵宁继位皇位的无私之举。

善有善报。道光帝即位后，尊钮祜禄氏为皇太后，居寿康宫，待之不是生母胜似生母。每次问安，宣宗都是在距寿康宫很远的永康门外降舆，徒步走进去以示孝道。遇皇太后万寿（指诞辰），道光帝亲率王公大臣诣寿康宫行礼。在位期间曾六次为皇太后上徽号，曰“恭慈康豫安成庄惠寿禧崇祺”以示尊崇。东巡盛京祭祀祖陵时都是奉皇太后而行，奉之极孝。钮祜禄氏也多福长寿，在创造了居中宫之位行使皇后之权时间最长的纪录后，又当了29年的皇太后，于道光二十九年（公元1849年）病逝，享年74岁。而当时道光帝年事已高，身体欠佳，受此重创，33天后也驾崩了。咸丰三年（公元1853年），钮祜禄氏葬入昌西陵，谥号为“孝和恭慈康豫安成钦顺仁正应天熙圣睿皇后”。

3

弄权祸国的慈禧太后

叶赫那拉氏（公元 1835～1908 年），清文宗奕詝妃子，同治帝皇太后。小名兰儿。父惠征，官安徽徽宁池广太道候补道员。公元 1857 年被册封为懿贵妃。穆宗即位后尊为“慈禧”皇太后。谥号“孝钦显皇后”。她是中国历史上把持朝政时间最长的一位女性，同时也是给国家和人民造成灾难最大的一位女性。从咸丰十一年（公元 1861 年）咸丰帝病逝于承德，他的六岁儿子载淳继承皇位，慈禧太后开始垂帘听政，连续操纵两位幼帝，玩弄内外权臣，随心所欲地统治中国达 48 年之久。

○自小见识不凡的叶赫那拉氏少女

据史料记载：叶赫那拉氏是满族中的大姓，也是起源较早的姓氏。叶赫那拉氏的始祖原来是蒙古人，到扈伦部，招赘在那里。那拉的意思就是爱。他领有其地，并成为一国。因为他的国是在叶赫的河边建立的城市，所以叫叶赫那拉氏。叶赫那拉氏是满族八大姓氏之一，其中也先后出过许多文豪武将，如历来被誉为“清初学人第一”的满族杰出文人纳兰性德就姓叶赫那拉。但真正使叶赫那拉扬名天下的，当属叶赫那拉氏的三位皇后。

叶赫那拉氏和爱新觉罗氏世世代代都是血统之亲。努尔哈赤就是叶赫那拉氏所生，也是叶赫那拉氏家的姑爷。他的皇帝儿子皇太极也是叶赫那拉氏所生。在大清朝时有一个世代说法——叶赫那拉家世代出美女。努尔哈赤的皇后也就是皇太极的母亲，就是大清第一位皇后孝慈高皇后。孝慈是叶赫部首领杨吉努之女，明万历十六年，她十四岁时作为建州女真与叶赫女真结军盟的条件嫁与努尔哈赤。她与努尔哈赤生活了十五年，仅生下皇太极一子。她于二十九岁便病逝，于清崇德元年被皇太极追谥为太祖高皇后。在孝慈与努尔哈赤共同生活的十五年间，正是努尔哈赤积极向外扩张，统一女真各部，并收降一部纳娶一妃的辉煌时期。努尔哈赤是用三十六年的时间统一蒙古与东北其他各部之后，最后才向叶赫那拉氏宣战的！原因有一个：叶赫那拉的汗是他的亲舅舅，各守关的将领都是他的表哥、表弟。当时，努尔哈赤带着他的千军万马，包围了叶赫城，但他没有马上宣战，而是跪在城前三天三夜，请求叶赫那拉氏投降，团结起来，共同对付明朝政权。可是叶赫纳拉家族坚决不同意。在没有办法的情况下，努尔哈赤下了一道令，凡是愿意投降的，一律高官厚禄；凡是反抗的不管是谁，一律尸首分家。就这样，努尔哈赤向叶赫那拉宣战。经过激烈的战斗，努尔哈赤最终杀进城去，杀了几万人。而叶赫那拉氏的那些被包围的首领也纷纷自杀，宁死不降。直到最后，老一代的都死了，剩下年轻的看到大势已去，大势所趋，才向努尔哈赤投降。这个故事在民间流传颇广，在关于慈禧的影视作品中也时常亮相。

也正是因为这个故事，一直流传着叶赫那拉与爱新觉罗为世仇，宫中后妃与秀女，不选叶赫那拉氏的传说。其实这是荒诞无稽之谈，不仅太宗（皇太极）的生母是叶赫那拉氏，高宗乾隆的顺妃，也都出于叶赫那拉氏。但让叶赫那拉家族真正门庭显赫、名扬天下的却是慈禧皇太后！

道光十五年（公元1835年），慈禧出身于满洲镶蓝旗（后抬入满洲镶黄旗）一个官宦世家。慈禧的曾祖父吉朗阿，曾在户部任员外郎，遗下银两亏空，离开人世。祖父景瑞，在刑部山东司任郎中。在道光二十七年（公元1847年）时，因没能按时赔偿其父吉朗阿在户部任职时的亏空银两而被革职。外祖父惠显，在山西归化城当副都统。父亲名叫惠征，在吏部任笔帖式，是一个相当于人事部秘书、翻译的八品文官，后有升迁。根据清宫档案《内阁京察册》（清政府对京官三年一次的考察记录）记载：慈禧的父亲惠征，在道光十一年（公元1831年）时是笔帖式，道光十四年（公元1834年）考察被定为吏部二等笔帖式。道光十九年（公元1839年）时是八品笔帖式。道光二十三年（公元1843年）再次考察定为吏部一等笔帖式。道光二十六年（公元1846年）调任吏部文选司主事。道光二十八年（公元1848年）、二十九年（公元1849年）因为考察成绩又是一等，受到皇帝接见，被外放道府一级的官职。同年四月，任山西归绥道。咸丰二年（公元1852年），调任安徽的道员。

由于慈禧太后的特殊地位、身份、影响与作用，对她的身世，有多种说法。尤其是慈禧的出生地，可谓众说纷纭。主要有六种说法：（1）甘肃兰州；（2）浙江乍浦；（3）内蒙古呼和浩特；（4）安徽芜湖；（5）山西长治；（6）北京。

第一，根据慈禧的父亲惠征曾任过甘肃布政使衙门的笔帖式，认为慈禧出生在甘肃兰州。传说慈禧出生在当年他父亲住过的兰州八旗马坊门。可专家查阅文献、档案，发现惠征虽然做过笔帖式，但其地点是在北京的吏部衙门，而不是在兰州的布政使衙门。

第二，根据慈禧的父亲惠征曾在浙江乍浦做官，认为慈禧出生在浙江乍浦。《人民日报》曾发表一篇题为《史界新发现——慈禧生于浙江乍浦》的小文。这篇文章说：慈禧的父亲惠征，在清道光十五年至十八年（1835～1838年）间，曾在浙江乍浦做过正六品的武官骁骑校，而慈禧正是在这段时间出生的，所以她的出生地在浙江乍浦。文章中说：在现今乍浦的老人当中，仍然流传着关于慈禧幼年的传说。当时的规定，京官每三年进行一次考核。有学者查阅了清朝考核官员的档案记载：这时的惠征被考核为吏部二等笔帖式，三年后又被作为吏部笔帖式进行考试，可见这时惠征在北京做吏部笔帖式，为八品文官。所以，这种说法值得怀疑。

第三，根据慈禧的父亲惠征曾做过安徽徽宁池太广道的道员，道员衙署在芜湖，因此说她出生在芜湖。慈禧既然生长在南方，便善于演唱江南小曲，由此得到咸丰帝的宠幸。许多小说、影视作品就是这么说的。我们当然不能以慈禧擅唱南方小曲，作为她出生在南方的证据。根据历史记载：惠征当徽宁池太广道员是在咸丰二年（公元 1852 年）二月，正式上任是在同年七月。而慈禧已经在咸丰元年（公元 1851 年）入宫，被封为兰贵人；档案中还保存有兰贵人受到赏赐的赏单。可见慈禧不会是生于安徽芜湖。

第四，根据慈禧的父亲惠征曾任过山西归绥道的道员，认为慈禧出生在今内蒙古呼和浩特。慈禧的父亲惠征当年曾任山西归绥道，道署在归化城（今呼和浩特市）。据说在呼和浩特市有一条落风街，慈禧就出生于落风街的道员住宅里，甚至传说慈禧小时候常到归化城河边玩耍。但道光二十九年（公元 1849 年），惠征任山西归绥道道员时，慈禧已经十五岁，所以说慈禧不可能出生于归化城。不过，慈禧可能随父惠征在归化城住过。

第五，慈禧出生在今山西长治。此说认为慈禧不是满洲人，生父也不是惠征。今山西长治当地传说：慈禧原是山西省潞安府（今长治市）长治县西坡村王增昌的女儿，名叫王小慊，四岁时因家道贫寒，被卖给上秦村宋四元家，改姓宋，名龄娥。到了十一岁，宋家遭到不幸，她又被转卖给潞安府（今长治市）知府惠征做丫头。一次，惠征夫人富察氏发现龄娥两脚各长一个瘊子，认为她有福相，就收她作干女儿，改姓叶赫那拉氏，取名玉兰。后来玉兰被选入宫，成了兰贵妃。可经专家考证，在这段时间，惠征没有任潞安府的知府。既然惠征没有在山西潞安府做过官，那么慈禧怎会在潞安被卖到惠征家呢？

第六，北京说。慈禧的直系后裔叶赫那拉·根正认为：“其他说法中的女子，有可能那个地区出过某些宫女，不一定是慈禧，把这些事往她身上说，因为毕竟慈禧的名声太大。关于这个问题，在（上个世纪）90年代初社会上炒作慈禧出生地问题的时候，我问过我的伯父景庄，他说：‘这有什么可争可辩的呀。慈禧就是咱们家的姑奶奶，家谱上写着呢。’慈禧是1835年11月出生在北京西四牌楼劈柴胡同（她家老宅），她当时是卯时生人，她出生以后，家里请了几个保姆、几个嬷嬷、几个管家都有详细记载。”

总之，不管慈禧生长在哪里，她都是出身于官宦家庭。而她从小就聪慧、伶俐，特别是具有普通孩子难得的谋略和远见。据慈禧曾孙回忆：在慈禧十四岁的那一年，她家里出了一件大事。慈禧的曾祖父吉郎阿曾在道光时担任清户部员外郎，负责中央金库。但就在他卸任十几年后，在查账时，查到了库银亏空几十万两。道光接到奏报以后，非常气愤，下旨不管是谁，不管什么时期，凡是在银库的工作人员都要一查到底。经过反复的调查，最后竟查不出个结果。在这样的情况下，道光下令，就从亏损的那一年一直到现在，所有工作人员平摊这些亏空的银两，已经去世的，由他的儿子、孙子偿还。当时慈禧的曾祖已经去世，就把她的祖父给抓了起来。事情一出，家里立时乱了。年少的兰儿此时却表现得非常镇静，她劝自己的父亲惠征，将家里仅有的一点银两拿出来，交了出去，又让父亲带着她去亲戚和朋友家，借了一些银两。但她没有让父亲将这些银两全部交上去，而是用这些钱去上下通融。因为慈禧的祖父景瑞曾任刑部员外郎，认识很多的政府官员，有许多老关系，她的父亲也时任安徽的后补道台，也有很多朋友关系。正是在年少的慈禧的指点下，惠征打通了上下关系。很快将她的祖父营救了出来。她也因此受到了当时她所接触的那些满族贵族，特别是她的父母的偏爱。由此可见，她具有一般女子所没有的远见、胆识、谋略和手腕。这些都让她在后来的政治风云中立于不败之地。

○想办法获得皇帝欢心

慈禧在27岁时就已经掌握朝中大权，以垂帘听政的方式，实现着自己的野心。她把持大清政权达半个世纪之久，这一切，都是始于深受咸丰的宠爱。那么，她是怎样在众多后宫佳丽之中脱颖而出的呢?

慈禧本名叶赫那拉兰儿。她从小聪颖过人，胸怀大志，以为入宫后前程必然灿烂。咸丰三年，她如愿进宫，成为一名宫女。一年后，被分配到离京城40里的圆明园执役，住在“桐荫深处”。皇上一年难得去圆明园几次，“桐荫深处”又是在比较隐秘的地方，在这里等于是被打进了冷宫。于是，她进宫后很长时间，竟然连皇帝的面都没见着。

然而，命运就是这么眷顾兰儿。当时太平天国运动正值高潮，清兵屡战屡败，咸丰皇帝心烦意乱，索性躲进圆明园内，寄情于声色。兰儿听说每日饭后，皇上必定坐着八个太监抬的小椅轿，到“水木清华阁”去午睡片刻，有时经由“接秀山房”前往，有时打从“桐荫深处”经过。富有心计的兰儿算准了时刻，天天精心打扮，哼着小曲，希望以自己婉转的歌声吸引皇上。

苍天不负有心人，兰儿的歌声终于吸引来了万岁爷。一天，她在圆明园凭栏远眺，不禁哼起了一首江南小调，曲中流露出一股幽怨之情。恰好此时咸丰帝乘凉舆在园中游玩，被歌声打动。杏花、春雨、江南、美人，咸丰帝一下子对兰儿生出了百般怜爱。这一晚，叶赫那拉兰儿沾到了天子的雨露，受到了皇上的宠爱。接下去一连几晚薄暮时分，兰儿便洗过了兰花浴，轻匀脂粉，通体熏香，专等皇上宠召。

不久后，兰儿就被封为“贵人”，住进了“香远益清楼”。过了一段时期，又搬到“天地一家春”，开始帮着皇上批阅奏章了。咸丰六年，即兰儿21岁时，她怀上了身孕，咸丰一高兴便晋封她为懿嫔。后来，懿嫔为皇上生下一位皇子，取名载淳。皇上终于有了儿子，这自然是一件天大的喜事，虽然当时中国南方烽火连天，但宫中却热热闹闹地大肆庆祝，满朝文武也都欢天喜地。由于满足了咸丰帝盼子心切的愿望，兰儿更是如鱼得水，因子而贵。咸丰一高兴把懿嫔封为懿妃，等到皇子周岁时，再封为懿贵妃。至此，叶赫那拉兰儿已经是后宫中的第三号人物了。

但是，在那个封建宗法制度十分严格的时代，嫡庶之分也泾渭分明，不可越雷池一步。历史上皇后夺取庶出的儿子为己有，亲生母亲遭受废黜甚至被杀之事比比皆是。然而，懿贵妃却很幸运，比她小两岁的皇后钮祜禄氏并不争风吃醋，善良本分，加上懿贵妃处心积虑，曲意逢迎，博得了皇后的好感，甚至在皇帝面前为她美言，这也使懿贵妃得以一帆风顺地朝上爬去。

由于咸丰皇帝体弱多病，再加之当时内忧外患，皇上烦心得连奏章都懒得批阅，懿贵妃便主动代策代行。

咸丰十一年，咸丰帝病逝。

此后，26 岁的年轻寡妇携着一个懵懂无知的孤儿，挑起了大清帝国首脑的重任。

○让权臣成为手下败将

咸丰临终前做了三件事：一、立皇长子载淳为皇太子。二、命载垣、端华、景寿、肃顺、穆荫、匡源、杜翰、焦祐瀛八人为赞襄政务大臣，八大臣控制了政局。三、授予皇后钮祜禄氏“御赏”印章，授予皇子载淳“同道堂”印章（由生母慈禧掌管）。顾命大臣拟旨后要盖“御赏”和“同道堂”印章。不久，八大臣便同两宫太后产生了极大的矛盾。

当时，朝廷主要分为三股政治势力：其一是顾命大臣势力，其二是帝胤势力，其三是帝后势力。三股政治势力的核心是同治皇帝，哪股政治势力能够同帝后势力相结合，它就会增加胜利的可能性。当时的清廷内有“南长毛、北捻子”之忧，外有列强重起战端之患。最高决策层为此产生了严重分歧，从而导致了其政治势力的重新分解组合，出现了三股势力集团。

第一股势力集团是聚集于咸丰周围握有重权的端肃集团，核心人物为怡亲王载垣、郑亲王端华、户部尚书肃顺。从该集团崛起来看，它是因太平天国农民起义猛烈发展，咸丰为使统治机构能够发挥得力的镇压功能，把决策权由“军机处”转移到几个干练的御前大臣手中而形成的。端肃集团对内主张坚决镇压农民起义。为此他们一方面尚严峻法，力除积弊，但对汉人又心存疑虑。他们对外态度是排外的。肃顺是咸丰一朝对外政策的制定者和执行人。他的全部努力就是确保中国处于对各部族首领的控制地位，因此，要清帝与欧洲的蛮夷酋长平起平坐。这对于他人来说，是特别难以忍受的。这样就使列强的政治经济触角向中国更广、更深地伸展时受到阻碍。

为使清廷恭顺地履行不平等条约，打击端肃集团，培植为列强控制的集团就提到列强的议事日程上来。奕欣集团应运而生。奕欣曾是王位的有力竞争者，败北后长期失宠，但他不是个甘于寂寞的人物。1860年英法联军攻占北京给其境况带来了转机。他通过与列强接触，思想发生了重大变化，提出“灭发捻为先，治俄次之，治英又次之”的处理“内忧外患”的行动原则，取得了站在阶级斗争前沿的地主阶级的拥护和支持。列强也需要从最高阶层内部来扶植一派抗衡端肃集团，奕欣便成了他们的最佳选择。奕欣集团的根基是地主阶级与列强的支持。而奕欣为改受制于人的局面，在政治上求得主动，在《北京条约》签字后，曾请咸丰回朝，其目的也正是想借洋人之力，推倒端肃，钳制咸丰。这些请求均遭咸丰拒绝而作罢，但却说明了列强已涉足清廷最高统治层，并且渐渐成为各派别较量的不可忽视的一颗砝码。

咸丰之死使本已复杂的权力之争更加复杂。咸丰弥留之际遗语六岁载淳为太子。载淳即位后立即宣布："继承大统，尊孝贞皇后为母后皇太后，尊懿贵妃为圣母皇太后。"这样作为载淳生母的那拉氏取得了与钮祜禄氏同等的政治身份。权欲极强的那拉氏，对咸丰托孤的"赞襄政务"八大臣大权独揽极为不满，更对肃顺效"钩弋故事"的献策怀恨在心，决意要从其手中分权。此时那拉氏对内外矛盾处理的主张与端肃并无二致，而为争权她与奕欣合流后，则与当时两大矛盾紧密相连了。

当时朝廷大臣实际上分为两部分：一半在承德，另一半在北京。即：前者是以肃顺为首的"承德集团"，后者是以奕欣为首的"北京集团"。在北京的大臣，又发生了分化，一部分倾向于顾命大臣，大部分则倾向于帝胤和帝后势力，从而出现错综复杂的局面。"承德集团"随驾，主要人物是赞襄政务八大臣。"北京集团"以恭亲王奕欣为首，其支持者为五兄敦亲王、七弟醇郡王、八弟钟郡王、九弟孚郡王，还有军机大臣文祥、桂良、宝鉴等人。

其实，咸丰帝弥留之际的"后事"安排，是一种意在调适权力平衡但又必然引起权力争夺的行政制度。上谕"钤印"的规定，从制度上确保了皇权不至旁落，排除了肃顺等人挟制天子的可能，但同时也为慈禧掌握清廷最高权力提供了可能，使慈安、慈禧太后处于虽无垂帘之名而有临政之实的地位，故此时人明确指出，实际是"（太后）垂帘（八大臣）辅政，盖兼有之"的权力机制。慈禧取得代子钤印权力后，便理所当然地成为皇权的代表，因而干预朝政也就成为顺理成章的事了。

七月十八日，大行皇帝入殓后，以同治皇帝名义，尊孝贞皇后为皇太后即母后皇太后，尊懿贵妃为孝钦皇太后即圣母皇太后。

八月初一日，恭亲王奕欣获准赶到承德避暑山庄拜谒咸丰的梓宫。据《我的前半生》记载：相传奕欣化妆成萨满，在行宫见了两宫皇太后，密定计，旋返京，做部署。奕欣获准同两宫太后会面约两个小时。

奕欣在热河滞留的六天里，尽量在肃顺等面前表现出平和的姿态，麻痹了顾命大臣。两宫太后与恭亲王，破釜沉舟，死中求生，睿智果断，抢夺先机，外柔内刚，配合默契。他们密商决策与步骤后，返回北京，准备政变。此时，咸丰皇帝刚驾崩十三天。

初五日，醇郡王为正黄旗汉军都统，掌握实际的军事权力。

初六日，御史董元醇上请太后权理朝政、恭亲王一二人辅弼的奏折。

初七日，兵部侍郎胜保到避暑山庄。胜保在下达谕旨不许各地统兵大臣赴承德祭奠后，奏请到承德哭奠，并率兵经河间、雄县一带兼程北上。

十一日，就御史董元醇奏折所请，两宫皇太后召见八大臣。肃顺等八大臣以咸丰遗诏和祖制无皇太后垂帘听政故事，拟旨驳斥。两宫皇太后与八位赞襄政务大臣激烈辩论。八大臣“哓哓置辩，已无人臣礼”。《越缦堂国事日记》记载：肃顺等人恣意咆哮，“声震殿陛，天子惊怖，至于涕泣，遗溺后衣”，小皇帝吓得尿了裤子。最后，八大臣想先答应两宫太后，把难题拖一下，回到北京再说。殊不知，回北京等待他们的是难逃的厄运。

十八日，在承德宣布咸丰灵柩于九月二十三起灵驾，二十九日到京。

九月初一日，同治上母后皇太后为慈安皇太后、圣母皇太后为慈禧皇太后徽号。

初四日，郑亲王端华署理行在步军统领，醇郡王任步军统领。两宫太后召见顾命大臣时，提出端华兼职太多，端华说他只作行在步军统领；慈禧说那就命奕欣作步军统领。奕欣作步军统领就掌握了京师卫戍的军权。没过多久，奕欣又兼管善捕营事。

二十三日，大行皇帝奕欣梓宫由避暑山庄启驾。同治与两宫皇太后，奉大行皇帝梓宫，从承德启程返京师。

二十九日，同治奉两宫皇太后回到北京皇宫。同治奉两宫皇太后间道疾行，比灵驾提前四天到京。两宫皇太后到京后，即在大内召见恭亲王奕欣等。

三十日，发动政变。同治与两宫皇太后宣布在承德预先由醇郡王写就之谕旨，宣布载垣、肃顺等罪状：

（一）“上年海疆不靖，京师戒严，总由在事之王大臣等筹划乖张所致。载垣等不能尽心和议，徒以诱惑英国使臣以塞己责，以致失信于各国，淀园被扰。我皇考巡幸热河，实圣心万不得已之苦衷也！”

（二）以擅改谕旨、力阻垂帘罪，解载垣、端华、肃顺、景寿，穆荫、匡源、杜翰、焦祐瀛退出军机。

不久，同治帝在大典上穿小朝袍。初一日，命恭亲王为议政王、军机大臣。军机大臣文祥奏请两宫皇太后垂帘听政。《清史稿·文祥传》记载：“十月，回銮，（文祥）偕王大臣疏请两宫皇太后垂帘听政。”命大学士桂良、户部尚书沈兆霖、侍郎宝望、文祥为军机大臣。

这次政变，因载淳登极后拟定年号为祺祥，故称“祺祥政变”；这年为辛酉年，又称“辛酉政变”；因政变发生在北京，又称为“北京政变”。其时，“辛酉政变”的三个主要人物——慈安皇太后二十五岁，慈禧皇太后二十七岁，恭亲王三十岁，真可谓年轻帝胤联盟战胜了老迈的宗室顾命大臣。

正如阎崇年教授在《正说清朝十二帝》一书中所分析的，“辛酉政变”的成功有以下几个直接原因。

第一，两宫皇太后和恭亲王奕欣，抓住并利用官民对英法联军入侵北京、火烧圆明园的强烈不满，对“承德集团”不顾民族、国家危亡逃到避暑山庄的不满，而把全部历史责任都加到顾命八大臣头上，也把咸丰皇帝到承德的责任加到他们头上。这样便取得了政治上的主动，争取了官心、军心、旗心、民心，顾命八大臣则成了替罪羊。

第二，两宫皇太后和恭亲王奕欣，利用了顾命大臣对慈禧与奕欣的力量估计过低而产生的麻痹思想，又利用了两宫皇太后掌握“御赏”、“同道堂”两枚印章，顾命大臣虽可拟旨不加盖这两枚印章却不能生效的有利条件。

第三，两宫皇太后和恭亲王奕欣战术运用合理：抢占先机，先发制人，没有随大行皇帝灵柩同行，摆脱了顾命大臣的控制与监视，并从间道提前返回，进行政变准备。原定九月二十三日起灵驾二十九日到京，因下雨道路泥泞，而迟至十月初三日到京，比原计划晚了四天。两宫太后于二十九日到京，三十日政变，时间整整差了三天。这为她们准备政变提供了时间与空间。

第四，两宫皇太后和恭亲王奕欣意识到：这是他们生死存亡的历史关键时刻，唯一的出路就是拼个鱼死网破。慈禧曾风闻咸丰帝生前，肃顺等建议他仿照汉武帝杀其母留其子的“钩弋夫人”故事，免得日后皇太后专权。但是，咸丰帝没有像汉武帝那样做，而是用“御赏”和“同道堂”两枚印章来平衡顾命大臣、两宫太后之间的关系，并加以控制。结果，这两枚印章使得两宫皇太后有能力打破最初的权力平衡结构。

“辛酉政变”的意义不仅在于它完成了清政府最高权力由“顾命八大臣”到慈禧太后的权力转移，更重要的还在于它改变了清廷的内外政策，将其政权从濒于灭亡的境地挽救出来，在于它改变了其权力布局，对晚清政治具有深远的影响。通过政变登上政治舞台的慈禧太后，为摆脱危机而施行了新的内外政策：对外执行议和外交，以取得“中外相安”并讨得列强对其政权的支持。为此，她采取了主动而积极的态度，以博得列强对其欢心。突出的事例就是在宣布端肃等罪状时，就把“不能尽心议和，徒以诱获英国使臣以塞己责，以致失信于各国”列为首要罪状。就列强一方而言，面对清廷动荡的局面，他们也清楚“实际上中国的前途是很黑暗的，除非外边给它强有力的援助”，否则“这座房子就会倒坍下来，而我们最好利益也就此埋入废墟。”列强对华政策由主要是“打”而变成“中立”。中外反动势力通过政变达成了默契，出现了“中外和好”的局面。

对内实行满汉合流。太平军的作战力很强，八旗兵不堪一击，绿营也腐败透顶，湘军成了能和太平军相抗衡的唯一力量。为尽早将太平天国革命镇压下去，清廷注意调整同曾国藩等人的关系，给他们以更多更大的权力。1861 年 11 月即慈禧太后操权的当月，就令曾国藩统辖苏浙皖赣四省军务，所有四省巡抚、提督以下文武官员悉归其节制。不久，又加其太子少保衔和协办大学士，又授权左宗棠、李鸿章。曾国藩集团成为地主阶级当权派中最大势力集团。这与咸丰朝对汉族地主的猜忌、压制恰恰形成鲜明对比。满汉地主阶级为镇压农民起义，密切地合作起来。在中外反动势力联合绞杀下，太平天国农民起义被镇压，清政权在风雨飘摇中得到了暂时的喘息机会。

政变的另一结果是叶赫那拉氏调整了权力布局。这集中地表现为她实行垂帘听政，这种统治形式实质上是她个人独裁专政。故此，在她统治的 48 年的时间里，始终不惜以各种政治手腕竭力维护垂帘听政式的政治局面。权力布局的又一改变是：清政府的权力格局，由“内重外轻”变成“内轻外重”，中央极度专权和地方实力集团握有重权的矛盾现象为之解决。慈禧太后采取在地方实力派中扶植一派抗衡另派的手法，使他们之间相互制约，以利于她居间调节。但使用这种政策的结果则造成晚清政治中绵延不绝的众多派别的纷争。

○利用重臣撑持朝政

慈禧发动“辛酉政变”，本系权欲驱使，但权力一旦在握，她也活得很不轻松。与其同类武则天相比较，她所面临的时代要远为复杂得多，堪称“古今未有之变局”。慈禧太后垂帘听政，一言九鼎。她的性格、心态和识见，对这场改革运动的进程和结局，干系十分重大，因此这位宫廷头号女人不得不使出浑身解数，以撑持风雨飘摇的大清帝国。

慈禧发动政变后，以“自强”、“求富”为宗旨的洋务运动迅速拉开序幕。19世纪60～90年代这几十年中，清政府一些洋务派官僚以“自强”和“求富”为口号，在军事、政治、经济、教育及外交等方面进行了一系列的革新运动，史称“洋务运动”。

丧权辱国的《北京条约》签订后，国门又一次被打开，恭亲王奕欣、大学士桂良、户部左侍郎文祥联名奏请设立总理衙门，以适应列强对华外交的需要，清政府采纳了这个建议。奕欣和文祥是洋务运动的代表人物。之后，清政府又设立了管理南北各通商口岸的商务和处理各类对外事务的南、北洋通商大臣，洋务派地方大臣的代表是曾国藩、左宗棠、李鸿章及张之洞。

洋务运动开始时，以“自强”活动为中心，开始在天津、上海、广州、福州、武昌等地聘用外国教官、购买枪炮、训练洋枪队。洋务派官僚同时在各地创办兵工厂，制造枪炮和船舰。最早的是咸丰十一年（公元1861年）曾国藩在安庆设立的军械所。后来，他还在苏州设立洋炮局。1865年，李鸿章创立江南制造总局，专门制造枪炮和轮船。同年，李鸿章又把苏州的洋炮局迁至南京，扩充为金陵制造局。1866年，左宗棠在福州创设专造轮船的福建船政局。1867年，崇厚在天津设立机器局，后由李鸿章接办。19世纪70年代后，西安、兰州、福州、广州、北京等地都相继设立了中小型军火工厂。设立兵工厂对改造清军的军事装备和促进中国军事科技的发展起到了重要作用。1875年，清政府又委派李鸿章、沈葆桢分别筹建北洋、南洋海军。洋务派在建立大批军事工业以后，出现了资金缺少、材料、燃料和运输等方面的困难。这时候，他们又提出了“求富”的口号，这样，全国掀起了开办洋务运动的高潮。

洋务运动的开展使中国在军事、经济、科技、文化和教育等方面取得一定的发展，使中华文明开始具体地进入到一场学习西方文明的运动中，将中华民族几千年来的封闭格局打破，并将它推到世界文明的大潮中，但它没触动社会制度的根本，所以最终洋务运动归于失败。

很难设想，如果没有慈禧太后的支持，洋务运动怎么可能在守旧势力的阻扰下延续30多年？很长一段时间里，慈禧被一些史家称为“顽固势力的总代表”，说她“一贯顽固守旧”，殊不知慈禧掌权正值国事衰微之际，她并不缺乏改革进取之心。满清回光返照的“同治中兴”正是发生在慈禧当政期间，而洋务运动如果可以算是中国走向现代化的第一次努力的话，这和慈禧大量信任、启用洋务派有必然的关系。

洋务派每办一事，必招致顽固派和清流党的攻讦，朝廷上无一日安宁。面对顽固派和清流党的嚣声，慈禧太后巧妙地施展其政治手腕，逐渐地减少来自他们的阻力。1866年，洋务派拟在同文馆加设天文、算学馆，选派科甲正途出身的人进馆学习。此议一出，文渊阁大学士、理学大师倭仁便率首反对。他认为以中国之大，何患无才，“何必师事洋人”。慈禧见倭仁振振有辞，即令他保举数员精通自然科学的中国教师，另行设馆授徒，以与同文馆的洋教习相比试。倭仁见慈禧动了真格，赶快申辩，说所谓中国“不患无才”，不过是自己“以理度之”，为想当然之事，“应请不必另行设馆，由奴才督饬办理。况奴才并无精于天文、算学之人，不敢妄保”。倭仁受此挫抑后竟郁闷成疾，请求开缺休养。

清流派代表人物张佩纶也曾经领教过慈禧太后的厉害。中法战争期间，张佩纶放言高论，以谈兵事为能，对洋务派的军事外交政策不屑一顾。慈禧顺水推舟，任命张佩纶为福建海疆大臣，到前线指挥作战。张佩纶临事茫然，暗中却叫苦不迭。据《中法兵事本末》记载：“张佩纶、何如璋甫闻炮声，即从船局后山潜逃。是日大雷雨，张佩纶跣而奔，中途有亲兵曳之行……乡人拒不纳，匿禅寺下院，距船厂二十余里……适有廷寄到，督抚觅张佩纶不得，遣弁四探，报者赏钱一千，遂得之。”张佩纶的色厉内荏，慈禧的治人之术，由此可见一斑。

慈禧一面应付顽固派、清流党的讧闹，一面给备受委屈的洋务派打气。1878 年，曾国藩的长子曾纪泽出使英法前夕，与慈禧有段十分耐人寻味的对话：

慈禧："也是国家运气不好，曾国藩就去世了。现在各处大臣，大多总是瞻徇。"

曾纪泽："李鸿章、沈葆桢、丁宝祯、左宗棠均为忠贞、肱骨之臣。"

慈禧："他们都还不错，但都是老班子，新的都赶不上。"

曾纪泽："郭嵩焘总是正直之人，此次亦是拼却声名替国家办事，将来仍求太后、皇上恩典，始终保全。"

慈禧："上头也深知郭嵩焘是个好人。其出使之后所办之事不少，但他挨这些人的骂也挨够了。"

曾纪泽："郭嵩焘恨不得中国即刻自强起来，常常与人争论，所以挨骂，总之郭嵩焘系一个忠臣。好在太后、皇上知道他，他就拼了声名也还值得。"

慈禧："我们都知道他，王大臣等也知道他。"

慈禧不仅对曾、左等洋务运动的"老班子"念念不忘，而且颇有后继乏人之虑。郭嵩焘作为洋务运动的新锐，是中国首任驻英法大使。他极力主张向西方学习，动辄与老臣们争论，得罪了许多人。在顽固派眼中，郭嵩焘被看成士林败类，名教罪人。"出乎其类，拔乎其萃，不容于尧舜之世；不能事人，焉能事鬼，何必去父母之邦。"这首刻薄的对联便是顽固派送给郭嵩焘的礼物。慈禧说他"挨这些人的骂也挨够了"，实际上在为郭嵩焘鸣不平，同时对曾纪泽也是一种激励。

做为掌权者，慈禧无疑是支持改革的，但处在一个社会大变革的时代，她与一个最高统治者应有的知识素养和精神面貌又有一定的差距。她没有主动吸纳新知识的渴求和行动，因而在不少问题上表现出惊人的无知，如认为修铁路破坏风水，火车要用驴马来牵引，等等；她贪图安荣享乐，不惜挪用海军军费修造颐和园。无知和私欲，直接影响到她所支持的洋务运动的实绩。更为重要的是，她对事态的严重性、改革的进程和目标从未有过足够的心理准备和通盘考虑，而是在外力的刺激下被动地调整政策，这也表明慈禧仍然够不上一个卓越政治家的前瞻视野。

○突然袭击，囚禁皇上

1895年甲午战争的战败，使洋务运动彻底失败。甲午战争是日本蓄谋已久直接挑起来的。日本明治维新政府在新兴资本主义势力推动下，早已定下向朝鲜、台湾、满洲扩张的国策，并步步试探和着手实施。

1894年7月，日本借口朝鲜东学党事件迅速派遣大批海陆空，进占朝鲜王京和仁川港等要隘，完全控制朝鲜政府。接着便进攻中国，同时在丰岛击沉载有中国两营援军的高升轮，俘虏中国操江远船，打响了这次战争的第一枪，迫使中国于8月1日对日本宣战。紧接着日本陆海军对中国展开了全面攻击，陆路攻陷了平壤，乘胜入侵中国本土，连续攻占了丹东、九连城、风皇城、海城、牛庄、田庄、营口等要地，直接通榆关和天津，威胁京城。海陆恶战北洋军于黄海，攻占大连、旅顺，全陷辽东半岛，攻占威海，全歼北洋海军，中国海防全失，门户洞开。交战历时仅8个月，双方胜败即已定局。日本出动的陆军还有第一、第二两个军，总人数6万人左右，海军军舰共11艘，总吨位也只有36756吨，军事实力并不比中国强多少，但日寇处处主动出击，又采用迂回包围、避实就虚战略，前线军官也比较果断，加上清政府军队弱点很多，因而始终占上风。

中国的情况和日本相比恰恰相反。在这场战争中，中国和朝鲜是处于被侵略的一方，按常理讲，应获得军心和民心的拥护。朝鲜与中国有着悠久的历史渊源关系，不甘心受日本侵略，对中国的向心力很强，大有利用余地，加上李鸿章一手经营的北洋舰队和海防以及3万新式淮军，这些主客观条件，应该说是不错的。但是腐败无能的清政府当局，不仅未能充分利用以上有利条件，反而一再延误，使这场关系时局的战争遭到惨败，最终签订了丧权辱国的《马关条约》。

甲午战争的失败，使中华民族面对空前严重的全面危机，也使越来越多的中国人看到，抱残守缺决不能救中国，只有进行根本变革才是唯一出路。面临灭种之灾的危险，在这民族危机的关键时刻，部分先进分子的思想发生了剧烈变化，许多人逐渐意识到抵抗外国侵略不能单靠朝廷的力量，而要靠人民共同奋起。救亡的迫切心情增强了人们的民主观念和激发了全民族的忧患意识和救亡图存的新觉悟，改变了先前人们只在封建传统中谋求发展的思维定势，摈弃“中体西用”的教条。他们进而探求战争失败的原因，对标榜“自强求富”的洋务运动进行尖锐批判，指斥洋务派的“师夷”是“得其貌，慕其名，忘其实”，长期主持洋务新政和甲午战事经手签订《马关条约》的李鸿章一时成为众矢之的，遭到举国一致的猛烈抨击。这一事实表明，由李鸿章介导的通办洋务使中国渐臻富强的思想和道路的破灭。人们开始寻求新的出路，于是1898年由光绪帝主持的戊戌变法维新应运而生。

1895年4月，日本逼签《马关条约》的消息传到北京，康有为发动在北京应试的1300多名举人联名上书光绪皇帝，痛陈民族危亡的严峻形势，提出拒和、迁都、练兵、变法的主张。“公车上书”揭开了维新变法的序幕。

“百日维新”开始后，清政府中的守旧派不能容忍维新运动的发展。有人上书慈禧太后，要求杀了康有为、梁启超；奕劻、李莲英跪请太后“垂帘听政”；御史杨崇伊多次到天津与荣禄密谋；甚至宫廷内外传言将废除光绪，另立皇帝。9月中，光绪皇帝几次密诏维新派商议对策，但维新派既无实权，又束手无策，只得向光绪皇帝建议重用袁世凯，以对付荣禄。16、17日，光绪皇帝两次召见袁世凯，授予侍郎；18日夜，谭嗣同密访袁世凯，劝袁杀荣禄，举兵救驾。事后，被袁世凯出卖。

1898年9月21日凌晨，慈禧太后突然从颐和园赶回紫禁城，直入光绪皇帝寝宫，将光绪皇帝囚禁于中南海瀛台；然后发布训政诏书，再次临朝“训政”，“戊戌政变”成功。戊戌政变后，慈禧太后下令捕杀在逃的康有为、梁启超；逮捕谭嗣同、杨深秀、林旭、杨锐、刘光第、康广仁、徐致靖、张荫桓等人。9月28日，在北京菜市口将谭嗣同等六人杀害；徐致靖处以永远监禁；张荫桓被遣戍新疆。所有新政措施，除7月开办的京师大学堂外，全部都被废止。从6月11日~9月21日，进行了103天的变法维新，以戊戌政变宣告失败。

在人们的印象中，戊戌变法运动是慈禧太后一手镇压下去的，慈禧此举成了阻碍中国进步的关键。然而，慈禧并非从一开始就反对变法维新。甲午惨败，老佛爷岂能无动于衷？据费行简《慈禧传信录）载，早在变法之初，慈禧即对光绪说：“变法乃素志，同治初即纳曾国藩议，派子弟出洋留学，造船制械，以图富强也。”“苟可致富强者，儿自为之，吾不内制也。”光绪素惧慈禧，待到慈禧袒露心迹，抑郁顿释，也就在几个书生的簇拥下大胆行动起来，恨不得把一千年的任务在一个礼拜之内便大功告成。欲速则不达，反而适得其反，得罪大批既得利益者。他们的所作所为渐渐超过慈禧所能容忍的限度，以导致血腥政变。

慈禧的不满大概有两个方面。（1）维新派有针对她的兵变计划，直接威胁到她的地位和生命。陈夔龙《梦蕉亭杂记》云：“光绪戊戌政变，言人人殊，实则孝钦并无仇新法之意，徒以利害切身，一闻警告，即刻由淀园还京。”在权力之争中，慈禧是比较心狠手毒的。如果改革要以牺牲她的权力为代价，那是万万不行的。（2）光绪帝和维新派全变、大变的急进变革主张，造成整个社会结构的强烈震荡，使许多与现存社会有利害关系的社会集团和政治势力觉得受到了威胁。百日维新期间，上谕达110多件，令人目不暇接，各地方官员都怨声载道，光绪帝严惩阻挠变法的官员，树敌太多。至于废除八股改革科举制度，又在庞大士人群体中引起普遍恐慌。慈禧担心全线出击造成大厦倾覆，使出面干涉，稳定政局。

戊戌变法运动虽被镇压，可那只是宫廷内的权力斗争，改革毕竟已是大势所趋，关键在于由谁主持改革，以及如何进行改革。精明的慈禧太后通过戊戌政变确保了自己的地位之后，立即主动发出继续改革的信息："前因中外积弊过深，不得不因时制宜，力加整顿。而宵小之徒，窃变法之说，为煽乱之谋。业经严拿惩治，以遏横流。至一切政治有关国计民生者，无论新旧，均须次第推行，不得因噎废食。"慈禧的这一举动，给政变后万马齐喑的局面注入了兴奋剂，使主张变法维新的社会力量重燃希望之火，这实为她政治上的高明之处。

正当慈禧意欲缓进地推行改革时，义和团运动爆发。义和团运动，打着"扶清灭洋"的口号，对于痛恨洋人的慈禧太后而言，一开始就颇对胃口。然而在如何对待义和团的政策上，是经过了激烈的争论的，其间还夹杂着列强的干涉。

○对义和团卸磨杀驴

1900 年初，义和团的主力转进直隶，逼进京畿。慈禧太后派刑部尚书赵舒翘、大学士刚毅、及乃莹先后去涿州调查情况。太后之所以对义和团采取慎重的态度，主要是义和团在痛恨洋人方面和太后有相似之处。义和团提出"保护中原、驱逐洋寇"，他们要焚烧教堂，因为教会"勾结洋人，祸乱中华"。他们要"三月之中都杀尽，中原不准有洋人"。

慈禧太后在 1898 年后痛恨洋人，其根源在于她发动政变废光绪，另立新君的举措，遭到洋人的极力干涉。据《庚子国变记》载：首先是法国医官探视被后党宣布为病重的光绪，结果发现没事。"上虽同视朝，嘿不一言，而太后方日以上病状危，告天下"。各国公使谒见，请法医入视病，太后不许，各公使又亟请之，太后不得已，召入。出语人曰：血脉皆治，无病也。太后闻之不悦”。其次是康有为为英人庇护这事使太后愤怒。“遂以李鸿章为两广总督，欲诡致之，购求十万金，而英兵卫之严，不可得。鸿章以状闻，太后大怒曰：“此仇必报！对方食，取玉壶碎之曰：所以志也。”第三是以英国为首的列强反对太后废光绪，立新君。1900年1月24日，太后决定立端王载漪之子溥仪为大阿哥(皇位继承人)，预定阴历元旦（1月31日）使光绪帝行让位礼。当时天下哗然。“经元善等连名上书至二千人。载漪恐，遣人请各公使入贺，太后亦与各公使夫人饮，甚欢，欲遂立溥仪。各公使不听，有违言。太后及载漪内惭，日放谋所以报。会江苏粮道罗嘉杰以风闻上书大学士荣禄言事，谓：‘英人将以兵力会归政。因尽揽利权。’荣禄奏之，太后愈益怒。”

可见，太后发现有群氓从底层开始烧教堂、杀洋人的时候，其心态自是复杂的。一方面，她得到刚毅等的复命，均力言义“民无他心，可恃”。另一方面，她感到处处受洋人的“气”，又找不到报复的机会。当1900年6月11日，董福祥的甘军受义和团的影响在永定门杀死日本使馆书记生杉山彬，并剖其尸后，局面已愈发不可收拾。

据曾纪泽的女婿吴永（时任怀来县知县）回忆，慈禧太后对义和团的认识是这样的：当乱起时，人人都说拳匪是义民，怎样的忠勇，怎样的有纪律，有法术，描形画态，千真万确，教人不能不信。后来又说京外人心，怎样的一伙儿向着他们；又说满汉各军，都已与他们打通一气了，因此更不敢轻说剿办。后来接着攻打使馆，攻打教堂，甚至烧了正阳门，杀的、抢的，我瞧着不像个事，心下早明白，他们是不中用、靠不住的。但那时他们势头也大了，人数也多了，宫内宫外，纷纷扰扰，满眼看去，都是一起儿头上包着红布，进的进，出的出，也认不定谁是匪，谁不是匪，一些也没有考究。这时太监们连着护卫的兵士，却真正同他们混在一起了……这时我一个人，已作不得十分主意，所以闹到如此田地。我若不是多方委曲，一面稍稍地迁就他们，稳住了众心，一面又得制住他们，使他们对着我还有几人瞻顾；那时纸老虎穿破了，更不知道闹出什么大乱子，连皇帝都担着很大的危险。以上西太后的自述表明在普遍的仇外和反抗侵略情绪高涨的情况下，她如何利用了义和团而又不可收拾的无奈心理。

真正导致局面无法收拾的，是义和团入城后发生的不受控制的灭洋教、杀洋人和“二毛子”事件导致的八国联军侵华。八国联军由英海军提督西摩尔率领，自1900年6月10日自天津出发，16日向大沽炮台发出交出炮台的最后通牒。正是在11日发生日本外交官被杀、13日义和团入北京城的前后。15日，太后召大学士六部九卿入议，当着群臣哭泣。吏部侍郎许景澄是比较清醒的一个大臣，他进言：“中国与外洋交数十年矣，民教相仇之事，无岁无之，然不过赔偿而止。唯攻杀使臣，中外皆无成案，今交民巷使馆，拳匪日窥伺之，几于朝不谋夕，倘不测，不知宗社生灵，置之何也?”太常寺卿袁昶进言：“衅不可开，纵容乱民，祸至不可收拾，他日内讧外患，相随而至，国何以堪?”慷慨激昂，声震殿瓦。太后侧目无视之。可见太后是不以为然的。

太后不仅认为有何大不了的，而且她是执意要硬到底了。真正促使她下决心同各国一战的，是端王载漪在大沽炮台失陷同日，出现了伪造的一份外交团照会。经荣禄进呈的这份照会，要求四件事：（1）指明一地令中国皇帝居住；（2）代收钱粮；（3）代掌兵权；（4）请太后归政皇帝，废了大阿哥。据刚毅的姻亲景善记载：“刚毅来告诉我，他从未见过老佛爷那样地发怒，即使当她闻悉康有为谋反时也没有如此。彼族焉敢干预之权！她高喊着：是可忍，孰不可忍也；当灭此朝食。现老佛爷准立决死战，慈意所属，虽沐恩甚优之荣相，亦不敢劝阻，恐生意外也。”

促使慈禧太后宣战的另一个原因，是6月19日召开御前会议的当天，上海的《字林西报》发表了一篇社论，用强硬的词句斥责中国政府：中国与各大强国同时作战，它是由西太后和她的奸党的选择而作战的。他们万分愚蠢，妄自尊大，自以为他们能够安全地抗拒列强……不管发生任何事件，这批奸党若不自动离去，就必须被逐出北京城。希望有可能把光绪皇帝寻出来，把他重新置于皇位之上。现时必须对中国人明白指出，挑起目前的战争的是西太后，我们不是对中国作战，而是对那个篡夺政权的北京政府作战。

慈禧太后被几种力量推动着：一是她对洋人强烈地痛恨；二是周围顽固派的火上浇油；三是义和团煽动的全面的对洋人的仇恨情绪；四是洋人对她的攻击。这一切都使太后感到了莫大的激愤和羞辱。6 月 20 日，德国公使克林德在乘轿去总理衙门途中被虎神营士兵枪杀，使馆中的外国卫队得知后，结队外出寻衅。义和团于是开始攻打使馆。次日，清政府发布了“宣战”上谕。

然而，慈禧太后真的是要倾全国之力与外敌决一死战吗？事实证明，当这口恶气出得差不多的时候，她也就害怕起来。她的宣战只持续了 5 天。6 月 21 日宣战；6 月 22 日又发给义和团 2 万石粳米，同日悬赏洋人首级。据《景善日记》，“庄王出示悬赏，以励杀敌，杀一男夷者，赏银五十两；杀一女夷者，赏银四十两；杀一稚子者，赏银二十两”。很快又密谕各省遍杀洋人，但袁昶、许景澄将谕旨中的“杀”字改为“保”字或“保护”字。无人敢以此奏闻太后。同时，太后还赏给进攻使馆的神机营、虎神营和义和团银各 10 万两。

然而，自 6 月 25 日进攻使馆第一次明显的停火开始，7 月 18 日至 28 日，8 月 3 至 4 日，又有几次停火。据赫德的记述：“有人从中给我们以部分的保护，这似乎是可能的事：历次攻击并不是由政府所能调动的数目的兵员所发动——攻击没有一次干到底，总是正当我们恐怕他们一定要成功的时候停住了——假使在我们周围的军队真的彻底而决心地攻击的话，我们支持不了一个星期，或许连一天都支持不了。所以一种解释是可信的，那就是一定有某种保护——有人，或许是知道摧毁使馆区将会对这个帝国和这个皇朝带来怎样的损失的一位聪明人，在发布命令和执行命令之间从中作梗。”其实，真正害怕的是慈禧太后本人。她从6月25日开始即派荣禄前往使馆要求停战，荣禄在当晚九时得到议和命令，次日带队往使馆界，悬一牌，书奉太后谕旨，保护使馆。洋人皆由馆中走出，与荣禄商议，“于是有三刻钟之久，不闻枪声。”

慈禧态度变化的一个重要原因，是6月25日早上6点，端王、庄王、濂贝勒、瀛贝勒带领60名义和团员入宫，寻找二毛子，至宁寿宫门，太后尚未起床，他们大声呼喊，请皇帝出来，说皇帝是洋鬼子的朋友。太后在吃早茶时听到，大怒，斥退端王等。她这才意识到情况远比她意料的要复杂而危险。自此，朝廷占主流的意见已经倾向于议和。而6月26日，东南督抚们在密不公布“宣战”谕旨的同时，还和各国领事商订了《中外互相保护章程》九条。“东南互保”导致中外关系出现奇特的不统一局面。真正了解太后意图的做法，看来只有南方的地方大吏如两广总督李鸿章、两江总督刘坤一和湖广总督张之洞等。

太后还于7月20日起连日派人向使馆送西瓜、蔬菜、米面等物，又派人去慰问。8月2日，联军约4万人自天津出发，6日攻陷杨村，7日，清廷任命李鸿章为全权大臣，即日致电各国外交部，先行停战。但列强执意要攻人北京。8月14日，联军攻入北京，15日，西太后挟光绪帝出奔往太原、西安。9月7日发出“上谕”，对义和团“痛加铲除”。

出现这种无法收拾的局面，虽然归罪于义和团和办事不力的下臣，但她并没有完全逃避个人轻率鲁莽的责任。她后来回忆说：“依我想来，还算是有主意的。我本来是执定不同洋人破脸；中间一段时期，因洋人欺负得太狠了，也不免有些动气。但虽是没拦阻他们，始终总没有叫他们十分尽意地胡闹。火气一过，我也就回转头来，处处都留着余地。我若是真正由他们尽意胡闹，难道一个使馆有打不下来的道理？不过我总是当家负责的人，现在闹到如此，总是我的错头；上对不起祖宗，下对不起人民，满腔心事，更向何处诉说呢?”慈禧太后在决策时的处境，确实比较艰难。正如她自己所说：去涿州查看义和团的两个国家倚傍的大臣（刚毅和赵舒翘），回来复命时，太后曾问他们“义和团到底可靠不可靠?”他们并没有给予“正经主意回复”。而余外的王公大臣们，“又都是……要与洋人拼命的”。“教我一个人如何拿得定主意呢?”

慈禧还是把客观环境当作决策的理由，因此也摆脱了自身的罪责。这次打击似乎使她有所清醒，在回銮过程中，就急匆匆地准备在宫中召见各国驻华公使夫人，要开展“夫人外交”。一方面表明她认识到妄自尊大可能会带来毁灭性的危险，另一方面，她也是极力地掩示对洋人的刻骨仇恨。

慈禧太后在八国联军侵华后，一反常态地招待外国公使夫人。当时有的公使夫人接到邀请后非常气愤，说：“还讲什么礼仪？应该把她踩在我们脚下！她用枪炮对付我们，应该请求原谅的是她，而不是我们对她彬彬有礼!”但1902年6月的这次召见，使她们感受到了身为一个没落帝国之主的威严，她们“忘记了几天前聚会时大家义愤填膺的神情，一个个都被慈禧太后威严的仪表和这种庄严的场面深深震慑，都遵照觐见皇后的礼节给她行了三次大礼。”

○随心所欲，挥霍无度

光绪十一年（公元1885年），光绪皇帝载湉15岁了，慈禧又到了结束听政的时候。她恋恋不舍地答应次年把政权交还给光绪帝。这时，一些王公大臣迎合慈禧的心意，奏请她在结束听政以后，再训政几年。慈禧当然无不答应。

光绪十五年（公元1889年），19岁的光绪皇帝已经完婚，慈禧不得不归政。在归政之前，她提出给自己建造一个好的“怡养之处”，于是便开始了大规模修建三海（南海、中海、北海）的工程。慈禧对工程要求极为苛刻，指令各殿阁内外的油饰、糊饰，一律要“见新”，要完全按照她的意旨设置，不许擅自更动。她一天两次派宠信太监李莲英去工地相看、督促。这项工程共计花掉白银两千余万两，而19世纪80年代清王朝从德国伏尔舰厂买的两艘6000马力的“定远”与“镇远”铁甲舰、一艘2800马力的“济远”钢甲舰，才花了白银400万两，修三海的钱是买这些战舰的五倍。

“三海”工程结束后，慈禧便搬进去，开始了她的所谓“归政怡养”的生活。慈禧归政后，一方面，恣意听戏、作画、玩赏珍品等奢侈的享乐，甚至专门让人修了一条从中海仪鸾殿到北海镜清斋的小铁路，从法国进口了一辆豪华的小火车，供自己享用。更有甚者，她不愿意听到机车的声响，便摘掉机车，改由太监拉着走；另一方面，她始终牢牢地掌握着国家大事的裁定权，重要事情都要亲自听取大臣奏议，重要奏章和咨文都要亲自阅定，即使不在养心殿上，光绪皇帝的一举一动都在她的严密监视之下。

光绪二十年（公元1894年）十月初十日，是慈禧的六十大寿。慈禧希望这次整寿庆典超过历代皇后，乃至历代皇帝。为了搞好这次庆典，早在两年以前就开始着手筹备。光绪十八年，皇帝发下谕旨，认为慈禧寿典是举国盛事，所有应备仪式典礼，都必须专派大臣敬谨办理，并成立了庆典处，抽调众多亲王、大臣专门负责办理庆典事宜。待到庆典时，举行了一系列筵宴、演出，其奢华糜费已到了无以复加的程度。而正在这时，中日甲午战争打得火热。不久，中国战败，李鸿章秉承慈禧意旨与日本签订了丧权辱国的《马关条约》，一时间舆论大哗，全国一片谴责之声。慈禧见众怒难息，只好罢免了李鸿章等人，把失地赔款的责任推给光绪，然后带上李莲英跑到颐和园享福去了。

○镇压变法，卖国求荣

中日甲午战争以后，随着民族危机空前严重和民族资本主义的初步发展，改良主义逐渐形成强劲的思潮。以康有为等人为代表，举起“变法”、“维新”的旗帜，向封建专制制度提出挑战。面对这种局势，光绪皇帝和慈禧太后的态度截然不同。

光绪帝很希望利用改良派这股力量对付后党，将慈禧手里的大权夺过来，使自己和国家的处境都得到改善。光绪二十四年（1898）六月十一日，光绪帝发表诏书，正式表示变法的决心。接着，他任用了康有为、梁启超、谭嗣同等人，一连发布了几十道改革的命令，决定修铁路、采矿藏、办实业、开银行、改革官制、兴办新式学堂等。这就是有名的“戊戌变法”。

对于光绪皇帝的这些举动和变法维新者的一系列活动，守旧大臣们纷纷向慈禧反映，希望她尽快出面阻止。慈禧表面上不动声色，装出“既归政，则不再干政”的淡漠态度。但等光绪皇帝推行新政到了最热烈的时候，她突然打出自己的“三张牌”：一是迫使光绪下令免去他的维新派老师翁同龢的职务，并逐回原籍；二是下令凡授任新职的二品以上大臣，都必须到她面前谢恩，从而控制了用人权；三是任命亲信荣禄为直隶总督，并且加文渊阁大学士，统率董福祥、聂士成、袁世凯的北洋三军，从而掌握了军事权。同时她又设下一个更狠毒的圈套：让光绪皇帝陪着她到天津去阅兵，企图利用阅兵的机会由荣禄举行兵变，迫使光绪皇帝退位，另立一个新皇帝。

光绪帝得知慈禧的政变阴谋，密令维新派设法营救。维新派人士把希望寄托在统辖新军的直隶按察使袁世凯身上，但是，袁世凯赶到天津向荣禄告了密。荣禄慌忙进京，密报了慈禧。慈禧闻后连夜率人从颐和园回到紫禁城，直接闯入光绪帝寝宫，破口大骂。然后把亲信大臣召集来，把家法放到光绪帝面前，训斥道：“天下是祖宗的天下，你怎么敢胡作非为？康有为的新法，能胜过祖宗立的法？你真是糊涂到顶点了！”接着，慈禧下令把光绪皇帝囚禁在瀛台（中南海里的一个小岛），并盗用光绪帝的名义发布上谕，说他身体不好，再三恳请慈禧太后“训政”。于是，慈禧又完全把持了朝廷大权，开始了她一生中的第三次“垂帘听政”。

与此同时，慈禧命令搜捕和屠杀参与变法维新的人。除杀害了谭嗣同、杨锐等变法维新的骨干外，其他凡是参与变法维新或有此倾向的人，或罢官或放逐或下狱。接着，慈禧又取消了已经采取的各项变法措施。

慈禧囚禁了光绪帝，对外界却宣布光绪病得很重。各国公使不相信，要求派法国医生进宫探病，慈禧坚决不允；在各国公使的极力强求下，才答应把法国医生召进宫来给光绪帝看病。没想到，这位医生看完病以后对人们说：“皇帝血脉正常，根本没有什么病。”对此，慈禧很是恼火。

慈禧对光绪皇帝反对自己、支持变法运动一直耿耿于怀，因此她要废掉光绪，另立一个听话的皇帝。不久，她选中了端郡王载漪的儿子溥儁，立为大阿哥（即皇储），准备继承皇位。没想到，她这种做法竟遭到了中外许多人的反对。慈禧派人去说服各国驻京公使，让他们前来祝贺。但各国公使都不来捧这个场，使得慈禧非常下不来台。

恰巧在这时候，有一个谣言传入慈禧的耳朵，那就是洋人发出最后通牒，要求她把政权交给光绪。慈禧大怒，决定向美、英、法等八个国家宣战。光绪二十六年（公元1900年）六月慈禧召开御前会议，正式向八国联军宣战。谁知宣战才几天，慈禧出尔反尔，竟派荣禄前往各国使馆慰问，表示愿意马上停战议和。荣禄亲自领兵来到北御河桥，在一块木牌上写着“钦差大臣荣禄，奉慈禧太后之命，前来尽力保护使馆”。在战争进行最激烈的时候，慈禧派奕劻去慰问各国公使，送去瓜果、蔬菜、米面，放到使馆聚集的东交民巷街口，任由洋人自行拿用。慈禧还无耻地说：“这是我关怀笼络外国人的一点意思。”

八国联军很快逼近了北京城。光绪二十六年七月，慈禧扮成农妇模样，携带光绪皇帝和大阿哥，在部分大臣和太监的簇拥下，狼狈西逃。

临行前，珍妃出面请求皇上不必西去，应该留下来处理和各国讲和的事情。慈禧平日最不喜欢珍妃，此时见她又反对自己，竟命令太监将珍妃推入井中淹死了。

在西逃过程中，慈禧这个不可一世的女人吃尽了苦头。但是，境况稍有好转，她便又作威作福起来。逃到西安以后，慈禧把巡抚衙门作为行宫，又过起了纸醉金迷的生活。单是每顿饭选菜谱就有一百多种，鸡鸭鱼肉、燕窝海参，应有尽有，每天都要用二百多两银子。慈禧却说，这比在北京节约多了。

早在西逃路上慈禧就派李鸿章充当全权大臣，与八国联军谈判求和。并用光绪帝名义发布上谕，赖掉她“宣战”的责任。八国联军明知宣战责任在慈禧，也不再追究。光绪二十六年底，外国侵略者提出“议和大纲”十二条，慈禧连忙下令：“所有十二条大纲，应即照允。”没有经过多少谈判就于第二年九月签订了《辛丑条约》。卖国求荣的慈禧保住了自己的地位满心欢喜，就于次年八月在西安城张灯结彩，锣鼓喧天，然后三千多辆马车，满载着金银、古董，浩浩荡荡起驾回京。

○清末新政的“无言结局”

与戊戌变法相比较，清末“新政”实际上是一场更具现代化性质的改革。但对于满清政府而言，“新政”的果实他们觉得并不那么甜美。政治上，它在沿袭戊戌变法裁汰闲衙冗官方针的基础上，设立外务部、商部、学部、巡警部、邮传部等新的政府机构，使传统的六部体制不复存在；经济上，首先肯定了戊戌变法时奖励工商、发展实业的各种措施，而后颁布《商人通例》、《公司律》、《破产律》、《商会简明章程》等多种经济法规，为工商业的发展提供必要的法制保障；军事上，戊戌变法时的主张为整顿团练、令八旗改练洋操，并着手改革军制，而新政则致力于用现代化军队建制编练新军，使军队组成、武器装备和指挥水平可明显改善；文化教育上，戊戌变法时提出改革科举制度、设立新式学堂、奖励游学，新政则宣布废除科举制度，大规模地开办新式学堂和派遣士人出国留学，并参照日本模式制定出中国最早的学制——《钦定学堂章程》以及《奏定学堂章程》。

作为最高统治者的慈禧，对新政寄予厚望。她在接近古稀之年，还对魏源的《海国图志》、徐继畬的《瀛寰志略》等介绍外国历史地理的书籍产生极为浓厚兴趣，时常阅读以广见闻。新政推行过程中，虽有着种种弊端，但决非无善可陈。新政的推行，确实在为中国逐步积累着现代化资源，为社会的转型准备着物质和社会方面的条件。《清史稿·后妃传》中称："（慈禧）晚乃壹意变法，怵天命之难谌，察人心之将涣，而欲救之以立宪，百端并举，政急民烦，陵土未乾，国步遂改。"不过，当时的国内外环境没有再给中国提供一个稳健改革的机遇。1904 年，日俄战争爆发，岛夷小国日本战胜了庞然大物俄罗斯。国内外舆论认为，这是立宪国战胜专制国的铁证，"皆谓专制之政，不足复存于天下"。于是国内立宪的呼声，由微弱转为高涨。慈禧在强大舆论压力下，不得不将新政归于宪政改革。宪政改革，意味着要突破政治体制中最核心的部分。这一重大的举措，给清末改革带来功能性紊乱，也给慈禧招致难以承受的压力。

本来，后起国家的现代化在初期需要一个集权的中央政府，以便整合社会力量，充分调动和使用各种资源，稳健地推动现代化的进程。日本即是一个成功的先例。

日本从 1868 年开始明治维新，到 1889 年颁布《大日本帝国宪法》，历时二十余年。而中国在实行新政不久即转入宪政改革，其结果只能导致政治资源的分散，使原已就"内轻外重"的政治格局更趋严重。当时国内就有人痛切地指出："论日本之政，其所以致富强者，以其能振主权而伸国威也。今之议者不察其本，而切切以立宪为务，是殆欲夺我自有之权，而假之以自便自私也……夫日本以收将权而存其国，而我国以限君权而速其祸，不可谓善谋国者也。”

1906 年，光绪奉慈禧谕旨，宣布“预备仿行宪政”，并以官制改革为下手处。官制改革以行政和司法相互独立为基本原则，“总使官无尸位，事有专司，以期各有责成，尽心职守。”由于官制改革牵涉权力和利益的重大调整，引起统治集团内部的躁动不安。有关官制改革的条陈如雪片般飞到慈禧的眼前，其意见之纷杂、斗争之激烈实属罕见，老佛爷感觉“如此为难，还不如投湖而死。”区分清楚中央与地方的权限是官制改革中最头痛的问题之一，清政府本欲通过官制改革收取督抚的兵权和财权，哪知督抚却以设内阁、开国会相要挟，中央与地方的矛盾更形突出。官制改革陷于进退维谷的境地。

1908 年，宪政编查馆颁布九年预备立宪逐年筹备事宜清单。与此同时，慈禧和光绪帝联名发布《九年预备立宪逐年推行筹备事宜谕》。上谕中指出：“当此危急存亡之秋，内外臣工同受国恩，均当警觉沉迷，扫除积习……所有人民应行练学自治教育各事宜，在京由该管衙门，在外由各省督抚，督饬各属随时催办，勿任玩延。”又云：“至开设议院，应以逐年筹备各事办理完竣为期，自本年起，务在第九年内将各项筹备事宜一律办齐，届时即行颁布钦定宪法，并颁布召集议员之诏。”这是慈禧生前颁布的最后一道谕旨，也可说是慈禧的政治遗嘱。不久，慈禧悲郁而逝，权力轴心顿成虚弱，要求速开国会、速立宪法的呼声更趋高涨。立宪派的鞭策和清廷的拖延，导致两者合作的最终破裂。清王朝在革命派和立宪派的呼喊声中土崩瓦解，清末改革以失败而告终，中国也开始进入一个更没有“重心”的时代。

○虽得生前荣，却遭死后耻

慈禧直到生命的最后一刻，也没有放弃权力。光绪帝死后，她立即立了醇亲王载沣的儿子溥仪为皇帝，定年号为“宣统”。当时溥仪年仅三岁，自然什么事也不懂，因此慈禧又一次发布懿旨："小皇帝年纪还小，应当专心学习，所有军国政事，都按我的训令施行。"第二天，光绪三十四年（1908）十月二十三日，慈禧便死在了中海仪鸾殿，终年74岁。

慈禧死后，由徽号加谥号通称："孝钦慈禧端佑康颐照豫庄诚寿恭钦献崇熙配天光圣显皇后。"十一月十六日，慈禧入殓。后葬东陵。从慈禧断气，到把她埋入地宫，折腾了将近一年，耗白银达一百二十多万两。

不可否认的是，慈禧深深迷恋权力，这是她难以摆脱的弱点。权力这两个字具有太大的吸引力，对权力的渴望根植于人性深处。这个东西使得人性中根深蒂固的超越意识得到最充分的实现，这是任何强者都难以抵御的诱惑。从这点上来说，慈禧的失败是由于人性的普遍弱点而不是自己的性别因素。其实，作为统治者她有足够的智慧和权威。慈禧太后垂帘听政期间在军机大臣领班的职位上呆过的只有两个人——恭亲王和庆亲王。前者被贬黜过许多次，其荣誉被剥夺殆尽，而后者在三十年里则始终是个"不倒翁"，所得到的荣耀全都原封未动地保存了下来。张之洞、刘坤一、王文韶这三位杰出的总督、大学士也是这样。慈禧太后从来都让他们担任重要职务，但他们从未遭过她的贬黜。因为他们都是她的国家里最进步的官员，但其中没有一个人强大到足以危及她的统治，所以没有必要提醒他们上面有个强权人物。因为，历史和事实都已经让所有人知道：只要她大笔一挥，就可以让任何官员从天上掉到地下。

慈禧就是这样一个女人。她有着那个时代普通女人所没有的叛逆性格，却跳不出那个时代人们的局限。她妩媚又泼辣，她聪明又无知，她大胆又保守，她勤奋又贪图逸乐。她不太理解政治，政治也给了她千载骂名。

慈禧由着自己的性情，风风光光、曲曲折折走完了自己的一生。在生命的最后，她好像有一点后悔。她在病榻上留给人们的最后一句话是："以后勿使妇人干政。此与本朝家法有违，须严加限制。"她承认自己不成功地涉足了政治。她希望别人不要效仿她，而要做单纯的女人。可是，如果她不涉足政治，她怎么可能把女人做得那样风光？她给不出这个问题的答案。

而她或许会料到自己身后的骂名，但却万万想不到自己死后，会遭受盗陵抛尸的奇耻大辱，这也许是她最担心的！

慈禧生前在政治上权威显赫，在生活上享尽了人间富贵，而她为自己所修筑的陵墓更是极尽奢华。慈禧的陵寝，是清东陵建筑群中最有看头的一景。明楼红墙，黄瓦飞檐，虽与同为皇太后的慈安陵隔一道马槽沟，以完全相同的规模和样式坐北朝南并立，但内在装修与细节设计却不能同比。有关建陵的历史记载和传说，便合成了一个让人惊叹的"女权"故事。

咸丰皇帝驾崩后，慈禧的亲儿子载淳继位。在这年仅六岁的同治皇帝背后，慈安和慈禧作为东、西太后垂帘听政。同治五年（公元1870年）后，两位皇太后即选中东陵的风水宝地菩陀峪和普祥峪建陵寝，由于清二百年历史上还没有两个皇太后一起建陵的先例，如何建陵便成了无制可依、无章可循的难事。在承修大臣提出的同葬一陵（棺椁并排无高低贵贱之别），或者一陵两地宫的上奏被慈禧否定后，最终实施了建两座陵的方案。建陵经费则通过提高赋税的方法解决。这两座陵于同治十二年（公元1873年）八月同时开工兴建，到光绪四年（1879年）同时完工，慈安陵居西，慈禧陵居东。两座陵墓建筑规模大体相同，但慈安陵共用白银260万两，而慈禧陵只用了227万两。当时虽为两宫皇太后共同执政，可慈安地位高于慈禧。慈禧是一争强好胜女人，哪能甘居他人之后呢。其实两宫太后的陵墓在所有皇后陵中均属上乘，可是慈禧对此并不满足。慈安死后，慈禧大权独揽，唯我独尊，于光绪二十年（公元1895年）借其陵寝渗水之机，下令拆除三大殿重新修建。整个工程长达十三年之久，耗资巨大，直至慈禧死时才完工。虽然陵制已定，老佛爷在陵寝局部的规模与样式上不仅另辟新径，还极尽挥霍之能事，在内装修和建筑细节上大做文章，使重修的慈禧陵成为清代最豪华独特的一座皇家陵寝。

重建的慈禧陵，用料之精美、工艺之高超、装修之独特，均居明清帝后陵之首，堪称慈禧陵之“三绝”。

一绝，用料之精美。步入慈禧陵隆恩门，一眼就看到独具一格的红褐色门窗菱花和梁枋斗拱，浑然一体，给人以清心悦目之感。乍看不如宫廷中常见的红漆彩梁柱那么艳丽，细瞧才可发现木质纹理精细、色彩典雅。这是一种名贵的黄花梨木，多产于海南岛。遍访各处建筑，用此木建殿堂者，唯有慈禧陵一处。在三殿六十四根柱子当中，除隆恩殿七米高的金柱、中柱为包厢外，其余均为直径一米、高 3.65 米的独根笔直的原木。这些名贵的材料，构成了慈禧陵木质精美之一绝。据清史记载，仅三大殿所用的叶子金就达 4592 两以上。而这货真价实的金碧辉煌虽然经过盗墓者贪婪的洗劫，如今依然可见那“金绝”的豪华残迹与碎片。至于木绝，也足以让人瞠目。三大殿的梁枋都是用中上品黄花梨木制成的。据说这种木质坚硬、纹理细密的木料现在已濒绝种，其价以斤而论，称得上是寸木寸金。而慈禧的棺椁，更是用极名贵的金丝楠木制作的。

二绝，工艺之高超。慈禧陵三殿里里外外梁枋各处彩画，全部贴金。三殿六十四根柱子，完全采用镀金嵌饰，比北京故宫太和殿内的六根金柱还要华丽。三殿内外的大小三十块砖墙及二百二十八平方米的范围内，雕刻着“五福捧寿”、“绫带盘长”、“万字不到头”等，并在砖上节扫红、黄金粉，使之显得更加金碧辉煌。金饰的豪华、美轮美奂堪称一绝。

三绝，装修之独特。为显示女人当政，隆恩殿周围石雕栏杆上，均雕刻了“凤引龙”图案。殿前正中长 3.18 米、宽 1.6 米的陛阶石上，雕刻着一龙一凤：丹凤凌空展翅，穿云俯身向下；蛟龙出水曲身，腾空昂首向上。凤引龙，相戏火珠。在隆恩殿周围六十九块汉白栏板上，也精心雕刻了“凤引龙”图案。尤其是栏板之间的七十六根望柱，最为标新立异。皇家建造的石栏望柱中，“龙凤望柱”等级最高，大都在望柱头上以一龙一凤相间排列。慈禧陵的月台望柱更不同一般，单单雕刻着穿云翔凤，神态洋洋自得。整个雕栏共雕琢了二百四十只凤，三百零八条龙，像这样寓意其中的雕刻，实属罕见，怎能不称这为之一绝呢！这种出自皇室的独一无二的“一凤压两龙”的造型，与石栏板上龙追凤的图案彼此呼应，一起强化并张扬着皇权的性别寓意；殿前龙凤丹陛石上的雕刻更是石雕珍品。它的构图打破了传统的龙凤并排格局，显示的是新颖独特的凤在上龙在下图案，加之高浮雕与透雕所创造的栩栩如生的立体感和凤舞龙飞气势，将皇权的性别强调指向极致。

慈禧陵的“三绝”，演绎着无比奢华的“女权”故事。这“女权”二字，所包涵的自然不是女权革命意义上的妇女“权利”，而是封建统治的最高“权力”。早在清末，一位叫何震的女子就否定了女性的同一观念，对妇女的社会性别进行阶级论审视。在她看来，男女平等并不单纯是男子不压抑女子的性别平等，而是“人人平等”的社会与阶级平等。英国的维多利亚、中国的吕后、武则天、慈禧执掌政权，却没有根本上改变男女不平等的社会。如此，慈禧陵的一凤压两龙也好，凤在上或在前、龙在下或在后也好，绝不是我们通常所说的指涉妇女权力的“女权”象征。而陵墓的豪奢也并没有带来身后的荣耀，反而带来了灭顶之灾。

1928 年夏，流氓军阀孙殿英在河北省遵化县制造了一起骇人听闻的盗陵窃宝案。所盗的两座墓葬中，一座是清朝乾隆皇帝的裕陵，一座是慈禧太后的东陵。

民国初年，军阀连年混战，割据为王者比比皆是。孙殿英也乘势而起，纠集了一批土匪、赌鬼、烟贩等组成队伍，称雄一方。后来，孙殿英率部投降蒋介石，被任命为第六军团第十二军军长，在河北遵化一带驻防。1928年夏，孙殿英率部驻扎蓟县马伸桥，这里与清东陵只有一山之隔。

对于孙殿英来说，清室皇陵无疑是他垂涎已久的一块大肥肉。清室皇陵共有五处，三处在辽宁省，两处是满清人关后在河北省遵化县和易县的东西二陵，这是清陵的主要部分。乾隆时期是满清最鼎盛的时期，慈禧太后则是满清掌权者中穷奢极欲者之一，所以，这些陵墓也以乾隆皇帝及慈禧太后的陵墓最为奢侈，里面放置了无数稀世珍宝。

当年清室让位时，东陵不仅设有护陵人员，机构仍然承袭清制，而且还有旗兵、绿营兵驻陵守护，宗人府、礼工部等机构分别承担陵寝一切事务。但是随着世事的变迁，东陵渐渐脱离清室的掌握，落入北洋军阀手中。护陵大臣名存实亡，常不在官署，不仅不能有效保护陵墓，反而串通他人，倒卖财物。于是，对东陵的破坏与日俱增，直至有人企图全面挖掘偷盗，大发横财。

1928年7月上旬，孙殿英部以军事演习施放地雷为名，驱走全部守陵人员，封锁关隘，实行戒严，大肆洗劫乾隆的裕陵和慈禧的普陀峪定东陵。由于封锁严密，所以外界虽有传闻，却不明真相。

7月10日、11日，二十余辆大车满载珠宝回到孙殿英司令部。此时，全国的报纸仍没有登出任何消息。直到8月初，路透社才有电讯透露此事，某些报纸予以采用，但仍未引起人们的注意。直到事发一个多月后的8月13日，《中央日报》才报道了“匪军掘盗东陵的惨状”。这才轰动全国。此事成为当时家喻户晓的特大新闻。

根据《孙殿英投敌经过》中的记载，孙殿英曾回忆说：“乾隆的墓修得堂皇极了，棺材里的尸体已经化了，只留下头发和辫子。陪葬的宝物不少，最宝贵的是颈项上的一串朝珠，有一百零八颗，听说是代表十八罗汉，都是无价之宝。其中最大的两颗是朱红的，我在天津与戴笠见面时送给他做了见面礼。还有一柄九龙宝剑，有九条金龙嵌在剑面上，剑柄上嵌了宝石。我托戴笠代我赠给委员长或何部长，究竟他怎样处理的，由于怕崩皇陵案重发，不敢声张。慈禧太后的墓崩开后，墓堂不及乾隆的大，但陪葬的宝物却多得记不清楚。慈禧从头到脚，一身穿挂都是宝石，量一量大约有五升之多。慈禧的枕头是一只翡翠西瓜。我托戴笠赠给宋子文院长了。她口里含的一颗夜明珠，分开是两块，合拢是一个圆球，分开透明无光，合拢则透出一道绿色的寒光，夜间在百步之内可照见头发。听说这个宝贝可使尸体不化，难怪慈禧的棺材劈开后，老佛爷好像在睡觉一样，只是见了风，脸上才发了黑，衣服也有些上不得手。我将这件宝贝夜明珠托戴笠代我赠给了蒋夫人。宋氏兄妹收到我的宝物之后，引得孔祥熙部长夫妇眼红。接到戴笠的电告后，我选了两串朝鞋上的宝石送去，才算了事。”此外，孙殿英还送给阎锡山价值五十多万元的黄金，送给监察院长珍贵的古玩……无怪乎这些当官掌权的国民党要员起初积极查询此案，到后来却只是做一些表面文章。因此，孙殿英才得以逃脱法网。

第二章

被皇权扼杀的皇妃国母

皇妃国母的地位是极其尊贵的，但又是充满变数的。宫廷内的斗争激烈程度决不比朝堂逊色，后妃之间的尔虞我诈、皇帝的一时好恶，都可能改变一个妃子的命运。而事实上，在清朝历史上也确实演出了一幕幕以后妃为主角的凄惨悲剧。

1

被迫殉葬的大妃

乌拉纳喇·阿巴亥（1590～1626），是海西女真乌拉部贝勒满泰之女。乌喇部（今吉林市北35公里处的乌拉街满族乡），是海西女真四部中离建州最远的部落。阿巴亥8岁失去父兄，12岁时在叔父布占泰的亲自护送下，于万历二十九年（公元1601年）嫁给年长自己31岁的努尔哈赤为侧福晋。当时，居大妃之位的孟古姐姐尚健在，除了阿巴亥，努尔哈赤的侧妃、庶妃加起来不少于7位。但短短两年过去，尚未给太祖生育过一男半女的乌拉纳喇氏脱颖而出，在孟古姐姐病逝后一跃成为努尔哈赤的第四位大妃。

生殉，即是逼迫活着的人和死者一同被埋葬，这是奴隶制下的一种野蛮的遗俗，在努尔哈赤时期的女真社会屡见不鲜。天命十一年（公元1626年）为努尔哈赤殉葬的后妃有三位，她们是大妃阿巴亥和两个地位卑微的庶妃阿济根、代音扎。其中，阿巴亥以大妃身份生殉，在清代不仅前无古人后无来者，而且其生前所经历的波折与死后所受到不公的待遇，都是世所罕见的。

○作为政治筹码的婚姻

明朝末年，东北地区女真各部先后崛起，相互争雄。海西女真的乌喇部地广人众、兵强马壮，势力尤为强大，与努尔哈赤势不两立。万历二十一年（公元1593年），有乌喇部参与其中的九部联军，以3万之众攻打努尔哈赤的根据地赫图阿拉，企图把刚刚兴起的建州扼杀在摇篮之中。然而，努尔哈赤以少胜多，奇迹般地取得了胜利。乌喇部首领布占泰被活捉，表示臣服建州。努尔哈赤念其归顺之意，收为额驸，先后以三女妻之，盟誓和好，软禁3年后释放。布占泰在兵败回归、羽翼未丰的情况下，为了取悦建州，感激努尔哈赤的再生之恩，于万历二十九年（公年1601年），将年仅12岁的侄女阿巴亥亲自送到赫图阿拉，嫁给了长她31岁的努尔哈赤。这就是后来的大妃阿巴亥。

阿巴亥1589年出生于海西女真的乌喇部。她的父亲是乌喇部酋长布占泰的兄弟，纳喇氏。有人认为大妃和孝慈高皇后叶赫那拉氏同属一个部落，大妃是孝慈高皇后的侄女。其实这是一种误解，孝慈高皇后属于叶赫部，而大妃属于乌喇部，根本就不是同一个部落，怎么可能会是姑侄女关系呢？另外据考证，叶赫氏是在占领乌喇部旧地以后改姓喇的，就是说，孝慈高皇后所姓的喇是假喇，而大妃所姓的喇才是真喇。

阿巴亥嫁给努尔哈赤的时候，努尔哈赤已经有了十来位后妃，这些女人，于努尔哈赤18岁至62岁之间先先后后走进了夫君的生活。她们的婚姻，同阿巴亥一样，大多以外交和繁衍为目的，是怀柔和扩张的结果。外交需要势力，需要不同部落之间的联合，在那个交通不便、各自为战的落后社会里，女人便成了部落与部落联盟的纽带。扩张需要人口，在那种古典的战争范式里，“打仗亲兄弟、上阵父子兵”的意义，大概是一切兵法的底蕴。战争是人口与人口的较量，增加子嗣，使战争的消耗得到相应的资源和补充，当然需要女人。基于这种政治上的原因，努尔哈赤的女人，除了那个成婚最早的结发之妻佟佳氏哈哈纳札青似乎没有什么家庭背景之外，其余的都是女真首领的女儿和蒙古王公的格格。她们是各自部落的名片。叶赫那拉氏孟古姐妹二人，是海西女真叶赫贝勒杨吉奴的女儿；大妃乌拉纳喇氏阿巴亥，是海西女真乌喇部贝勒满泰的格格；寿康太妃博尔齐吉特氏，是蒙古科尔沁宾图君王孔果尔的公主；侧妃博尔济吉特氏，是蒙古科尔沁贝勒明安之女；还有那些个继妃、庶妃们，哪个不是某个政治的或军事的势力依托呢？

努尔哈赤活了七十二岁，建立后金政权，在位十年，一生共有16位后妃，可是这些后妃，不是所有的都能像他一样长寿。在努尔哈赤兵进辽阳之际，他的16个女人中已有3个减员。首先是短命的元妃，她是青年努尔哈赤注入真实情感并忧患与共的女人。接着就是那个风华正茂而阳寿不长的孟古姐姐了，再就是继妃富察氏衮代。年仅十二岁的阿巴亥的到来，又为这个庞大的家族增添了一点新鲜空气。这位来自乌喇部的稚嫩公主，既要博得汗夫的欢心，又要周旋于努尔哈赤众多的妻妾之间，难度够大的了。然而，阿巴亥是一位非同一般的少女，不仅仪态万方，楚楚动人，而且天性颖悟、礼数周到，言谈笑语之间，无不令人心悦诚服。43岁的努尔哈赤对这位善解人意的妃子，爱如掌上明珠。两年后，努尔哈赤便将幼小而聪明的阿巴亥立为大妃，独占众妃之首。子以母贵。她所生的3个儿子，努尔哈赤亦爱如心肝。他们年龄虽小，但每人都掌握一个整旗。当时作为后金根本的八旗中，他们就占去3个旗，可见努尔哈赤对她的宠爱。

○曾有一次被废的经历

天命五年（公元1620年），后金的都城暂时迁到了界藩城（今抚顺一带），当上大金国天命汗大福晋的阿巴亥相继为努尔哈赤生下了第十二子阿济格、第十四子多尔衮和第十五子多铎。努尔哈赤年过花甲，乌拉纳喇氏则30出头，正当老夫少妻相安无事之时，一场大祸毫无征兆地降临在大妃阿巴亥头上。

三月里的一天，阿巴亥的两个贴身使女不知何故大吵起来，一个说，淫妇，你与库隆通奸；另一个也不示弱，说我没通奸，通奸要送礼物做纪念，你向大福晋讨了两大匹翠蓝布送给你的相好达海，你才是个地地道道的淫妇。说者只图口头痛快，不想隔墙有耳，庶妃德因泽向汗王告发了她所听到的一切，结果通奸婢女被处死，创制老满文的学者达海被锁在木墩上拘押示众。本来这件事对大妃的影响不大，无非是不经同意就擅将财物送与了他人。可德因泽接下来告发的事就非同小可了，她说大福晋曾两次送饭给大贝勒（指代善），大贝勒受而食之。又给四贝勒（指皇太极）送饭，四贝勒受而未食。而且大福晋每日两三次派人到大贝勒家去等等。这话让人犯猜疑，以德因泽的地位她只可能知悉阿巴亥做过什么，而不可能知道代善和皇太极都做过什么，因为他们居住在不同的王府里面，就算她是大妃的心腹而被派去送饭，受而食之她可以看到，而受而未食她是看不到的。相当于皇后地位的大妃送饭给皇太极，可能含有笼络的意思，但即使皇太极不想吃，他也不会直截了当地告诉来人，否则他就不用做出接受的表面文章了。

努尔哈赤并没有注意到这一疑点，虽然他曾说过在他百年之后要将幼子和大福晋交给大阿哥代善来养的话，可大福晋的这些举动似乎早了一点儿。为了以示惩戒又掩人耳目，努尔哈赤就借口大福晋私自送给别人东西，下令搜查阿巴亥私藏的财物。为了减轻罪过，阿巴亥就把自己的财物分散藏到长子阿济格家、娘家以及侍卫达尔汉家。百密一疏，努尔哈赤不但查获了所有藏匿起来的财物，而且还弄得窝里斗，太祖娶的蒙古福晋也来揭发阿巴亥，说她背着大汗给了附近村上的人许多财物等等。努尔哈赤本来就醋意难平，此时也顾不得脸面了，当着众贝勒大臣的面就开始数落阿巴亥，说她邪恶狡猾，自己用金子、东珠这样的稀世珍宝来打扮她，让她穿别人见都没见过的好缎子，可她竟然不爱汗夫而去爱别人，真该杀。可杀了她又对不起年幼的三子一女，好吧，从此我再不和她在一起了，我要离弃她。说到最后，努尔哈赤甚至流出了眼泪。用今天的话说，努尔哈赤当时是废了阿巴亥，而告发有功的庶妃德因泽和阿济根则升到了可以与汗同桌吃饭的地位。但阿巴亥毕竟是有机变的，不久，她又重新被复立为汗的大福晋。

令人感到奇怪的是，一个毫无地位可言的小庶妃如何胆敢去告深受汗王宠幸、贵有三子的大福晋？而且牵连着自领两旗、居参政“四大贝勒”之首、老汗王欲立为太子的大贝勒代善？诬告大妃与代善关系暧昧的邪风从哪里刮起？人们不难看出，这一切皆缘于爱新觉罗氏家族的权力之争。德因泽背后有实力雄厚的四贝勒皇太极的支持。因为老汗王年事已高，汗位的继承人为谁已成为诸子侄中明争暗斗的焦点。因为努尔哈赤时代在政治上实行八旗制，以八旗和硕贝勒“共理国政”，即以八旗旗主分权统治的制度；在经济上则“予定八家但得一物，八家均分之”。军事上凡行军打仗亦以八旗旗主为统帅，各有统属，联合作战。这就必然形成八个政治、经济乃至军事实力旗鼓相当、势均力敌的集团统治，也就会在汗位继承上导致“诸王争国”的恶劣后果。

○令人惊异的生殉之举

天命六年（公元1621年）三月二十一日辰时，努尔哈赤进入刚刚攻克的辽阳城，就下达了“遣人往迎众妇人及诸子来城居住”的谕令。这样的举家大迁徙，为努尔哈赤日后定都辽阳埋下了伏笔。告别赫图阿拉老城的热土，顺着苏子河的流向，走出新宾重重大山的众福晋和诸幼子们，带着既向往又怀疑的情绪，一路上车马奔驰。辽阳，这一座用马鞭、箭镞和生命占领的城市，将为他们开创一个崭新的时代。

四月初三，努尔哈赤又根据建制每2旗出五牛录额真1人，每2牛录出士兵1人，组成一支精干的队伍，前去往迎众福晋。他们的任务是保驾护航，当然，更是壮大皇家声威。四月初五日深夜，踢踢踏踏的足音和轰轰隆隆的轮响闹醒了沉睡的古城。总兵官以上的诸大臣立即骑马赶到城外教场，在那里他们下马步行，向风尘仆仆的众福晋们施行大礼，恭恭敬敬地引导迁徙的乘骑入城。城内，军士们沿街列队，欢呼祝福。自城内至努尔哈赤的寝宫，一色的白席铺地，上敷红毡，场面宏大。无数的灯笼点缀在丛丛篝火之中，整个夜空通红一片。众福晋们移动着木底旗鞋，一步步地向努尔哈赤走来……

众福晋顺利地到达了辽阳，但是，有官员却因为其间的过失遭到了革职。它给平淡的历史增添了一段跌宕的情节，讲述出来还是蛮有意味的。

阿胡图是最早受汗派出迎接皇妃们的官员之一。他的任务很简单也很明确，就是宰杀自家的猪用以祭祀。那种仪式本来是走个过场而已，用不着那么铺张。可是阿胡图把自家的猪尽宰之后，又大散银钱，四处抢购，一日宰祭竟至二三十头。胡作非为的后果当然是自找倒霉。

如果说阿胡图的倒霉是咎由自取，那么布三的厄运就有点天降横祸，多少有些委屈。那一天，众大臣引领众福晋自萨尔浒再度启程，由日出至日落，时光在奔波劳顿中流逝。当队伍行进到十里河的地方，夜幕已经降临，众臣商议准备就此住宿，疲惫不堪的众福晋也欣然允许。谁知，半路杀出个程咬金，执行其他任务的布三不期而遇。这个不知天高地厚的布三力排众议咄咄反诘：此地至辽阳稍息可至，何必非要住下呢？并且逼迫大家起身前行。于是，这支重又上路的队伍直至深夜才到达辽阳城。事后，努尔哈赤命人对布三进行审理。布三的用意也许不会怎么恶毒，可是上司一口咬定他有过失。直率的布三承认事情属实，但拒不认错。在众福晋到达辽阳的第三天，阿胡图和布三各自在征战中挣来的参将职务被一撸到底，降为白身，并且所得赏物被尽数没收。这段插曲不正也反映当时满洲勇士的作为和处境吗？

努尔哈赤占领辽阳之后，立即做出的另一个重要举措，是召回离异将近一年的阿巴亥，将其复立为大妃。

这件事证明努尔哈赤对可爱的阿巴亥确实情有独钟，绝非那个与她几近同时被轰出去的继妃衮代之辈可比。皇帝身边被赶走的女人太多了，不论她们此前多么高贵，一经出宫，沦落民间，能有几个获得回头的机会？刚愎自用的努尔哈赤能把“复婚”的决定做得这样果断必有深刻的原因。63 岁的努尔哈赤对女人的感动已经失去敏锐，何况天下不乏美人。阿巴亥之所以能浮出政坛，是因为她的重要，她的持家理政、相夫教子的能力出类拔萃。众福晋的身影曾多次在努尔哈赤的脑海里一一滤过。秀美、端庄、勤劳、诚实、俭朴、坚毅都是她们为妻的美德，就连她们的刁钻、自私、懒散也可以容忍；她们都有对权力的渴望，并为此而不停地做着卑鄙的手脚，但是，这群几乎什么都具备的女人，就是缺少一种政治上的豁达、缜密、远见。后金进入辽沈，雄心不已的努尔哈赤将有更大的动作，现在身边的这些女人难挑重任。

时代选择了阿巴亥，她的才情吻合了努尔哈赤时代需求的苛刻检验。果然，她在厄运中非但没有颓废，反而经过风雨的历练而更加成熟。阿巴亥鲜亮如初。她再次介入到诸王和众妃建构的政治格局当中，重新与他们交谊和对峙。她的崭新的政治生涯开始了，其实这也为她以后的悲剧埋下了伏笔。

阿巴亥复出后，关于众福晋活动的笔墨也开始出现。努尔哈赤的女人逐渐从闺阁走上政殿，从京城走向野外，她们不再是帝王的附庸，她们有组织地从事一些政务，她们给努尔哈赤以政治的鼓舞，这一切与众妃之首阿巴亥的作用息息相关。时代也需要女人登上历史的舞台，发挥自身的才情。据清朝入关前较为广泛翔实的官方记录《满文老档》记载：自天命元年（公元1621 年）八月二十八日，东京城在辽阳太子河北岸山冈奠基。众福晋在努尔哈赤和大妃的率领下，出席庆贺大典。这是他们未来的皇都，一方吉祥之地。前来参加活动的还有诸贝勒、众汉宫及其妻室。“八旗宰八牛，各设筵宴十席，大宴之。又每旗各以牛十头赏筑城之汉人。八旗八游击之妻，各赏金簪一枝。”这是何等阔气的仪式。众福晋点缀其中，让历史留下她们为努尔哈赤的事业助阵的呼声。

努尔哈赤留在辽阳的笑声似乎还没有消弭，他的生命旅程却将要走向终点。明天启六年即天命十一年（公元1626年）正月，68岁的努尔哈赤亲率6万八旗军，号称20万大军，渡过辽河，如入无人之境，向孤城宁远猛扑而来。

正当努尔哈赤志得意满的时候，在山海关外辽西宁远城，他遇到了自己的克星：文官出身的宁前道袁崇焕。这个来自广东东莞、身材精干的书生，不但是所有关外城寨中唯一一个敢于违抗指挥官错误指令的人，更在保卫宁远的战役中，带领四万余名将士，表现出了比大多数明朝武将还顽强的斗志。

于是，努尔哈赤不但未能攻下小小宁远城，更在战役中被袁崇焕的红衣大炮所伤，输得一败涂地。

宁远之战后，袁崇焕迅速得以提升，而努尔哈赤则不得不返回沈阳养伤。

七月中旬，努尔哈赤伤势越来越重，伤口大面积感染溃烂。二十三日这一天，他不得不向病魔低头，前往清河汤泉疗养。

然而即使是杀菌消毒的温泉，这时也已经无济于事了。八月初七，自知命不长久的努尔哈赤决定返回后金国都沈阳。同时，他派快马向皇宫中的大妃阿巴亥报信，让她立即前来迎接自己。

阿巴亥所乘的船，在浑河上的叆鸡堡河段与努尔哈赤所乘的船相遇，准备随后一起赶往沈阳。

然而，努尔哈赤再也没有回到沈阳，再也没有见到他的儿子和部属们。

八月十一日未时（下午13－15时），六十七岁的努尔哈赤死在了浑河的船上，地址正在叆鸡堡，距离沈阳四十里。阿巴亥只能陪着丈夫的尸体返回皇宫。

阿巴亥成了陪伴努尔哈赤最后一刻的唯一一人。

努尔哈赤死了，而且这个倔强的老头儿在代善出事之后一直没有正式确定过自己的继承人。于是，后金王位的归属，成了一个极大的问题。

当时的后金朝廷，皇族中最出挑的有四大贝勒（代善、阿敏、皇太极、莽古尔泰）和四小贝勒（阿济格、多尔衮、多铎、济尔哈朗）。这其中，阿敏和济尔哈朗只是皇族而非努尔哈赤之子，没有继承权；代善曾闹出那样一桩事件，莽古尔泰之母富察氏又是获罪而死，他们的继承权也没有底气；剩下的就是皇太极和另三位（阿济格、多尔衮、多铎）皇子了。

按照努尔哈赤生前曾经制定的“大汗共推”之说，皇太极被推举为新汗。

然而，这位新汗此时所担忧的，是另三位拥有贝勒之立的兄弟竟出自同一位母亲阿巴亥，而这位母亲还是努尔哈赤临终前唯一的陪伴者、他的大妃。许多人甚至怀疑，努尔哈赤之所以一直没有确定第三位继承人，就是在皇太极和阿巴亥的儿子中摇摆不定，有心等待阿巴亥的儿子们多立战功，将机会给他们其中之一。

假如这位大妃对皇太极继位不满，说出什么不利于新汗的“遗言”、或者以她的大妃名分再加上三个儿子手里的军队来图谋汗位呢？

于是，一个阴谋出台了。

八月十二日寅时，代善宣布了皇太极继位的消息。

刚死了丈夫的阿巴亥并没对这个消息做出任何反应，因为这毕竟是诸皇族共推之举。但是卯时宣布的另一个消息却使阿巴亥如五雷轰顶了：先帝早有遗命交代诸王——大妃殉葬。

除了努尔哈赤疗养的短短十几天之外，阿巴亥一直跟随在丈夫身边，丈夫临终时也只有自己陪伴，他怎么可能、又是什么时候见过这些王公，留下这样一条遗嘱的？阿巴亥哭叫、辩解，但是没有作用。几位成年王爷和大臣都赶到了她所住的宫室，各种各样的眼睛都紧紧地盯着她，恶狠狠的话也从这些道貌岸然的男人嘴里吐出来：“先帝有命，虽欲不从，不可得也。”总之，要将她尽快送进阴曹地府里去。

当明白自己不可能逃脱死亡之后，阿巴亥恢复了神智，这时候她唯一的愿望，就是能够以自己的死确保三个儿子的平安。于是她更换了大妃的礼服，佩戴上了自己所有的珠宝首饰，哭着向诸王请求：“吾自十二岁事先帝，丰衣美食，已二十六年。吾不忍离，故相从于地下。吾二幼子多尔衮、多铎，当恩养之。”诸王这时也流下了鳄鱼的眼泪，当众一齐盟誓：“二幼弟，吾等若不恩养，是忘父也，岂有不恩养之理!”

于是，三十七岁的阿巴亥终于迫不得已地踏上了从殉之路。她死的时间是当天早晨的辰时，距努尔哈赤去世不到一天，距返回沈阳刚一个晚上，距殉葬令公布还不到一个时辰。唯恐夜长梦多的皇太极真是急不可待啊!

满族的殉葬制度，早在关外部落时期就已经盛行，孟古姐姐死时，努尔哈赤就曾将她生前的婢仆四人送去殉葬。早年为丈夫殉葬的也确实有无子的嫡妻，然而后金时期已经完全改变——丈夫死后，嫡妻即使无子也不必殉葬，而是选择一名无子之妾从殉。从殉之妾一般都要艳妆，然后由嫡妻率家人儿女向她行礼之后“上路”。最好的待遇是服毒自杀，或由家人以弓箭射杀或以弓弦绞杀，若是此妾不愿从殉的话，则会被家人活活掐死。

因此，阿巴亥作为生育了三子的嫡妻，怎么会被选中殉葬？这实在是一个太大的谜。

努尔哈赤会让阿巴亥殉葬吗？皇太极亲自编定的《清太祖实录》中说，阿巴亥“饶丰姿，然心怀嫉妒，每致帝不悦，虽有机变，终为帝之明所制。”因此努尔哈赤“留之恐后为患”，预先嘱咐诸王“吾终，必令殉之。”

除了阿巴亥，同时被殉的还有两名努尔哈赤的小妾，她们是阿济根和德因泽，她们倒确实是没有儿女，符合从殉的规矩——但是，努尔哈赤的庶妃中，无子女的又何止她们两人！这似乎也从另一个角度间接隐晦地告诉后人，当年的后宫事端、阿巴亥的从殉，背后都有一只看不见的手在操纵。如今事过境迁，她们也被顺理成章地灭口了——德因泽正是当年向努尔哈赤“告发”大妃之人，而阿济根则一向与她过从甚密，也有可能是告发“偷窃”的人。

阿巴亥死了，再也没有把努尔哈赤临终遗言说出来的机会，她的三个儿子也失去了依靠母亲与皇太极争夺汗位、或在以后对皇太极的汗位构成威胁的可能。

松了一口气的皇太极倒也履行了诺言，对多尔衮兄弟予以了相当的重用——当然，阿巴亥殉葬名声非常响亮，她死前又督促皇太极当众立誓，这才是多尔衮兄弟的真正保障所在。

被顺治皇帝所废寂寥一生的静妃

清世祖顺治帝废后博尔济吉特氏，蒙古科尔沁卓礼克图亲王吴克善的女儿，孝庄皇太后的侄女。经孝庄皇太后和摄政王多尔衮的安排，她于顺治八年（公元1651年）八月被册立，成为顺治皇帝的第一位皇后。但仅时隔两年，顺治皇帝便力排众议坚决地将她废掉，降为静妃，在无尽的寂寞中终结一生。

○一步登天母仪天下

顺治八年，此时这位皇帝已经十四岁，按宫廷规矩，已到了册立皇后的时候。顺治未成年就继承皇位，他的婚礼应该叫做“大婚”，是世间最为隆重的婚礼。而皇后的人选也是至关重要，所选的秀女不像其他秀女一样要经历答应、贵人、常在、嫔、妃、贵妃、皇贵妃、皇后一级一级的升迁，而是进宫以后就是执掌六宫的中宫皇后，说一步登天毫不为过。皇后不仅是皇帝的正妻，而且是一国之母，应当母仪天下。历代皇后都不是一般的人物，她们代表了一种政治势力和利益集团。努尔哈赤的十六位妻子分别来自不同的部落集团，她们的婚姻，带着浓厚的政治色彩，是努尔哈赤联合各个部落的需要。皇太极的五宫后妃，无一例外的来自蒙古族。与蒙古，特别是与科尔沁部博尔济吉特氏的联姻，对于巩固立足未稳的大清朝具有至关重要的意义。于是孝庄皇太后和多尔衮早已为顺治选好了一位来自博尔济吉特家族的少女。这位博尔济吉特氏是蒙古科尔沁卓礼克图亲王吴克善的女儿，孝庄皇太后的侄女。孝庄皇太后和摄政王多尔衮将她册立为皇后，既可以“亲上加亲”，巩固家族势力；又方便孝庄皇太后利用同姓的皇后掌握内廷的权势。况且博尔济吉特氏还是蒙古王公的女儿，册立为皇后，既是对努尔哈赤、皇太极制定的满蒙联姻政策的继承，又可以起到巩固两民族的关系，巩固北部边疆稳定的作用。顺治八年二月，蒙古科尔沁卓礼克图亲王吴克善——这位未来皇后的父亲就把女儿送到了京城，等待举行册立典礼，可是顺治并不喜欢这位蒙古姑娘，所以借故一直拖延，吴克善父女只好等待。等到了秋天，册立皇后的事还是没有动静，吴克善已经不耐烦了，四处活动托诸亲王禀明太后。孝庄太后觉得再拖下去实在不妥，便下旨令顺治册立皇后并举行成婚大典，此时刚刚亲政年仅十四岁的顺治只好从命。

这是清朝入关后的第一次册后典礼，所以搞得格外隆重。那天，皇帝派出的满、汉大学士尚书各二员，引导龙旌凤辇，在宫娥内监侍卫执事等数百人的簇拥下，来到行馆迎接皇后入宫。到了乾清宫，顺治登上御座，皇后博尔济吉特氏由宫女搀扶着，身着黄色锦服，上披五彩霞帔，满身金凤缠绕，珠翠盈头，珠光宝气，徐徐步行上殿，面北而立。由礼部尚书捧读玉册，鸿胪寺正卿（执掌朝祭礼仪）赞礼，引导皇后跪服听命。读完玉册，鸿胪寺正卿又引皇后起立，文华殿大学士捧上皇后玉玺，武英殿大学士捧上皇后玺绶，由坤宁宫总监跪接，转受给一名宫眷，让她佩在皇后身上。皇后再向皇帝跪服口称：“臣妾博尔济吉特氏叩谢圣恩。”谢完，皇帝退朝，皇后坐上龙廷，群臣依次入贺拜见皇后。然后，皇后再入宫，在笙箫管笛的礼乐陪奏声中，与皇帝行合卺礼。成婚典礼到此结束。顺治又颁诏诏告天下，从此朝廷正宫娘娘已定。

○一朝被废打入冷宫

博尔济吉特氏是摄政王多尔衮和孝庄皇太后为顺治选定的皇后，可是却不是顺治中意的人选。多尔衮在顺治七年十二月去世，次年二月，顺治亲政伊始，就宣布多尔衮十大罪状，没收他的家产，罢去他的封爵，把他的牌位清除出太庙，同时诛杀他的党羽。此时，皇后虽然已经确定，但是顺治完全可以借铲除多尔衮势力之际，改换皇后。可是顺治刚刚即位不久，为了取悦于孝庄太后，就同意了立吴克善的女儿为皇后。这样一来，顺治虽然从一开始就对皇后不满，但是又投鼠忌器，碍着母亲的面子不敢遽行废后。

俗话说，“姑舅亲，辈辈亲，打折骨头连着筋。”顺治与皇后的结合便是亲上加亲的姑舅姻亲，而顺治皇帝本人又是满蒙民族的混血儿，理应与皇后和睦融洽。况且，新皇后仪容出众，足称佳丽，亦极巧慧，称之“母仪天下”也够资格。可是，顺治皇帝无论在思想、感情、兴趣、嗜好等等方面，都与皇后格格不入。据福临说，皇后生性嫉妒，而且喜欢奢靡浪费，更坏的是“处心弗端”，见到宫中年轻漂亮的女子就设法将她处死而后快。例如清初宫中设置教坊司，专门负责宫内的礼乐事务。教坊司有近一半的女子为女乐，平时“衣绿缎单长袍，红缎月牙夹背心，用寸金花样金发箍，青帕手”，娇艳异常。女乐自然选择年纪小而且容貌俏丽者，她们又穿红着绿，这使蒙古皇后难以忍受，她下令裁掉女乐，一律改用太监吹管奏弦，这样才心安理得。然而她本人对于服饰却极为讲究，所有的衣服，都要求用珠宝等装饰。进膳食的时候，如果见到有一样器皿不是用金子装饰的，就会很不高兴。这个说法有夸大其词之处，如用太监鼓乐，却反映了顺治帝福临对皇后的不满。最让顺治难以忍受的是，皇后对他的举动常常加以防范，对于顺治与其他后妃的接触，就会产生出很多醋意，甚至在言语之间，还同顺治相抵撞。

顺治一怒之下，干脆与皇后分地别居，根本就不与她见面。皇后身体健壮，可是一直都没有子嗣，可见顺治早就将她冷落在一旁。

过了两年，顺治忽然宣布要废掉她。顺治先是命令大学士冯铨将前代废除帝后的故事如实陈奏，以找出废除合理的依据出来。消息传开，举国哗然，议论四起。在大臣看来，特别是汉族大臣看来，皇帝的一切举动事关国体，休妻废后更是不可思议之举。冯铨等人立即上疏请求皇帝慎重考虑，“皇上为开国之君，举止作为当为后代之典范，不可以小事轻提废后之举”。冯铨请问皇后有何罪过，劳烦皇上要欲废之而后快，顺治说“皇后无能”，诸臣以为以“无能”而废后，理由实在不足，于是坚请罢议。然而，这位年轻的皇帝显示了他的执拗和决心，他严惩了一部分上疏反对废后的大臣，并且指出：“皇后系朕幼冲时，亲上加亲，由睿亲王（多尔衮）订婚，故自从册立一开始，便与朕意不合，何况皇后无能，朕已经奏明太后，将皇后降为静妃，改居侧宫”。大臣们这才恍然大悟，原来皇上早已经和太后商议妥当，皇后已经被打入冷宫，要求大臣们商议只是补办一个符合朝仪的手续而已，或者说是通知大家的一个方式。此事后经王大臣会议裁定，认为皇上废后是圣明之举，遵旨下礼部执行。就这样，博尔济吉特氏皇后被废，降为静妃，也被永久地打进了冷宫。

对于顺治的废后举动，处在幕后的孝庄太后当然不会毫不知情，实际上她开始是反对废后的，因为这关系到清朝既定的满蒙联姻政策和自己母族在后宫中地位的稳定。但是，她也心疼自己的儿子，孝庄见到顺治在婚后的短短两年时间，因为皇后的事情终日闷闷不乐，忧郁成疾，身体日益衰弱，容颜憔悴，如果自己再一意坚持，可能会葬送了儿子的性命，只好谕令顺治“裁酌”，实际上默许了他废后。顺治的废后举动都是在孝庄的默许下进行的，没有了母后的阻拦，那些好发议论、沽名钓誉的汉族大臣们，当然不可能让皇帝回心转意。

被废去皇后称号降为静妃的博尔济吉特氏的境况可想而知，别的不说，反正正史当中不再有她的记载，其久居冷宫的生活我们也无从得知。静妃何时去世，史书上更是没有记载，可能被废以后不久就去世了，可能在顺治死后还活了许多年，可能……但是这些都是猜想，不过有一件事情是真实的，孝陵大墓里没有静妃的陵墓。在孝东陵里，除了孝惠章皇后之外，还有28位顺治的妃嫔，由于清初后妃制度还不完善，除了妃，较低等的妃嫔被称呼成福晋和格格，这28个宝顶分别埋葬着7位妃、4位福晋和17位格格。7位妃为恭靖妃、淑惠妃、端顺妃、宁悫妃、恪妃、贞妃、悼妃；4位福晋为笔什赫额捏福晋、唐福晋、牛福晋、塞母肯额捏福晋；17位格格是京及格格、捏及呢格格、塞宝格格、迈及尼格格、厄音珠格格、额伦珠格格、梅格格、兰格格、明珠格格、卢耶格格、布三珠格格、阿母巴偏五格格、阿几格偏五格格、丹姐格格、秋格格、瑞格格、朱乃格格。——历数之后不禁要问：静妃呢？静妃成为了东陵的一个谜团。

3

被乾隆皇帝视若仇人的皇后

纳喇氏，是乾隆帝继孝贤皇后病逝后册封的皇后，也是乾隆帝生前立的最后一位皇后。但善始并没有善终，乾隆三十年（公元1765年），这位当了15年并无失德的皇后纳喇氏，却因忤怒乾隆而突然失宠了……

○循序而晋福兮祸兮

纳喇氏，又称作那拉氏、乌拉纳喇氏，康熙五十七年（公元1718年）生。佐领那尔布之女，满洲正黄旗人。纳喇氏入宫较早，当高宗为皇子时，其通过选秀女的方式被雍正帝赐给弘历做侧福晋。乾隆二年（公元1737年），高宗册封后妃时，20岁的纳喇氏被封为娴妃。娴乃文雅之意，看来纳喇氏是个温柔文静之人。乾隆十年（公元1745年），纳喇氏晋封为贵妃。本来，纳喇氏完全可以安然地度过自己的一生，但孝贤皇后的过早薨逝，为纳喇氏提供了晋升为皇后的机会。荣升为皇后，这是所有后宫妃嫔心中从一入宫就拥有的最高最美的梦想。身为皇后母仪天下，是何等的荣耀啊！可立为皇后，其中的福祸谁能预料呢？

乾隆的嫡妻富察氏死后，乾隆一直没有选立中宫的意思。有一天，皇太后把乾隆叫到慈宁宫，对他说：皇后去世已经一年多，六宫不可以无主，需要选立一人册立为皇后来管理后宫。乾隆不语，太后又问：“你看六宫之中，哪一个最合你意?”乾隆答道：“嫔妃虽多，但是没有一个人能够比得上富察氏。”太后说：“我看娴妃不错，伺候皇儿多年，没有什么过失，也端淑娴静，就册立她为继后吧。”乾隆一听，虽然有些不愿意，但是她伺候太后一向孝道，何况自己一时也找不出一个合适的人选出来，也就勉强答应了。第二天，乾隆就下诏书，册封娴妃为皇贵妃，统领六宫，但是并不急于封为皇后。直到富察氏三周年过去，才在皇太后的催促下立乌喇那拉氏为皇后。

乌喇那拉氏虽然被封为皇后，但是并没有得到乾隆皇帝的宠爱。在这段时间里，乾隆把全部心思都放在一个叫香妃的回部女子身上，并没有把乌喇那拉氏放在心上。身为皇后的乌喇那拉氏，在名位上达到了极点，然而却好像被打入了冷宫。心理的极度不平衡，让她对乾隆的态度越来越坏，以至于连一向宠爱她的太后也看不下去了。在富察氏死后的几年里，乾隆正处于心情烦躁的时期。乾隆的烦躁一方面来源于家庭生活的不幸，他最喜爱的皇子和皇后相继离他而去。富察氏是他的结发妻子，富察氏的两个皇子是他寄予厚望的皇位继承人。但是在短短的几年时间里，都撒手西去。另一方面，吏治的腐败和边疆少数民族的不断挑衅，让乾隆也更加烦躁。经历丧妻失子打击的乾隆，在自己执政三十年后开始认真反思自己的政策。他感觉此前几十年奉行的宽厚仁慈的政策，已经使得天下隐藏着太多的问题，尤其是各级官吏的贪污腐化，已经到了非常严重的地步。为此，他严惩了一大批的官吏，许多一直受到重用的显宦都被辞退，而起用了一大批新人。在民族问题上，此时发生的平定大小金川的战争，也让乾隆忧心不已。金川土司撒罗奔，占据有利地形造反，不听朝廷命令，乾隆皇帝命令张广泗、那亲、岳钟琪前去镇压。大小金川并不算强大，但是领军将领却是久攻不下，为此，乾隆非常恼火，把两位领军将领给处死。两位将军，一位是有卓越战功的将领张广泗，一位是亲王那亲，都是当时赫赫有名的人物。他们攻打大小金川，虽然久攻不下，但是也罪不至死，可怜他们成为乾隆烦躁情绪下的牺牲品。

乾隆心情烦躁，这一点很快就被善于察言观色的和珅给看出来了。电视剧上演的和珅，总是那样一副油头滑脑、阿谀奉承的样子，机关算尽、不学无术还经常被刘罗锅、纪晓岚等正直大臣所戏弄。有人说，和珅什么也不会，只会阿谀奉承。其实并非如此。和珅不仅聪明机敏而且很有手腕笼络同僚，对敌人的打击也是很有策略。刘罗锅和和珅都不是同一个时代的人，纪晓岚也不可能敢于羞辱像和珅这样炙手可热的人物。那些影视作品，只可能是“戏说”而已。和珅观察到了皇帝的心思，于是建议皇帝去江南游行散散心。乾隆犹豫了一阵，说道：“朕也想出去江南走一趟，可是朕担心此行会劳民伤财，于心不忍呀。”和珅说：“皇上乃是一国之主，广大臣民都希望能得到皇上的宠幸。况且如今国库充足，天下升平，朝廷完全有能力再次南巡。圣主康熙皇帝六次南巡，也没有见劳民伤财，今日财力，远过圣主，劳民伤财之说，绝不可能。”乾隆一生，最爱与圣主康熙相比。听和珅这么一说，也就不免心动。乾隆到慈宁宫，把南巡的想法给太后一说，太后正因为皇帝最近心情不好，没有办法劝慰，听到这话，就说：我也想出去散散闷。俗话说，“上有天堂，下有苏杭”，苏杭这地方的风景景致，确实很好玩。从前南巡，皇后都未曾带去，如今她已经在中宫正位多年了，这次南巡，把她也给带着吧。乾隆不敢违命，只得答道：“圣母命她随去，谨当遵命。”

○一次冒犯毁了余生

皇后乌喇那拉氏在这次南巡中出了问题。按说乾隆决定了带母后、皇后南巡，就命和珅做南巡的准备工作。当时南巡，还是按照以往的成例，只是多备了皇后的凤辇一乘，把龙舟略加修饰，其他一切，都如旧例。按照以往惯例，乾隆的南巡队伍，水陆并进，浩浩荡荡，沿运河向南方进发。一路上游山玩水，好不惬意，不知不觉来到了江宁。乾隆对和珅说：江宁是个好地方，前几次南巡，只在这里驻留了几日，没有好好地出去游玩。听说秦淮河上画舫游玩，十分有趣，不知究竟如何？和珅说：皇上可以在这多停留几天，待奴才探得详情，再向您禀告。和珅到底是会办事之人，当下探听情况并筹备好皇上的画舫游览事宜。第二天，乾隆命地方官员引导太后、皇后到江宁地方的名山胜景去游玩，自己托词探访民情，由和珅引导，到秦淮河上的画舫过自己的逍遥日子去了。当日，乾隆君臣，身着便服，仅仅带了几名贴身随从，在秦淮河上的画舫中，召集多名江南美女，尽情淫乐。那些美女，都是江南名妓，见多识广，虽然不知道乾隆的身份，但是见他举止谈吐非同一般，地方大员又对他毕恭毕敬，断定他必定是扈从南来的著名人物，所以格外殷勤。乾隆左拥右抱，饮酒谈笑快乐异常，直到第二天还恋恋不舍，不肯离去。直到第二天晌午，两名太监及侍卫十几人奉了太后的命令，摇着船来找皇帝，乾隆这才登岸回到行宫。

太后见皇帝回来了，也不细究，便命起銮到杭州，乾隆遂传旨明日起航，直达杭州。在去往杭州的途中，皇后乌喇那拉氏同皇帝乾隆吵起架来。据《清史稿》记载，“三十年，从上南巡，至杭州，忤上旨，后剪发，上益不怿，令后先还京师。三十一年七月甲午，崩。上方幸木兰，命丧仪视皇贵妃。自是遂不复立皇后。”原来，乌喇那拉氏自从乾隆册封为皇后以来，一直受到乾隆的冷淡，她心中很不高兴，这次秦淮河上的事，很快就由太监传到她的耳朵里，她忍不住就同皇帝吵了起来，说乾隆以天子之尊，竟然跑到秦淮河上狎妓荒嬉，有失体统和尊严。可能是皇后的话过于激烈，以至于乾隆不能够忍受，就对她大加羞辱。一向深处宫中的皇后受不了这般的羞辱，就在一怒之下把自己的一缕青丝全部剪下。满洲旧俗，最忌讳剪发，发已经剪去，连一向偏爱乌喇那拉氏的太后也不便袒护。乾隆大为愤怒，命令太监把皇后送回京城，严加看管，自己又陪同太后到杭州游览。因为受到皇后的顶撞，乾隆余怒未消，在杭州呆了数日，就匆匆启程回京了。从此以后，皇后与皇帝之间不见往来，乾隆不再到皇后居住的坤宁宫去了，皇后也如同打进了冷宫。皇后忧愤成疾，延了一载，就泪尽血枯，临危的时候，乾隆反而到木兰围猎去了。临终之际，皇后也没有见到皇帝一眼。在木兰围猎的乾隆，听到乌喇那拉氏去世的消息，并没有停止打猎。他谕令在京王大臣说：皇后自从册封以来虽然并没有失德之处，但是在随同皇太后南巡的过程当中，竟然不守孝道，不遵守礼法，举动乖张，类似疯迷，回京后一病不起。就她的行为，废黜也不过分，朕还保存着她的名号，已经是格外加恩。如今办理她的丧礼，不能够按照皇后的仪式办理，只可以按照皇贵妃的仪式办理，交给内务府操办。这是乾隆二十九年八月的谕旨。乾隆在木兰围猎回京以后，满族大臣力争以皇后礼仪葬乌喇那拉氏并且给她皇后的谥号，可是乾隆就是留中不发，终究还是按照皇贵妃的仪式办理了乌喇那拉氏的丧礼。乾隆对乌喇那拉氏饮恨之深从下面这件事能得到充分的体现：

《清史稿·后妃传》记载："四十三年，上东巡，有金丛善者，上书，首及建储，次为立后。上因谕曰：那拉氏本朕青宫时皇考所赐侧室福晋，孝贤皇后崩后，循序进皇贵妃。越三年，立为后。其后自获过愆，朕优容如故。国俗忌剪发，而竟悍然不顾，朕犹包含不行废斥。后以病薨，止令减其仪文，并未削其位号。朕处此仁至义尽，况自是不复继立皇后。从善乃欲朕下诏罪己，朕有何罪当自责乎？从善又请立后，朕春秋六十有八，岂有复册中宫之理？下行在王大臣议从善罪，坐斩。"由此可见，金丛善有两点要求：一、建储；二、立后。另外对于乾隆减杀乌喇那拉氏丧葬礼仪表示不满，要求给予皇后待遇。乾隆给他的理由是那拉氏咎由自取，自己对待她已经是宽厚仁慈了。自己已经六十八岁了，再册立后宫又有什么意义？金丛善被论斩。金丛善之死，表明虽然已经过去是多年，乾隆对于乌喇那拉氏剪发仍然耿耿不能释怀。

嘉庆皇帝即位后，乌喇那拉氏终于被追封为皇后。

4

一生与光绪为敌的隆裕皇后

清德宗叶赫那拉皇后（1868～1913），满洲镶黄旗，慈禧太后之弟桂祥之女，1889年被册封为皇后，比光绪皇帝大3岁。慈禧临死，为培植叶赫那拉氏的势力，规定国政交摄政王载沣，但事必须禀询隆裕方可。慈禧死后，隆裕不顾国库空虚耗费百万两银子办丧事，她残忍狠毒，贪权横行毫不逊色其姑。辛亥革命爆发后，她起用袁世凯镇压革命，后在袁世凯胁迫下，只好接受清帝逊位条件，1913年病死，与光绪合葬崇陵。

○一宗被强扭在一起的婚姻

光绪是慈禧的妹妹所生，隆裕是慈禧弟弟桂祥的二女儿，姓叶赫那拉，名静芬。她比光绪大3岁，是光绪的表姐。按照当时的情况，亲上加亲是非常正常的。妹妹的儿子娶了弟弟的女儿，这在当时来说应该是非常不错的一段婚姻。而且，这两个人从小就在一起玩，隆裕作为姐姐，虽然人长得很难看，但对光绪特别照顾，就像对待自己的亲弟弟一样。当年光绪刚刚进宫的时候才4岁，每次隆裕到宫里去也都会去看他。光绪对这个表姐也有着说不完的话，俩人经常一聊就是好长时间，气氛也非常融洽，算是青梅竹马。可是这两个人谁都没想到，最后慈禧会将隆裕指配给光绪。

在光绪看来，隆裕本来是自己的表姐，忽然间就变成自己的皇后，是非常接受不了的。作为姐姐，隆裕长什么样光绪都不会嫌弃，可是要她作为自己的皇后，隆裕却是不合适的。光绪当时心里究竟怎么想，如今我们已难以猜度，但是这种角色的转变肯定是尴尬的，也是痛苦的。

可既然这桩婚姻是老太后钦定，想改变过来也完全不可能。

慈禧太后当然知道光绪皇帝并不愿意接受这个“皇后”。但她还是极力撮合这段姻缘，当然有她的考虑。她想通过这个巧妙安排，继续掌握朝廷大权。光绪帝载湉继位时年仅 4 岁，慈禧太后大权独揽，“垂帘听政”。到光绪十三年（公元 1887 年）光绪帝已经 17 岁，到了应该婚配的年龄。按着封建王朝的惯例，幼帝一旦结婚，就要亲理朝政，收回皇权，太后就必须“撤帘”归政。为了应付必然到来的光绪帝大婚和由此导致的亲政局面，慈禧太后一面提前宣布给光绪帝成亲，让其“亲裁大政”；一面对光绪帝的后妃人选进行了慎重的考虑和选择。

慈禧太后本身就是从一个妃子而逐渐步入青云、成为清王朝的最高统治者的。她深知皇帝的后、妃对皇帝思想及其政务活动的影响力。而要巩固自己在清廷中的专权地位，牢牢地控制住光绪帝，使未来的皇后对她唯命是从是至关重要的。

慈禧太后有两个弟弟，一个叫照祥，一个叫桂祥。咸丰十一年秋天，慈禧太后的母亲被封为贵人以后，她的父亲惠徵追封承恩公，照例由照祥承袭。照祥在光绪七年去世，桂祥是慈禧太后的幼弟，平庸而没出息，却一天到晚躲在东城方家园老家抽大烟。他的 3 个女儿就是慈禧太后嫡家的内侄女，小的已指婚，配给了王爷孚郡王的嗣子载澍。现在只有大的和二的还在家中。静芬是老二，是光绪的表姐，又比光绪帝大 3 岁，二人从小在一起长大，这些都是极其有利的条件。在慈禧看来，亲侄女自然要比旁人更加贴心，姐弟间也应该更容易培养感情，至于光绪帝个人的好恶，相比起来就不重要了。

在封建时代，儒家伦理道德禁锢着人们的思想，社会上各阶层的人们都很难摆脱这一精神上的羁绊。对于那些有自主权的君王来说，选择后、妃，是可以恣意妄为的。但光绪帝作为一个十几岁的少年，作为慈禧太后手中的傀儡皇帝，囿于孝道，出于敬畏，在其婚配问题上却难以自主。慈禧太后利用所谓“母子”情分和封建主义的“孝道”伦理，按着自己的意志，亲自主持了选后活动，安排了一场纯粹的政治婚姻，从而导致光绪帝和隆裕皇后两人终身的不幸。

按规定，在确定皇后、皇妃之前，先选秀女，然后再从秀女之中确定皇后、皇妃的人选。清朝从顺治时就规定，凡满族八旗人家年满13岁至16岁的女子，必须参加每3年一次的皇帝选秀女，选中者，留在宫里随侍皇帝成为妃嫔，或被赐给皇室子孙做福晋。未经参加选秀女者，不得嫁人。阅选时，按八旗的顺序，一般七八个人站成一排，由皇帝、皇太后们挑选。被挑选女子的名字，每排写一张单子，留宫中存档，这种名单，在档案中称为“秀女排单”。

这次参加选秀的秀女一共是96个人，经过第一轮的淘汰，只剩下了36个。36位被选中的秀女，又经过一次慈禧太后灯下看美人，最后只剩下8个。因为上次选看是在上午，慈禧太后要看一看灯下的美人，所以定在深夜子末丑初。这8个人是桂祥的女儿和长叙、德馨的两对姊妹花；另外3个之中有一个是凤秀的女儿，她的大姐是穆宗的慧妃。光绪即位以后，以两宫皇太后之命，封为穆农敦宜皇贵妃，移居慈家宫之西的寿康宫。

由于慈禧太后有灯下看美人之举，宫内都认为她为皇帝立后的标准，大概是重在姿色。因此传言也都认为都统桂祥家的二女儿很难入选。因为慈禧太后的这个内侄女，姿色实在太平庸，也缺少一种雍容华贵、母仪天下的仪态。如果不是慈禧太后的内侄女，恐怕第一次就被光绪皇帝给“刷”下去了。

如果慈禧太后的内侄女被“刷”下去的话，那么入选皇后的肯定是江西巡抚德馨的两个女儿之一，这两位小姐，美艳群芳，漂亮绝伦。尤其是大小姐，更是倾城绝国之色，光绪对她也是一见倾心。德馨久任外官，这两位小姐到过的地方很多，眼界开阔，见多识广，因此伶牙俐齿，能说会道，这又是一个优势。但也有不少人说，德馨的家教不好，两个女儿从小都被娇纵惯了，有时柳林试马，有时粉墨登场，不大像个大家闺秀的样子，论德不足以住居正宫。因此对到底谁能被选为皇后，还是众说纷纭，莫衷一是。

经过第三次“备选”也就是淘汰后，只留下了5名：都统桂祥的二女儿、慈禧太后的嫡亲内侄女静芬，以及礼部右侍郎长叙和江西巡抚德馨的两对姊妹花。选后活动是在体和殿进行的。秀女依次排列，站在第一位的是那拉氏静芬，其次是德馨的两个女儿，站在最后的是长叙的两个女儿，即后来的瑾妃、珍妃姐妹。慈禧太后上坐，光绪帝站立一旁，前面摆着小桌一张。上面放着一柄镶玉的如意和两对绣花的荷包，荷包一律是红缎缝制，绣的是交颈鸳鸯，异常鲜艳。候选秀女如被授以如意，便是统摄元宫的皇后；如被授以荷包，则被封为皇贵妃或贵妃。

慈禧太后面色严肃，心情略有些紧张。光绪皇帝也清楚地知道，太后既然让她的内侄女参选，并且一直进入了最后的“决赛”，其用意就是让她当选皇后，以便在自己身边安插一个最大的亲信。慈禧太后的种种表现也说明了想让她的内侄女当皇后，一切都是这么明显，自己能违反她的心意吗？如果不违反她的心意，选了慈禧太后的内侄女，那自己一生的幸福也就可能毁在她手里。

5位秀女，早就等在那儿了，每人由两个内务府的嬷嬷们照料。这些嬷嬷们照料得十分殷勤，她们谁都希望自己照料的秀女能够入选，那样对她们来说不但是一件很荣幸的事，说不定以后什么时候还可以跟着沾光。她们一会儿替秀女们梳梳头，一会儿替她们补脂添粉，前后左右，仔细端详，深怕有一处不周到。光绪皇帝跪着接过慈禧太后拿过来的如意，缓缓地向5名秀女走去。在慈禧太后和参加选后仪式的荣寿公主、福锟夫人、荣禄夫人看来，这柄如意现在要交给谁，实在是很明白的事。因此大家只有看热闹的心情，并不觉得紧张。

所有的视线自然都集中在皇帝面前，尤其是那柄玉如意上面。光绪皇帝心目中的皇后，在第一次选秀女时就已经定了下来，在那以后的屡次复选中，光绪皇帝的心也就更坚定了。他觉得如果慈禧太后不让自己来选便罢，而一旦让自己来选，便一定要选自己心目中的那位天使。光绪皇帝快要走到叶赫那拉氏前面时，突然之间，将手一伸，虽无声息，却犹如晴天霹雳一样，那柄如意是分明递给第三个人，德馨的长女。

“皇帝!”

在这静得时间几乎都凝固了的时刻，慈禧太后这突如其来的一声大叫，就像惊雷一样，震得每一个都把心提到嗓子眼儿，光绪皇帝更是全身一震，差点将玉如意摔在地上。

光绪皇帝端着玉如意愣在那儿，不知道该怎么办才好。他忍不住回头看了看慈禧太后。此时他所见到的太后，脸色发青，双唇紧闭，眼下那块肌肤不住地牵动，以致右眼半张半闭。

可以明显地看出，慈禧太后在向光绪皇帝奴嘴，而且是奴向左边的叶赫那拉氏，慈禧太后的内侄女。

光绪没有逆他的意，把玉如意交到了静芬的手中。

这实在很委屈，也很没有面子。如果换个别的心高气傲、自尊自爱的女孩子，当时就有可能会哭了出来。然而叶赫那拉氏不但没有哭，反而勉强地笑了笑，然后又撩一撩裙摆，跪了下去，高举双手，接受如意，说道：“奴婢叶赫那拉氏谢恩。”

光绪皇帝看也没看，也没有答话，只管自己掉头走到御案旁边，脸上没有一丝笑容。这场选妃的傀儡戏就这样草草地收场。

光绪十四年十月初五日（1888 年 11 月 18 日），慈禧太后下懿旨宣布光绪帝的后妃一并选定。叶赫那拉氏静芬为皇后，江西巡抚德馨的两个女儿为妃，礼部右侍郎长叙的两个女儿为嫔。

光绪的这桩婚姻从定亲时起他就不满意，接踵而来的不幸是择定大婚吉期前一个多月，迎娶皇后的必经之门——太和门于光绪十四年（公元1888年）十二月十五日深夜发生了一场大火，吞噬了太和门及其左右的贞度门、昭德门等建筑，慈禧只好下令清理火场、赶制太和门彩棚，临时以竹木、彩纸、花布等物搭建成太和门，以应翌年的大婚典礼。

光绪十五年正月（公元1889年），光绪帝举行大婚礼，正式册封静芬为皇后。

○帝后为敌何时了

慈禧太后强行将其亲侄女立为皇后，是为了在光绪帝身边安插心腹，以便钳制光绪皇帝，长期操纵清廷的政治大权。可光绪毕竟已经不是儿童，他对皇权的旁落不会无动于衷。这次选后妃活动与光绪帝自身的利害息息相关，慈禧太后专横跋扈，无视光绪帝本人的意愿，强行决断，给了光绪皇帝很大的刺激，也给他留下了难以忘怀的怨恨，为光绪帝与皇后终生“不睦”和围绕后、妃产生的许多恩怨纠葛埋下了种子。

光绪与皇后的婚事也应了那场预兆不祥的大火，夫妻两人生活上一辈子不亲、也不协调，光绪始终不爱静芬。各闹各的犟脾气，你不迁就我，我更不迁就你，互不让步。只是当着西太后的面或在别人面前装成像个夫妻样子——那是做给别人看的，而事实上双方彼此不说话。

因为选后，光绪心里非常憋闷，大婚以后好长时间心里不痛快，不跟皇后同床。据隆裕的侄孙女回忆说，光绪生理有病，名曰“天阉”（即阳痿）。但这种隐病很难被发现。大婚之夕，慈禧派了4位年长有尊的王妃命妇在坤宁宫喜帐后听房，只听见比光绪大三岁的隆裕皇后叹气曰：“这也是你们家的德行啊！”当时在洞房里，心情坏到极点的光绪一下扑在表姐隆裕的怀里，号啕大哭，并对隆裕说：“姐姐，我永远敬重你，可是你看，我多为难啊。”

从此，隆裕皇后失欢于光绪。

婚后开始亲政的光绪帝对这位皇后一点提不起情绪来，常推托政务繁忙，不愿去坤宁宫。他爱的是被立为珍嫔和瑾嫔的长叙的两个女儿，尤其是妹妹珍嫔，不但生得美貌，而且聪明伶俐，知书识礼，善解人意。光绪既喜欢她，又同她讲得来，下朝后就去珍嫔的宫里陪伴她。只留皇后一个人孤守偌大的宫殿，难怪皇后妒恨。都是女人，为什么有人受宠而有人被冷落呢？她别无其他办法，只好到太后那里哭诉。

西太后为此也不少犯愁。清代宫廷有个传统规矩，在每年腊月二十和正月初一、初二这3天，皇后有特权必须陪伴皇帝就寝，过了这3天皇帝才能召幸其他的妃子。但是光绪和皇后即使同寝也仍不同食。据跟随西太后8年之久并在庚子年（1900）随西太后出逃至西安的贴身宫女何荣儿回忆，有一年大年初一的晚上，慈禧晚膳后，光绪帝和皇后、妃子照例分头前来请安。这时西太后心情特别好，居然关心起皇帝和皇后的私生活来了，慈禧故意问光绪是从哪个门走过来的？光绪住养心殿，养心殿后面有个小门叫螽斯门，也是西六宫最南边的一个小门。这回光绪是抄小道从螽斯门到储秀宫来的。慈禧饶有兴味地耐心地和他们讲解螽斯门的掌故，还不时搬出先皇帝咸丰的教诲。原来，这本是明朝宫殿旧名，因为名字吉祥一直沿用至今。螽斯是一种昆虫，自古以来向以螽斯比喻子孙众多，满清宫廷沿用此名，也是为了“宜尔子孙”，盼望家族兴旺。光绪皇帝是个绝顶聪明的年轻人，一听慈禧的问话，就赶紧低垂下头去，表示知罪，并毕恭毕敬地回话说：“皇爸爸（光绪对西太后的称呼）往上缅怀祖先，往下垂念子孙万代。儿子一定听从皇爸爸的训诲。”但是说归说，光绪从来也没有真正和隆裕像一对夫妻那样生活过。

为了让皇后增加点儿修养，慈禧便亲手教她写字。皇后本不会写书法，经慈禧指点，自己又刻意下工夫，日久也能写出点意思来，写起草书来得心应手。到后来甚至能写斗大的字，还附庸风雅地自署斋名，叫作“延春阁”。慈禧怕她寂寞，还要她陪伴一起游玩，每日在颐和园中，不是登山游湖，就是听戏抹牌。

在光绪与西太后帝后两党之争中，皇后始终是站在西太后一边的。从这一点看，慈禧没有选错人。而且客观上，隆裕皇后还起到了忠实帮凶的作用，她是慈禧探听、监视皇帝行动的一个忠实耳目。虽然在她而言，这也是不得已之事，可是这件事情给光绪和她的夫妻生活造成了很大的隔阂，并且由于政治上的倾向不同，这种隔阂日益加深。到后来，因为慈禧的关系，光绪就变得非常不喜欢这位表姐了。戊戌政变后，光绪被囚在瀛台，身同囚犯，不准皇后、妃、嫔随便接触，仅准许皇后每月初一、十五两天到瀛台看望。觐见时，有多名太监在旁边监视，皇后三言两语问安后便退出，布时光绪帝一言不发，以目送之。

那拉氏皇后在孤寂的宫廷生活中，开始找些事干来填补空虚，于是学会了养蚕。先取蚕卵孵化，蚕生出后，每天喂新鲜的桑叶四五次。她特命宫中数人专职晚上喂蚕。她每天都观察蚕的生长，吐丝做茧，见蚕变成蛾飞出，便感慨万分。或许她从蚕的生长过程看到自己像蚕被束缚于茧中一样被束缚在宫中吧？丝成后，她还经常拿到慈禧太后那里共同鉴赏，慈禧也取出年幼时所制的丝来与皇后的蚕丝比较。两者同样的精美。

这种孤寂平淡的生活很快被八国联军的炮火给打破了。光绪二十六年七月（1900 年 8 月），八国联军攻入北京。那拉氏皇后随慈禧太后、光绪帝逃奔西安，在逃奔西安前夕，慈禧下令将光绪心爱的珍妃杀害，这件事的发生，那拉氏皇后的进谗也是一个因素。

西逃一路风尘仆仆，好不狼狈。在西安逗留一年后，皇后随着慈禧及光绪帝、瑾妃等回到京城，慈禧身边新来了两名旗员的闺阁千金。一名德龄，一名容龄，二人随父亲裕庚出洋了好几年，能通几国文字，慈禧很是欢喜，常命她俩陪伴隆裕，这样，这位古板的皇后也算是领略了一点欧风美雨。

○一个被历史推上前台的庸后

从西安回銮后，光绪帝更加阴沉了。对于心爱的珍妃被投入宁寿宫北的宫井溺死，对于国家朝政的难以为继，他都清醒认识到了。但是他没有发言权，这是一种怎样的痛和沉默？

光绪的爱情生活比较专一，自珍妃死后，他惯于孤独。对隆裕皇后和瑾妃均没有兴趣，还常常对皇后的问候表示不满。但他跟皇后斗气不斗嘴，有她只当没她。俗话说“干着她”，把她晾在一边。他对皇后至死也没有感情，甚至还有解不开的怨仇。皇后与光绪帝分居，具体年月虽不可考订，但到光绪死时已有10年了，皇后事实上守了一辈子活寡！光绪帝病重时，住在中南海的涵元殿里。据一位刘姓老太监回忆，当时光绪虽然已久病不愈，还是按照规矩伺候光绪帝刮脸理发。光绪像木头人一样，不说也不动，听从下人们的摆布。他们都知道光绪的脾气，赶紧伺候，赶紧离开。孤独惯了的人，决不愿有人在一旁打搅。在光绪面前当差的人，都是低着眼皮做事，一句话也不说，这是一向的习惯。

有些日子，皇后常来问候，光绪依然像往常一样，除去请老太后万安以外，冷冰冰地没一句闲话，彼此都心照不宣。皇后来是另有使命，是来察考监视皇帝的喜怒哀乐，一言一行，都要给太后报告的。所以，皇后一来，就引起了皇帝的不安，甚至愤懑。光绪是个容易暴怒的人，但多年的宫廷坎坷，使他也小有智慧。一天，皇后觐见完毕，皇帝吩咐她“请跪安吧”，那就是请她退下。皇帝的寝宫，不愿意谁在一旁，是完全有权力让谁退下的，何况在病中。光绪连说两次，皇后装作没听见，大概是衔命而来有所仗恃吧。于是光绪暴怒了，奋起身来，用手一抻皇后的发髻，让她出去，把一只玉簪子都摔在地下了。这是光绪临死前十几天的事。

皇后向慈禧诉苦，慈禧表情沉郁，没有多说话，只是叫她以后注意点儿。但是已经没有以后了。光绪三十四年十月二十一日（1908 年 11 月 4 日），光绪帝在做了一辈子傀儡皇帝后，于忧愤交加中死去，年仅 38 岁。

光绪一生无子嗣。他死后，病中的慈禧犹念念不忘权欲，立醇亲王载沣（光绪的弟弟）的儿子溥仪为皇储。但溥仪是承继同治帝还是承继光绪帝？这事别人看来无所谓，可是对隆裕皇后却非同小可，因为这关系到她以后的命运和地位。在清宫二十多年，她目睹慈禧太后的种种威势，太后的宝座她不一定觊觎很久，但是如果有机会，她是一定不会放弃的。

光绪帝在临死前夕，见到了叔父庆亲王奕劻。他哽咽着嘱告叔父，慈禧太后对他怀恨已久，一定不会让溥仪继承他，希望他能看在亲叔父的情谊上，为他力争，否则他死不瞑目。果然，慈禧宣命溥仪只承继同治，而不肯答应让溥仪兼承光绪皇帝之祧。庆亲王再三请求，她露出怒意。庆亲王跪下叩头奏道："从前穆宗皇帝大行，未曾立嗣，故有人尸谏。现今皇上大行，若不想出一个兼顾立嗣的法子，仍像穆宗一样无子嗣，能保证没有第二个人来进行尸谏吗？"

庆亲王所说尸谏之事是说同治帝死后，慈禧不按规定立同治的子侄辈为嗣皇帝，而立同治的兄弟辈光绪承继大统，这样，同治帝便没有后继者了。满朝大臣慑于慈禧淫威，无人敢言。只有一个小小的京官、吏部主事吴可读，写了一份奏折，提出抗议，然后在同治帝陵寝惠陵附近的马神桥上以身相殉。

慈禧一听庆亲王提及这事，不免有些后怕，这才略略点头，要庆亲王速去拟旨，让她审阅，总算勉强通过了。

只会干着急的隆裕皇后，听到这消息，长长地嘘了一口气，十分感激庆亲王的暗中相助。虽然庆亲王是受光绪之托，但是毕竟结果也是对隆裕有利的。第二天，她被慈禧召去，面授机宜，无非是新皇帝登位后，慈禧自己当太皇太后，而她名正言顺地成为皇太后，参摄政事。接着，慈禧又令军机大臣拟了一道诏旨，指定："此后国政，即完全交付监国摄政王。若有重要之事，必须禀询皇太后者，方由监国摄政王按所询裁夺。"

慈禧这样做的目的，不但是怜惜自己的亲侄女，更是为了培植叶赫那拉氏的势力，继续执掌大清王朝的大权。

过了一天，慈禧也死了。坐上太后宝座的光绪皇后，被尊为"隆裕"。为感谢姑姑的厚恩，她在慈禧棺木下葬前，大肆铺张，特地花费几十万两银子，用纸扎成一只巨形大法船，长约十八丈、宽二丈，船上楼殿亭榭，陈设俱备。侍从篙工数十人，高度与活人一般，统统穿上绣衣。船上设宝座，旁列太监宫女及一切器物用品，下面跪着身穿礼服的大小官员，仿佛慈禧平时召见大臣时的样子。船头悬一黄缎巨帆，上书"中元普渡"四个大字，船外围绕无数红莲，内有巨烛点燃。船制成后，由摄政王载沣代表皇帝溥仪致祭，祭罢，将大法船运到东华门外焚化。又焚去纸扎人马，器用物品无数。为慈禧下葬之仪，隆裕不顾国库空虚，费去银子125万两。

隆裕为人，优柔寡断，远远不如慈禧。慈禧在政治上颇有手段，虽然残忍毒辣，但还有自己的见解，对于王公大臣，也有一定的笼络手段。而隆裕为太后之后，个人毫无主见，一切为其宠监小德张操纵，在政治上毫无建树。

按照慈禧开创的先例，隆裕本可以在慈禧死后以太后的身份卵翼幼帝，摄取清朝大权，当时也有"垂帘"复活的传言。但是隆裕在政治上平庸无能，其实并无"垂帘"其事。

光绪死后，隆裕曾想仿效慈禧"垂帘听政"。等到奕劻传出慈禧遗诏立溥仪为皇帝、载沣为摄政王时，隆裕虽取得了对军国大事一定的决定之权，但离"垂帘听政"的美梦还相差甚远，自己又没有力量来实现这一美梦，他倚为心腹的小德张，是个只知道聚敛钱财的无能太监，丝毫没有政治头脑。隆裕受小德张怂恿，却在宫中东部大兴土木，修建

“水晶宫”，以为玩乐之所。按清代相沿已久的制度，在“国服”期间，不得兴修宫殿，然而隆裕对此并不顾忌。而且当时清廷正在兴建新式海陆军，所需经费巨大，国库本来已经空虚，财政捉襟见肘，建军的费用尚且不足，又要拨款修园建殿，无疑大大加重了国家的危机。而隆裕不管这些，挪用建军银两，立即拨出巨款，以为个人娱乐，引起朝野的不满和议论。后虽然因为革命军起而不得不停止，但这件事更显露出隆裕的平庸无识。

由于她未能像慈禧那样“垂帘听政”，又不能随心所欲，心中不快，以致迁怒于摄政王，与载沣发生了矛盾。宣统二年五月（1910 年 6 月），载沣命毓朗、徐世昌为军机大臣。数日后，隆裕下令载沣将这两个人撤去，载沣婉转相劝请求暂缓行事，隆裕则毫不让步。载沣不得已，反驳说：“太后不应干预用人行政大权。”隆裕也无可奈何。像这样隆裕凭自己感情冲动来制约载沣行动的事，并不少见。

载沣生性懦弱，在政治上也无主见。他在受命监国摄政期间，里有隆裕掣肘，外受奕劻、那桐等人挟持，他的地位虽是监国摄政王，但并没有任何作为的余地。如对隆裕兴建“水晶宫”一事，他本来可以用既“违反祖制”，又影响建军的正当理由进行阻拦，据理力争，但由于他怯懦怕事，怕触怒了太后，也就不置可否地听之任之。

光绪死后，隆裕在他的砚台盒内，发现了光绪亲自用朱笔写的“必杀袁世凯”的手谕。她自己不敢决断，便交给载沣处理。载沣也犹豫不决，召来奕劻、那桐等人商量对策。奕劻、那桐主张保袁，让袁世凯自行称病辞职。袁世凯辞职后，隆裕和载沣毫无远见，不把他留在北京控制住，反而命他回家养病把他放走了。“放虎归山，养痈为患”。这件事充分说明隆裕和载沣毫无治国之才，毫无政治远见，为此他们也吃尽了苦头。

○结局并不美好

宣统三年（公元1911年），辛亥革命爆发。武昌起义后，各省督抚相继宣告独立。南方半个中国脱离了清政府的统治，清廷岌岌可危。环顾四周，清廷之中没有一人能使这行将就木的清王朝起死回生。不得已的情况下，隆裕只好同意请袁世凯出山，任命他为内阁总理大臣，给予军政全权。

袁世凯东山再起，首先搞垮了摄政王载沣。在慈禧还在世的时候，袁世凯就与载沣水火不相容，载沣甚至要拿枪毙了袁世凯。只是因为慈禧的威力，二人才不得不有所顾忌，勉力相处，共事朝廷。现在慈禧已死，袁世凯掌握北洋新军，独揽朝政，他岂能容下载沣？

于是，他迫使隆裕下令摄政王以醇亲王归藩，禁止干预政事。同时与南方革命政府达成妥协，以当民国总统为条件逼迫清帝退位。

在武昌起义后的一段时间里，隆裕丝毫没有她姑姑的处乱不惊的心胸，遇事不顺则大哭。而袁世凯外贿奕劻、那桐两位重臣，内贿太后宠监小德张，利用他们向隆裕施用威胁利诱的手段，使隆裕完全落入他们的圈套，不自觉地主演了清帝退位这场戏。

袁世凯首先让邮传部大臣梁士诒唆使驻俄公使陆征祥等电请清帝退位。陆的电文到后，袁世凯假惺惺上奏说，查陆的电文，“语言趋向共和，作为出使外国的大员也这样说，我很痛心，请圣上不要降旨。”然后又上奏，言国库空虚，军饷没有着落，请朝廷将宫中所存的瓷器变卖来充饷救急。又指使属下姜桂题电奏清廷，请求朝廷恩准将银行所存款项分别提回，接济军用。

面对这四面告急的场面，隆裕太后没有别的办法，只好答应这些请求，令宗人府传令各王公出钱赡军，但应者寥寥。袁世凯此时装作万分感慨的样子说：“既然促使我开战，又不给我军饷，这简直是置我于死地。”并面奏隆裕，说军饷没有着落，对军队哗变的事甚为担忧，请求隆裕拿出内帑黄金8万两充作军饷。隆裕计无可施，只得应允。

1912年1月16日，袁世凯又与内阁大臣联衔上奏清廷，奏请清帝退位。奏折中大谈军饷紧急、海军尽叛、强邻虎视、人心涣散等危急情况，然后又花言巧语地提出“民主如尧舜禅让”，要求清帝退位，实行共和。并威吓说：“我皇太后皇上怎么能忍心让九庙祖宗受到炮火的震惊，怎么能忍心被驱出京城，政权被暴力推翻呢？”

袁世凯手捧奏折到养心殿觐见隆裕太后，隆裕坐在炕上沉默不语。袁世凯跪在红毡垫上，故作悲痛的样子，一边耸动着双肩，流着眼泪，一边向隆裕太后断断续续地诉说着，并不时偷瞄一眼隆裕的反应。隆裕却是一言不发，只用手帕拭着泪水。坐在隆裕旁边的幼小无知的宣统皇帝，不知道地上跪着的矮胖老头为何人，听不懂他嘴里嘟噜的是什么，不明白两个大人因何啼哭，更不会考虑到他未来的生活。

隆裕被袁世凯出色的表演蒙得六神无主，不知所措。袁世凯退下后，她急忙召集王公贵族商量对策。皇族亲贵本来就把共和看成洪水猛兽，把袁世凯看作逆臣、革命党的奸细，想方设法要除掉他，现在听到袁世凯竟然要清帝退位，证实了他们的想法，更是群情激奋，认为不杀袁世凯不足以平民愤。这样，隆裕被弄得将信将疑，更是举棋不定。

袁世凯从内宫出来，遭遇了张先培等人的炸弹袭击，袁世凯先前命人制造的“革命党人已经遍布于北京城”的谣言，因此得以证实。隆裕看情况危急，也暂时消除了心头的疑虑，开始相信袁世凯的谣言。她特地派人去慰问袁世凯，而袁世凯则从此称病不朝，把逼宫的任务交给亲信赵秉钧、胡唯德等人。

袁世凯要逼清帝退位的话被传出后，皇族亲贵中的一些人对袁世凯极为不满。在肃亲王耆善、恭亲王溥伟及毓朗、良弼、铁良等人的组织下，成立了“宗社党”来对付袁世凯。

但此时的隆裕皇后已经完全乱了方寸，军情不断送至御前，都是节节败退的消息。1912 年 1 月 7 日，她召开了御前会议，讨论是否实行共和的问题。奕劻和贝子溥伦受袁世凯贿赂，主张自行退位，实行共和。而溥伟和载沣坚决反对，会议不欢而散。1 月 19 日，隆裕再次召开御前会议。赵秉钧、胡唯德等人也参加了，他们和受袁世凯贿赂的奕劻、溥伦等人的口风一致，都主张清帝自行退位。赵秉钧恐吓说，革命党人力量强大，北方军队已不足恃，故袁世凯欲设临时政府于天津，要隆裕和王公大臣讨论。王公大臣们立刻看清了袁世凯的嘴脸，一致反对。胡唯德、梁士诒又言财政困难、军费匮竭、外国将来干涉等，企图迫使隆裕表态退位。但是隆裕还是进退维艰，左右为难，赵秉钧等人看到阴谋无法得逞，立即采取威吓手段，奏请说："人心已去，君主制恐难保全，恳请赞同共和，以维大局。"赵秉钧凶相毕露，指斥王公贵族会而不议，议而不决，声称如此以往，就要辞职不干。隆裕不知所措，会议依然无果。

几天的御前会议，两派针锋相对，王公贵族每次都是吵吵闹闹，却没人能提出有建设性的意见来，弄得隆裕更加茫然不知所措。除了抱着小皇帝大哭外，没有其他办法。

1 月 26 日宗社党的首领良弼被炸身亡，京师震动。王公贵族闻风丧胆，有些人潜往青岛、大连、天津的外国租界，藏匿不出。隆裕更是惊慌不已，为保全清廷，她尽力拉拢袁世凯。她颁发懿旨封袁为一等侯爵，并命退归藩邸的醇亲王载沣亲自到袁的住所传旨，督促袁入宫谢恩。

隆裕一心想用封赏的办法拉拢袁世凯，使他效忠清室，但是袁世凯虽然接受了封赏，但是并不领情，继续进行逼宫活动。

为了夺取全国政权，1 月 29 日袁世凯授意杨度在北京发起组织共和促进会，宣布目前行君主立宪为时已晚，为挽救国家危亡，保全皇室，只有实行共和。催促清廷迅速做出选择，早早退位。隆裕在其催逼下，整日抱着宣统皇帝痛哭流涕。载沣向来缺乏主见，不敢参与决策。

皇室贵族束手无策，乱作一团。

隆裕所能采取的唯一办法是尽可能拖延时日。2月1日，她召开御前会议，提出采取虚君共和政体，即君主不干预国政的办法把皇帝保留下来。孙中山的南京民国政府和袁世凯都表示反对。隆裕无旁路可走，经过反反复复考虑比较，觉得保留性命，退位后享受优待条件，总比覆宗灭族的结局强得多。

无奈。她只好做出了皇帝退位、颁行共和的决定。

1912年2月3日，隆裕太后授袁世凯以全权，与南京民国政府商谈清帝退位条件。

2月8日，梁士诒携拟定的优待条件觐见隆裕太后。大意是：一、清帝逊位后尊号不变；二、每年由民国政府拨给银400万两；三、暂居紫禁城，日后移居颐和园；四、宫内的执事人员照常留用，以后不得再招阉人；五、原有之私产由民国政府特别保护。

另外，隆裕还向中华民国提出请求："德崇（光绪）陵未完工程，如制妥修，其奉安典礼，仍如旧制，所有实用经费，均由中华民国支出。"在这些要求都被应允之后，隆裕边流泪边颤抖着拿出御宝，在三道逊位诏书上盖上大印。持续了共268年的大清王朝，在她手里宣告灭亡。

宣统帝的退位诏书起草之后，袁世凯看过，隆裕太后看过，最后正式发布。它大意是这样的：今全国人民心理，多倾向共和，予亦何忍因一姓之尊荣，拂兆民之好恶，特率皇帝将统治权公诸全国，定为立宪共和国体，仍合满汉蒙回藏五族完全领土为一大众化民国，予与皇帝得以退处宽闲，优游岁月，长受国民之优礼，亲见郅治之告成，岂不懿欤！这么一个重大历史变革，用了很轻松的典雅的文字把它交代了。

宣布共和后，皇室已失去了政权。但清廷在紫禁城中，仍然按照皇室的礼仪，发布上谕。他们靠封建社会长期的影响，靠出卖宫里的珍宝和从中华民国政府领到的优待经费400万两白银，在宫中仍过着奢靡的生活，保持着皇家旧有的淫威。

隆裕太后仍然住在宫中。她心情忧郁，很少与外人接触，没有人知道她在想些什么。她这一生，经历了太多的不幸和转折，她大概是看透了！

她与宣统帝的关系也日渐疏远，教养侍奉之事，一概交给太监去管。

由于她整日忧郁，精神恍恍惚惚，起居也没有节制，饮食更不加注意，常常让太监拿着水果袋跟着她，每天只吃些水果。这样时间一久，身体生病，到了1913年便卧床不起了。

她去世前，正值深夜，世续、溥伦及载沣在一边侍奉。据说溥伦拟议遗诏，授命醇亲王载沣掌管宫中事务之权，但此时隆裕太后已昏迷不省人事。世续等大声呼唤，不见太后醒来。小德张来到近前，在枕前大声呼唤说：

“现在世续等王爷看太后身体欠安，宫中事务请下旨命醇亲王管理。”这样喊了三次，隆裕才睁开眼，轻轻地点了点头，很久才说出一句话：“叫皇帝来。”

太监连忙把溥仪抱到床前，太后指着溥仪，使出全身的力气，慢慢地说：“他太小，你们不要难为他。”

说完，两眼一闭，命归黄泉。

隆裕皇太后死讯传出，袁世凯表示悼念，参议员外交团发了悼唁，国务院及清室为隆裕太后举行了大规模的公祭和丧葬仪式，并在故宫太和殿前搭起了彩牌楼。民国对满清皇室真可谓不薄呀！

隆裕的葬礼隆重庄严。除了曾经的王公大臣外，国务院总理和总统袁世凯的代表、各国务员、各局长并各部代表及海陆军等人参加祭典的达三百多人。末代太后隆裕就这样结束了她悲苦、孤寂的一生！也带走了她一生的无奈与酸楚！

5

被皇后桂冠压垮的婉容

婉容，郭博罗氏，字慕鸿，满洲正白旗人，天津前候补道台荣源之女。生于光绪三十二年（公元1907年）九月二十七日，17岁时通过看照片的方式，在端康太妃（即光绪帝之瑾妃）的极力推荐下，婉容因容颜秀美、家道富裕而被溥仪圈定为“皇后”。

从严格意义上讲，“末代皇后”婉容称不上是清代最后一位皇后。因为清宣统帝两岁登基，6岁退位——清朝寿终正寝之时，逊帝溥仪还是一个天真孩童，尚无妻妾，也就无所谓后妃。但由于“中华民国”的迁就，溥仪18岁前一直保留着皇帝的尊号，不仅在紫禁城的后宫区域内关起门来称孤道寡，而且于16岁时依清旧制册封婉容为“皇后”与其完婚。从此，婉容就有了末代皇后的名义称号。

○民国时期的皇家大婚

1922年12月1日，是中国末代皇帝——爱新觉罗·溥仪大婚的日子。在这次大婚中，年方十七岁、仪态万方的婉容被娶为皇后。

婉容自幼长于深闺，姿质天然。据接近她的人回忆，婉容不仅体态娇好，姿色迷人，而且举止文雅，谈吐得体，琴棋书画样样都精，是一位富有教养的才女。但是婉容被册立为皇后，却不完全是因其才色，而是出于某种偶然的“圈定”。

1921年初，溥仪刚满十五岁，逊清皇室就开始为溥仪的婚事做准备。端康太妃和敬懿太妃都想让自己的亲信当选皇后。在议婚时争执不下，最后拿出一张照片让溥仪本人来确定。溥仪后来在《我的前半生》一书里回忆道：“四个人都是一个模样，身段都像纸糊的桶子。每张照片的脸部都很小，实在分不出丑俊来。如果一定要比较，只能比一比旗袍的花色，谁的特别些。我那时想不到什么终身大事之类的问题，也没有个什么标准，便不假思索地在一张似乎顺眼一些的相片上，用铅笔画了一个圈儿。”溥仪圈定的这一位是满州额尔德特氏端恭的女儿文绣。这正合敬懿太妃的意。但端康太妃竭力反对。溥仪只好又在她满意的照片上面了一个圈，这就是婉容。最后在宫中两派争斗下，婉容被册封为皇后，文绣被立为妃子。

1922年12月1日零时前后，虽已退位却依法拥有尊号的清朝皇帝宣统，身穿龙袍，在文武百官的簇拥下来到庄严肃穆的乾清宫内升座，亲送凤舆出宫，前往地安门帽儿胡同后邸迎娶婉容皇后，从而揭开了末代皇帝大婚的盛大典礼的序幕。

婉容是我国历史上最后一位得到迎娶皇后礼遇的女性。当时清廷已被推翻十一年，中国社会已进入民主共和时代，但末代皇帝婚礼之隆重，较之以往帝王的婚礼毫不逊色。

清宫钦天监为宣统皇帝大婚选定的奉迎礼吉期是壬戌年十月十三日寅时。为了保证皇后进宫的吉期，凤舆将提前两个时辰从宫内出发。

钦天监的选择代表着天意，既然已把奉迎礼定在寅时（3至5时），则迎娶过程只能安排在深夜了。钦天监同时还算定，皇后升舆、降舆必须避开亥（21至23时）、卯（5至7时）、未（13至15时）“三相”。因此，若安排在上午、下午或上半夜，也不甚适当。而且后半夜里整个城市都歇息了，正好在大街上摆场面，又是月儿将圆的时候，黑夜也跟小白天似的，一点儿不碍眼，不妨碍礼仪的举行。

载涛贝勒负责总办大婚典礼的一切事宜。载涛受命后查阅了《大清会典》及历代皇帝大婚档案，决定按同治皇帝婚典的模式进行，并考虑酌添民国以来的新花样。经过预算，确定“大婚经费力求撙节”，总开销按当时报道主要有两种说法：1922 年 10 月 28 日《平报》说：“清帝婚礼用费”，“近由筹备婚礼处王大臣核定为四十万元”；1922 年 10 月 30 日《国强报》说，“因库款支绌，经婚礼大臣载涛、朱益藩、绍英、耆龄等会议，力为缩减，议定大婚经费（统计）一百万两”。百万两即百万元，两说相距甚远。这不过是预算，实际花多少怕是弄不清了。就算是花了四十万元，按当时价格可以购买二十万袋“洋面”，实在也够奢靡的了。但据知情者说，清朝宫廷里有惯例：皇室的花销中包括了养活内务府人员所需的费用，所以内务府呈报的商品价格往往高出物品本身的许多倍。例如，一个鸡蛋要报三两银子。曾有一个掌故就是说明这种情况，有一天，溥仪问自己的老师今天早饭吃了什么，老师说吃了两个鸡蛋，一个果子。溥仪便惊诧的说，老师你真是太奢侈了，这在宫廷里可要花十几两银子。由此我们也许可以猜想那巨额的婚礼费用，有多少是落入了皇宫仆人的腰包。

为了筹措这笔浩大开支，清室曾“备具公文”向中华民国政府追讨历年积欠的“优待费”，答复是“碍难照办”。继而商定向英国汇丰银行抵押借款，为此从内库中捡出金盘、金瓶、金盒、金碗、金壶、金手炉、金如意、金葫芦以及珍珠、翡翠和珊瑚制品等共千余件，都是乾隆、道光、咸丰历朝遗物，有很高的文物价值。随后将其中的金银器皿分装四十一箱，将瓷器、玉器陈设品分装两大木桶，于 1922 年 11 月 2 日用十一辆汽车运往东交民巷英国汇丰银行。后因赎回抵押品的款项始终不能筹足，这些国宝也就因超越时限而“押死”，成为伦敦的财富了。这便是宣统皇帝盛大婚典的背景。

明亮的月光笼罩着巍峨而森严的紫禁城。从辛亥革命后不久隆裕太后代宣统皇帝下诏退位起，这里虽然也热闹过几回，譬如 1913 年隆裕皇太后出殡那天；1917 年溥仪因张勋复辟而第二次登基那天，但都没有这一次来得隆重。

清朝历代皇帝大婚，迎娶皇后的凤舆均由紫禁城正门——午门进宫。明清两代出入午门有严格的等级规定，其中等级最高的便是午门的中门，实际是皇帝的专用门。但是，允许皇后在大婚典礼中乘喜轿入宫时通过一次，还允许殿试中状元、榜眼和探花的三个人出宫时走一次。至于文武官员、宗室王公等只能依身份出入午门的东偏门、西偏门以及东西两拐角处的左右掖门。对于皇后来说，一生中也只有唯一一次机会能够通过午门的中门。这真是一身荣耀、九族沾光，哪里是简单过一道门的问题呢！

民国以后，紫禁城内的太和殿、中和殿和保和殿转归北洋政府使用。溥仪的生活圈被限定在紫禁城的后半部，因此迎亲喜轿不但不能再进大清门、午门的中门，也无权使用前三殿范围内的东华门和西华门。如果让堂堂皇后从紫禁城的后门——神武门进宫，实在有失隆重。经大婚礼仪处与北洋政府反复磋商，决定为皇后进宫破例开启东华门。那天，东华门左门柱上还高悬一块红色纸匾，上书“观礼、庆贺人员均由神武门出入”字样，表明此门是专为皇后婉容开放的。差不多有十年未下门闩的凄凉、冷清的东华门，一下子充满了喜庆的气氛，变得热闹而气派起来。

高高低低不同层次的观礼人员，自 11 月 30 日入夜起便陆陆续续由神武门入宫来了。神武门前汽车、马车、骡车摆得满满的，神武门门额也装饰成了彩棚。从婉容娘家住所到皇后宫邸，沿途更是观者数万，军警林立。汽车、马车、洋车难以计数。迎亲队次序为：步军统领衙门马队、警察厅马队、保安马队、军乐两班……最后是皇后所乘的二十二抬金顶凤舆及清室随从。参加庆贺瞻礼的显贵达二百三十七人。其中议员二十余人，外国要员二十余人。

宣统皇帝溥仪踩着子夜的更声跨进乾清宫。这里已在皇帝宝座前摆放了三张礼桌：中间的桌上放着“节”，它象征皇帝至高无上的权力；东桌放置着“金册”，西桌放置着“金印”，它们并非册封皇后的用品，册封典礼已在头一天举行，“册文”和“宝文”也已送到婉容手里了。这“金册”和“金印”表示着皇后备受尊崇的地位，是皇帝送给皇后的最重要的礼物。

当宣统皇帝跨进乾清官之际，悬挂在宫外东西屋檐下的钟、鼓、石磬等古老乐器耸然鸣响。王公大臣、正副使节以及观礼人员等依身份、地位分班次进殿行三跪九叩大礼，向新郎皇帝表示祝贺，礼成乐止。正天使载振和副天使昭煦跪听宣读迎娶皇后的圣旨并受“节”。当溥仪“降座”离开乾清官时，“中和韶乐”再奏《显平之章》。这时，迎娶皇后的仪仗队已在乾清门外乃至景运门外列队待发了。

载涛作为大婚典礼的总操办人，把贴身照料新人和布置喜房的任务交给了自己的嫡配夫人姜婉贞。姜氏出身广东名门世家，从小接受过良好的教育，工于诗书，擅长绘画，广有见闻，谈吐文雅，为人机敏，处事果断，在溥仪的大婚典礼中还真露了几回脸。

凌晨一时过后，迎亲仪仗排列就绪，溥仪乃派使臣率姜婉贞以及前内务府大臣增崇之妻和两名命妇，由若干女官陪同，把一柄“御笔用宝龙字如意”安放在凤舆内正中。随后起轿，从东华门出宫。凤舆发走之后，载涛之妻等福晋、命妇、女官又前往皇帝洞房——坤宁宫东暖阁，为新娘和新郎铺设龙凤喜床。绣有“龙凤呈祥”精美图案的被褥也是在杭州订制的。喜床中央放一个装满珍珠、宝石、金银钱以及五谷之类的“宝瓶”，喜床四角各放一柄如意。铺设完毕，她们便出神武门抄近路往皇后府邸去了。与此同时，溥仪另派蒙古亲王那彦图、蒙古郡王贡桑诺尔布、载泽和溥信等四位御前大臣在乾清宫照料一切，他自己则退处乾清宫西暖阁休息，等候皇后入宫。

庞大的迎亲仪仗，充分显示了三百年清朝统治的“余威”。迎亲队伍超过三千人，由东华门出东安门，踏月夜行，浩浩荡荡地向北而去。

一路之上，黄沙铺道，净水泼街，到处有红、黄两色装饰。这里从上半夜起就由警察厅宣布戒严了，然而，马路两旁仍是人山人海，万头攒动。他们大体都是住在这一区段的居民，却不许随意走动。至于得到允许可以观礼的中外人士，都佩戴一枚“小朝廷”发放的钢质徽章，见章放行。

在扎着彩坊的皇后府邸大门前，皇后之父郭布罗·荣源、皇后之兄润良和皇后之弟润麒，早已跪在那里迎接圣旨和圣节的到来了。迎亲仪仗队抵达之后，父子三人首先面对圣旨和圣节恭行三拜九叩大礼，继而随正、副天使进院，凤舆也随之抬进前院。然后，撤下在太仆寺雇佣的普通轿夫，换上太监，再一直抬进内院，放在正房台阶前，面朝东南。这个方向也是清宫钦天监规定的。抄近路先期而至的姜婉贞等福晋、命妇和女官请皇后梳双髻，戴双如意，穿“龙凤同和袍”，一切准备停当。凤舆到后，由正天使载振宣读圣旨，皇后亲自接旨并行礼。据庄士敦说：“她跪在地上，然后行一系列复杂的礼，包括六次手臂下垂、头部微抬的起身，三次下跪和三次鞠躬。对于一个妇女来说，这种礼节等同于最尊崇的跪拜——九次屈身叩头”。行礼毕，接受金册和金印。与此同时，姜婉贞等又为皇后升入凤舆而准备了。她们先燃藏香，在凤舆内熏绕一圈儿，再熏皇后用以盖头的锦帕。熏完，将凤舆内正中那柄“御笔用宝龙字如意”移到旁边，请皇后手执苹果和如意，搭上盖头，升入凤舆。待首领太监刚刚垂下舆帘，抬轿的太监们便一个个伸直了腰板，经过内院、外院，一直抬到皇后府邸大门外，再换用太仆寺的普通轿夫，打道回宫。

凤舆经东华门进入紫禁城，又被缓缓地抬到景运门，太仆寺的普通轿夫就在这大理石台阶下最后被撤去了，接过轿杠的太监们庄严而谨慎地把凤舆一直抬到乾清宫前正冲着皇帝宝座的地方放下。从东华门到乾清宫，所经各门门座前后全部铺设了棕毯，凤舆起落的几处地方铺设了红毡。

照满族传统，新郎要在新娘下轿之前向其头顶上方连射三箭，为的是赶走黑煞神以确保平安。对于皇帝来说还有另外一层意义：皇后地位尊崇，但在皇帝面前也是奴才，向她射箭表示她也必须接受惩罚。起初溥仪挺有兴趣，接过箭来要射，却被姜婉贞挡住了。她考虑到溥仪高度近视，大婚典礼的场合又不能戴眼镜，一旦失手伤了皇后就不好办了。溥仪听了这话有道理，也觉得没必要墨守陈规陋习，遂临时传谕把射箭仪式免了。

按清宫祖制，在皇后下轿之际，前一日入宫的淑妃要亲率女官和宫女等膝行跪迎，以示皇后与皇妃间的等级尊卑。溥仪想想似也无此必要，既已免了皇后挨箭，索性也让淑妃别下跪了，于是再度宣旨免去跪迎之礼。

溥仪被引导着先往洞房——坤宁宫东暖阁去了，有资格随凤舆来到乾清宫的王公大臣、清室内务府高级官员以及皇帝的师傅们也都退去了。凤舆周围只剩下姜婉贞等福晋、命妇、女官和太监，皇后这才由人们拥戴着走出凤舆。姜婉贞立即上前接过皇后手持一路的苹果和如意，又递给她一只宝瓶。这都是大婚典礼中必有的吉祥物品。随后，搀扶仍搭着盖头的皇后，在手执珠灯的女官导引下，经东隔扇，进坤宁宫，来到东暖阁前。

在这里，新娘还必须照满族习俗先迈过一只预先设下的大火盆，以期将来的生活越过越红火；然后再跨过马鞍和苹果，企望婚后的日子平平安安。这些仪式完毕，姜婉贞才接过皇后手中的宝瓶，把她领到皇帝面前。这时，有人向溥仪呈递一杆新秤，请皇上用秤杆揭开皇后的大红盖头，这大约是满族人让新娘计划柴米、俭朴度日的习俗。姜婉贞颇为细心，生怕毛手毛脚的溥仪挑着皇后的脸，便从他手中取走那杆秤。其实皇家的新娘谈何节俭？于是溥仪伸手揭去了遮在皇后脸上的盖头，第一次看到她美丽的面庞。

经隆重仪典迎娶来的婉容，等待她的却只是冷落和孤寂。按理来说，新婚当夜，揭开了红盖头、同食“子孙饽饽”、“行合卺宴饮交杯酒”，又进“长寿面”之后，对于健康的少男少女来说，自然是温柔而甜蜜的花烛夜了。然而，溥仪却离开了那张“龙凤喜床”，回养心殿自己的卧室去了。溥仪羡慕西方生活方式，趁着大婚的机会，不久前特意托请上海亨达利钟表店的德国老板，从国外购置了一套水晶家具陈设在养心殿他的单身卧室内。新婚第一夜，溥仪觉得还是回来欣赏这套水晶家具更舒适些。

他将婉容孤零零地留在坤宁宫的新房里。新婚之夜遭如此冷落，婉容深感苦闷和委屈。

“被孤零零地扔在坤宁宫的婉容是什么心情？那个不满十四岁的文绣在想些什么？我连想也没有想到这些。”这是溥仪在四十年后自己写在回忆录里的话。

○一段和谐但并不美满的婚姻

红色的宫墙并没有阻断婉容与西方“新式教育”的联系，因为有“思想上很对劲”的溥仪的支持。起初溥仪给婉容延聘两位师傅：一位是美国费城牧师的女儿马修容，另一位名叫英格兰木。她们显然都与婉容在天津念书的那个教会学校有关，是婉容自己物色的人选。不久，伊莎贝尔·任萨姆女士也被聘到宫里来了，她与婉容也是旧相识。她们不但教授英文，也讲授文学、历史、艺术及世界各地的风物知识。

婉容的师傅们颇受礼遇。她们每天下午入宫授课，届时总有几乘二人肩舆在神武门内迎候。酬谢金也是可观的，逢年过节都有丰厚的赏赐，此外还有俸禄。据清室内务府1924年1月间的规定：马修容和英格兰木每人月薪大洋三百元，按时价可买一百五十袋“洋面”。任萨姆的月薪自然更高些。

婉容深受师傅们的影响，和她们相处得很好。婉容的英文学得很不错，不但能用英文讲话，而且能用英文写信。她在宫中用英文给溥仪写过大量的短信。这一对年轻的皇家夫妇，同处深宫之中，每天见面，却还要用英文通信，其信的内容当然可想而知。婉容给溥仪写英文短信的时候，落款总是用溥仪给她取的、与英国女王相同的名字：伊丽莎白。

对于中国古典文学，婉容也读过一些书。据在储秀宫侍候婉容起居的太监赵荣升讲，清宫里的寡妇妃子们每天生活都很无聊，平时闲得慌就练练字、绘绘画而已。婉容年轻，还常常看书，对写诗填词也有兴趣。溥仪出宫后人们曾在储秀宫发现婉容的若干作品，其中有两首词作：

人言相思苦，我言相思悦。思虽苦。心还慰，只有单思无了时。采莲莲花开，君王卧病帐不开。采莲莲叶长，桶役宫人来逞强。采莲莲结子，桶役宫人炊豆子。太不良，大不良，赛虎狼，赛虎狼。黑心肠，黑心肠，无法偿，无法偿。狂风扬，狂风扬，天地昏暗日无光。

桃花宫，桃花院，桃花院内桃花殿。桃花殿，桃花帘，桃花帘内桃花仙。桃花面，桃花面上桃花癣，桃花玉蔓桃花衫。桃花口，气如兰，桃花齿，似叶烟，桃花唇，似血盆，桃花媚舞桃花殿。

第一首，原词无题，系闺中相思之作。词句整齐、浅白，比喻则切、新鲜，感情真挚，有如瀑布直泻，也像一首朗朗上口的民歌。从内容看，可以品味出作者那种难以压抑的愤怒。这愤怒显然来自于不正常的婚后生活。第二首，原题《桃花歌》，用拟人的手法，宣泄了作者在情场角逐中的心情。她妒忌的对象，讽刺、挖苦的对象，就是淑妃文绣。

在溥仪的历史档案中，尚可找到婉容的手迹，大多为钢笔写下的中、英文书札以及诗文作品和日记等，也有少数毛笔小楷字迹。语句文白相间，但错别字不少。书法尚可一观，只是没有找到她的绘画作品。据说她也和溥仪一样，能绘几笔画。她与宫内外的画家也有交往。美籍华人女画家杨令，当年曾进宫为婉容“写真”，留下一幅末代皇后的肖像图：婉容站在山水屏风前的地毯上，凤冠凤袍，全副旗人装饰打扮，显得高大、端庄和美丽。到天津以后婉容还专门聘用了绘画教师。

婉容在清宫的那两年常见外宾，这或许可以说是她的一桩正经事。

庄士敦和任萨姆扮演了中介人的角色。他们把一批又一批金发碧眼的先生、女士带进紫禁城，并介绍给早已丧失政权的中国皇帝和皇后。既然大婚期间那次非正式外国人招待会已经开了先例，男女无须回避的“外事活动”当然可以继续下去。现存一张溥仪和婉容在养心殿前与外宾合影的照片颇能说明问题：溥仪夫妇居中而坐，站在他们身后及两侧的二十二个人中，除了受到接见的外宾，还有总管内务府大臣郑孝胥、溥仪最信赖的师傅陈宝琛及皇族溥杰等人，庄士敦和任萨姆当然也在其中。可见这种接见形式已经得到小朝廷的公认。

在新时代的条件下，清宫事实上已经发生了很多变化，一些传统的东西被洋味儿的东西取代了。比较起来，在天津长大的婉容，西化程度更甚于圈在紫禁城内的溥仪。她不但常给溥仪写些抒情的英文短信，而且教会了溥仪吃西餐。

西餐，当时称作“洋饭”。作为中国的帝王，溥仪完全不懂这“洋饭”的“进”法。他在《我的前半生》一书里回忆第一次吃西餐的可笑情形说：他让太监到六国饭店（今东交民巷新侨饭店）去买西餐。店里问：“要买几份？”太监说：“反正多拿吧！”店里要派人来摆放餐桌、刀叉并布菜，太监说：“那怎么成！你们可不能到宫里去，我们自己摆！”好啊，大碗大碟摆满了一大桌子，菜多得出奇。溥仪看见一碟黄油，粘糊糊的，不知道该怎么个吃法，就对太监说：“你们尝尝！”太监们吃了一口连声说：“太难吃了！太难吃了！”溥仪还记得，汤是用乌龟做的，也很难吃。正是婉容把溥仪从这个水平线上，教到会吃、爱吃，直到特赦以后还很喜欢西餐的程度。

溥仪这样回忆了婉容向他传授西餐知识的情形：“结婚后，有一天我对我那一妻一妾——婉容和文绣提议道：‘我们今天吃洋饭好不好？’

当然她们都是极端赞成的了。于是就如法炮制，和上次一样，把多得惊人的西餐端来摆满一大桌子。正要举箸（因为我尚不惯于使用刀叉）来吃时，婉容见状似乎是吃了一惊，扑哧一声笑了出来说：‘这样吃法太老赶了，应当每人一份地分盛在盘子里吃！’于是就由分盛汤菜起，一直到怎样使用刀叉等，都做了技术上极其生动的说明，并做出了极富自信的实际示范动作。我固然觉得被这种技术问题束缚得很别扭，但从那次起就逐次体会到了其中的奥妙，而学会了吃西餐的全套本领。”

像婉容这样一位讲英语、吃“洋饭”，在西方思想熏陶下成长起来的贵族千金，怎么能够受得了宫墙的禁锢呢？在这一点上可以说她和溥仪是有共同语言的。于是他们想方设法，要从自己狭窄的生活中走出去。

溥仪回忆那段历史时说：“这时我已渐渐对于那种‘宫廷小圈子’生活感到厌倦，总想看一看‘紫禁城’外的新鲜景色，但‘陈规旧矩’处处拘束着我。有一次我的老师陈宝琛病了，我便以堂堂正正的‘探问师病’为理由，尝到坐汽车走大街的‘快乐滋味’。于是我就一步一步地试探着扩大访问的范围，如探望我的父亲以及我的叔叔等等，最后则把范围扩大到游颐和园和玉泉山了。当然我的每次出门，都得编成一列几十辆的小汽车队，并且每一次的开支也是大得惊人。但是我不去管它，目的不是‘开开眼界’么，达到了这种愿望，便心满意足了。最滑稽的，是有一次我赴颐和园时，曾命司机加速开车。在我屡次催促之下，竟达到每小时六十至七十公里的速度。这时可把随我出游的‘内务府大臣’绍英老先生给吓坏了。据说吓得他在车中紧闭双目，双手合十，高声大念‘南无阿弥陀佛’不止。”

溥仪的回忆大体上反映了当时的心境。溥仪大婚后，出宫日渐频繁，而且每次必携一后一妃，恐怕不能说这与婉容无关吧。关于溥仪与婉容双双出宫的消息，也在社会上时有流传。从当年的旧报纸上可以找到许多报道，也能够反映皇帝和皇后宫廷生活的一斑。

1923年6月3日《大公报》登载了《溥仪夫人省亲》的消息："昨午，北京地安门大开，道旁围立多人，军警鹄立，带缨帽者幢幢往来。闻系溥仪夫人于是日午间赴西城帽儿胡同荣邸省亲。午后四时还宫。故提署、警察两方，派有军警多名，以资保护也。"

在紫禁城的两年中，溥仪对婉容还是比较信任的。这从建福宫失火后溥仪要婉容为他守夜一事可看出来。1923年夏初，溥仪为查明珍宝失盗缘由，下令清查库存珍宝。偷盗的太监们为销赃灭迹，便放火烧掉了建福宫和附近十几座楼台亭阁。此时宫中又出现了太监报复伤人事件。溥仪想到平时他对太监的残暴，怕他们对自己行凶报复，就想挑一个可靠的人来为他守夜。挑来挑去挑上了婉容。他让婉容整夜守护在养心殿内为他壮胆。这段时间，两人感情还是融洽的。

婉容是一位富有同情心的皇后。每当看到报纸刊出穷人挨饿或无钱就医、无力安葬的消息时，都要派人送去几元几十元。据1923年2月12日《事实白话报》载：一群由穷苦无告者组成的"北京临时窝窝头会"，一次就收到皇后使者送来的六百元大洋。婉容的行善乐施在京城是出了名的，不少人为之感动。

表面看来这时期的婉容悠闲快乐，其实她内心里面有难言的苦衷，接近她的人发现她时常愁眉不展。她的贴身太监孙耀庭曾回忆道："起先皇后的脾气挺好，皇上常到她屋里来，可是很少在她屋里宿夜，只是说会儿话，玩玩就走。后来，皇上来的次数少了，她的脾气也变得不太好。有时候在屋里绣着花就停下来，面壁而坐，半天不吭一声。每当这时，我们就得格外小心侍候。"可见，婉容虽在宫中有令人羡慕的高贵身份，却不能像平民百姓那样享受夫妻之爱和天伦之乐。在这种虚伪无聊的环境里生活，婉容内心感到郁闷。在某些人的引诱之下，她染上了抽大烟的毛病，每顿饭后都要吸上几口。

○悲惨的结局

婉容与溥仪虽然在表面上看还算欢悦和谐，但实际上从他们建立夫妻关系开始就潜伏着危机。那就是在他俩之间还有溥仪的淑妃——文绣的存在。文绣，字蕙心，是满族鄂尔德特氏端恭的女儿，她是与婉容同时被分别圈定为后、妃的。按清代礼制，她在溥仪与婉容举行大婚的早一天进宫，当时她年仅14岁，文绣从小接受的是三从四德的封建教育，虽然相貌不如婉容较好，但性格却比婉容温顺宽厚。溥仪待文绣开始时也还较平等，比如一些适宜后、妃参加的活动，溥仪总是让婉容、文绣一起出面，溥仪也给文绣请了教师。但是，婉容却对此大为不满。

婉容的争宠好胜，一方面是她的性情所致，更主要的是由于宫内枯燥、寂寞的生活决定的。婉容虽然得到了皇后的高贵身份和衣食豪华的生活，但是紫禁城的高墙束缚着她的自由，尤其是夫妻关系间的难言之隐，更使她深深地陷于痛苦之中。新婚不久的皇后很快就变得郁郁寡欢了。

1924年11月，溥仪被逐出宫，次年2月移居天津张园。按照《修正清室优待条件》，溥仪已“永远废除皇帝尊号”，而婉容也随之失去了徒有其名的“皇后”身份。

出宫后的婉容似乎精神焕发了一阵，她一改宫中的装束，换上了时装旗袍和高跟皮鞋，还烫了头发，再加上她纤柔秀美的音容笑貌，一时成为租界中的“摩登女性”。更使她兴奋的是，天津这座繁华的商业城市给她提供了既时髦又风流的消遣方式：看戏、跳舞、溜冰、玩球……对她吸引力最大的则莫过于到各大百货公司购物，反正有溥仪付钱，她可以无所顾忌地大肆挥霍，以致这种物质刺激后来竟发展成婉容、文绣之间争宠的手段。溥仪后来在《我的前半生》中称之为“竞赛式的购买”，他回忆道：“婉容本是一位天津大小姐，花钱买废物的门道比我多。她买了什么东西，文绣也一定要。我给文绣买了，婉容一定又要买，而且花的钱更多，好像不如此不足以显示皇后的身份。”当时，寄寓在天津的皇室是靠典当以前从故宫偷出来的文物才维持着表面上奢侈的生活，所以这样的日子没过多久，经济上就逐渐不支，当然也就难以继续满足婉容在物质上的虚荣了。

新的环境并没有改善婉容与溥仪的关系，他们之间始终未能建立起普通夫妇间的那种恩爱、真挚的感情。一则因为当时溥仪在遗老们的怂恿下正一心想着复辟，更主要的原因则是他自己后来才领悟到：“我不懂得什么叫爱情，在别人的平衡的夫妇，在我，夫妇关系就是主奴关系，妻妾都是君王的奴才和工具。”虽然遇有应酬时他也让婉容出面，但在溥仪的眼里，婉容只不过是一个应景的摆设。无聊和孤寂使婉容的精神日益颓靡，常常夜不成寐，终而得了神经衰弱症，而且鸦片瘾也越来越大了。

1931 年秋，曾在社会上轰动一时的“皇妃革命”，使溥仪的家庭生活骤起波澜——淑妃文绣因忍受不了不平等待遇而离家出走，最终与溥仪协议离婚。这件事并没有使婉容得意太久，长期以来，她的任性、孤傲已经越来越引起溥仪的不满，这次“皇妃革命”给溥仪带来的烦恼也就更多地迁怒于婉容了。

同年 11 月，溥仪在日本帝国主义的诱骗和策划下，独自一人秘密离津，逃往东北。直到两个月以后，婉容才在臭名昭著的汉奸特务川岛芳子的哄骗下由天津到大连，再转至旅顺与溥仪团聚。使她失望的是，这时候溥仪已成为听任日本帝国主义摆布的傀儡，更没想到她自己也随之落入了阴谋的陷阱。1932 年 3 月 8 日，溥仪在长春就任伪“满洲国执政”，婉容便又是“执政”夫人了。

“执政府”设在原吉黑榷运署旧址，几栋小楼是当时长春最讲究的建筑，婉容住进了缉熙楼，溥仪办公则在勤民楼。当婉容开始看到溥仪竟然“宵衣旰食”，每天那样勤勉地办理“公事”，心中似乎对恢复旧日的天堂也产生过些许憧憬和欣慰。但时隔不久，不仅溥仪感到“执政”的职权只是写在纸上的，一切都要听从日本人的安排；就连婉容也察觉到她的一举一动都受到监视，甚至不能走出大门一步。原有的苦闷和新添的愁思使婉容的旧病日渐严重，不到两年的时间便由神经衰弱而发展到精神失常的状态，发作起来常把屋里的摆设摔得粉碎。

婉容虽然在精神上呈病态，并且颜面已渐露青灰色的烟容，但她仍不失为一个俏丽的女子，在身体好些时候，她还是要悉心打扮起来，或以其他方式享受一下的。据1934年“帝宫”档案记载，婉容一年内仅单、夹旗袍就做了二十七件，所用的质料不仅有中国传统的丝绸，还有各种花色的日本、印度、法国的上等毛、绸、纱料。她每个月可以有三千元的月例钱，供其衣食之外的花销。她还养了五六只哈巴狗。这些通人性的小动物给了她不少乐趣……然而，“执政府”的院子就是婉容的禁地，除了1934年溥仪第三次登基做伪“满洲国”皇帝之后，日本方面在秩父宫雍仁亲王代表天皇“访满”时，为了炫耀中日“亲善”而让婉容随溥仪在勤民楼参加了一次接见外，她在以后的近十年中再也没有以“皇后”身份公开露面。这对极好虚荣的婉容来说是多么大的打击!

溥仪与婉容关系的彻底破裂是1935年发生了婉容与溥仪的随侍发生暧昧关系而致怀孕的事情。这件事激怒了溥仪，虽然一个可怜的女婴刚刚降生就夭折了，但溥仪仍然认为这是婉容不可饶恕的过错，从此将她打入冷宫。

经过这一次打击之后，仅仅两年的时间，昔日如花似玉的婉容竟成了一个完全不能控制自己的疯子。她已经不懂得梳洗打扮，整天喜怒无常。唯有一个习惯还保留着，就是每天还要吸鸦片。婉容被关在屋子里与外界隔离起来，溥仪派了两名太监和两个女佣伺候她，她病得最严重时两腿已不能下地走路。由于长久关在房子里，本来就有目疾的婉容，眼睛更见不得光亮，要用扇子遮着从扇子骨的缝隙中看人。她偶尔也有清醒的时候，每逢这时，她就哭着骂她的父亲荣源，骂他为了自己要当国丈而断送了女儿的一生。

1945 年 8 月，随着苏联向日本宣战，第二次世界大战的结果已现端倪。侵华日军开始准备退路，同时要溥仪带着家人退守南满，将“国都”迁到通化。8 月 13 日，刚到达位于中朝边境的通化大栗子沟，8 月 15 日就传来了日本投降的消息，溥仪准备随日本人经由沈阳转赴东京，于 17 日带着溥杰等人匆匆离去，剩下的人只好另想办法。11 月份，天气渐冷，这一行人由大栗子沟迁至临江县城住下来。不久，临江解放，他们又随着解放军从临江转到通化，经过八个月颠沛流离的生活，于 1946 年 4 月又回到了长春。这时，婉容的身体更加虚弱，多亏福贵人李玉琴的同情和照应，才使这位遍尝世态炎凉的昔日皇后得到了一些人际间的温暖。但是，由于战争的动荡，解放军难以再带着这么多皇族眷属行军作战，所以让他们自谋出路，于是人们先后离去，连关心过婉容的李玉琴也要走了。李玉琴事后曾忆及：“当时她看我来请安，就伸出枯瘦如柴的手握住我。我悲痛难忍，泪流满面。她眼光露出惊慌焦急的样子，嘴里发出两声‘呵！呵！’带哭腔的凄凉声音，含混不清地说了一句什么。她也流泪了！……我给婉容扯平衣服，盖好被，摸摸她枯瘦如柴的手。她转过脸来看看我，一脸的痛苦表情。很快又变成冷淡的样子，又转过脸去。其实，婉容在长春有不少亲友，他们靠国戚的身份得到过那么多的荣华富贵，但这时候却没有一个人来接她走。后来，解放军撤出长春，只得带着婉容一起走了。”

李玉琴离去以后，婉容最亲近的人物嵯峨浩还在她身边。嵯峨浩这时经过严格审讯也被宣布释放了。恰在此时上边又来了命令：为了防备国民党军队重新占领长春，将把婉容等转移到吉林市。对嵯峨浩来说有两条道路摆在面前：一条是携婉容留在长春再寻生路，另一条是随部队转移，借以照顾病弱不堪的婉容。他不忍心丢下婉容，自愿选择了后者。

“闷罐列车”把婉容和嵯峨浩等最后一批皇族成员共六人载到吉林市，并将他们关进拘留所。拘留所的条件恶劣可想而知，关进拘留所的婉容再也得不到鸦片供应了。她时而疯狂呼救，时而痛苦呻吟，时而圆瞪双眼似乎透不过气来，时而又躺在地板上翻身打滚。她被烟瘾折磨得死去活来惨不忍睹。

因为国民党部队攻城在即，婉容等人又乘上没有座位但有窗户的“运兵车”，经敦化赴延吉。在延吉监狱里，有包括婉容在内的六个人。这时婉容已经严重虚弱，以至于走路都没有力气，在那里，她的病情继续恶化。

6月10日传下一道命令：将婉容、嵯峨浩等六人转往牡丹江，再赴佳木斯。考虑到婉容已经不能走路，还特意给她准备了一辆漂亮的马车，以便在监狱到火车站这段路程上代步。然而，监狱负责人很快就发现婉容已是完全不能经受旅途折腾的人了，“如果她死在半路上不如不走的好”。六天之后嵯峨浩等五人被押送到佳木斯，他们是在登上火车后才得知婉容已被留下不再随行的消息，明白他们跟婉容最后分手的时刻已经过去了。不久，这五个人在佳木斯获释，随即各奔他乡。

留在延吉监狱中的婉容，身边没有一个亲人，也没有一个皇族成员，孤独地度过了悲惨一生中的最后十天。

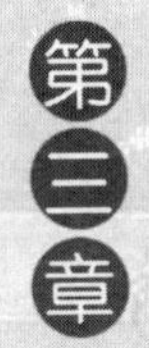

第二章 以贤淑的形象立于不败之地

在《红楼梦》中有一句形容王熙凤的话：机关算尽太聪明，反误了卿卿性命，形象地道出了所谓聪明女子的命运。实际上，在那个男权至上的社会大环境和皇权至上的宫廷中，虽然贵为后妃，但她们让自己立于不败之地的唯一有效的依恃就是贤淑的个人品质。

1

尽享生前身后荣的孝端文皇后

哲哲（1599～1649），清太宗皇太极皇后，博尔济吉特氏，父为蒙古科尔沁贝勒莽古思。公元1636年被册封为皇后，谥号“孝端文皇后”。哲哲是后金改国号为清的第一个皇后。她恪守妇道，善良温顺，在清初继承皇位的斗争中她支持了庄妃，为福临的继位起到了决定性的作用。哲哲后来和顺治帝一起进关，被尊为皇太后而善终。

○大清国的首位皇后

清入关以前，后宫之制尚不中规中矩。史书曾毫不隐讳地说，太祖草创之初，后宫没有位号，只遵循当时女真的国俗一律称作福晋，这是对当时后宫典制不完备情形的真实写照。

“福晋”为满语，含夫人之意。当时根据后妃们出身地位的不同，分为大福晋和小福晋。大福晋又称嫡福晋、正福晋，相当于后来的皇后品级，努尔哈赤后期称大妃；小福晋中有侧福晋和庶福晋的差别，侧与正对应，庶与嫡对应，地位均逊于大福晋。其中侧福晋地位稍高，相当于后来的妃品级，所以又称作侧妃。而庶福晋地位卑微，又称庶妃，相当于后来的答应、常在。从清初档案中可以看出庶妃中也是有等级差别的，像嘉穆瑚觉罗氏等一时受宠为太祖生下子女者，其地位一定高于阿济根、德因泽之流，因为后者连与汗同桌吃饭的资格都没有。清初后妃的来源不是如清入关后那样，经层层筛选秀女而来，其途径要么是遣使求聘双方自愿结亲，要么就是被当作战利品掠入后宫。终努尔哈赤一世，其后妃均未举行过册封典礼，孟古姐姐的孝慈武（高）皇后名号是其母以子贵在皇太极称帝后追封的。余者的名号也都是后世加封的，如元妃、继妃等。

天聪年间，称汗的皇太极仍遵照前朝的传统，只是有了中宫大福晋、东宫侧福晋、西宫侧福晋之分。到了其建国大清，改年号崇德，称宽温仁圣皇帝时，才开始正式举行册封后妃之礼。其中，国主大福晋相当于皇后品级，东、西宫大福晋相当于皇贵妃品级，次东、西宫侧福晋相当于贵妃品级，赐居台上五宫。同时因当时政治上的需要，五宫后妃地位最尊者全部是蒙古族女子，蒙古女子母仪天下自此始。史书评价说五宫并建，位号已明，后妃们的等级从此渐渐区分开来。但清代后妃制度的真正完备则是在清入关以后的康熙时期，这在后面会有详细叙述。因此，从这种意义上讲，皇太极的中宫大福晋哲哲是名副其实的大清国首位皇后。

哲哲是皇太极的结发妻子。这门婚事，是清太祖努尔哈赤定的。本来，科尔沁蒙古和努尔哈赤的关系并不好。后来，为了和明朝斗争，双方联系在了一起，关系越来越好。努尔哈赤把自己的女儿嫁给科尔沁蒙古王公当福晋，科尔沁蒙古王公又把自己的女儿送给皇太极做后妃。通过这种政治联姻，巩固、加强了满蒙联盟。

明万历四十二年（公元 1614 年）四月，哲哲出嫁那天，努尔哈赤命皇太极亲自出迎。皇太极一直迎到辉发扈尔奇山城，大宴亲朋，举行了婚礼。哲哲美丽动人，端庄大方，性情温柔，待人和善，婚后与皇太极生活得十分甜蜜。当时皇太极常年东征西战，很少在家，哲哲虽感寂寞，却能体谅，给皇太极以无微不至的关怀、安慰。

后金天命十一年（公元 1626 年）八月，努尔哈赤去世，经过激烈的争夺，皇太极于当年九月继承了汗位，哲哲被封为中宫大福晋。此后，哲哲的母亲科尔沁大妃便常来盛京城看望女儿。每次这位岳母来，皇太极都要亲自迎送，并赏赐给许多金银珠宝、绫罗绸缎。

后金天聪十年（公元1636年）四月十一日，盛京皇宫大政殿里举行隆重的登基典礼，皇太极从这一天起改称皇帝，国号改为清。皇太极登基之后，自然要加封后宫了。盛京的后宫，包括清宁宫、关雎宫、永福宫、麟趾宫和衍庆宫，均为后妃居住之处。皇太极有后妃15人，哲哲被封为清宁宫皇后；她的大侄女海兰珠被封为宸妃，居于关雎宫；小侄女布木布泰是海兰珠的妹妹，封为庄妃，居于永福宫；其他两宫来自蒙古阿霸垓部，一个为麟趾宫贵妃，一个为衍庆宫淑妃。

崇德元年（公元1636年）这次隆重的册封后妃大典，开始于盛京皇宫的崇政殿。册封伊始，群臣毕集。皇帝升座降旨，册封礼正式启动。礼官们抬着金册金印及仪仗来到清宁宫前，哲哲率所有后妃接旨，赞礼官宣读满汉蒙三体文字的册文，诸如奉天承运宽温仁圣皇帝制曰，天地受命，一代帝王一定匹配贤后，蒙天佑得遇福晋，特赐尔金册金印，位出诸福晋之上，命为清宁宫国主大福晋等等。然后，将象征至高权力与地位的金册金印授予哲哲，哲哲跪受。此时皇帝所赐的金座椅等仪仗已摆设妥当，哲哲入座以示成为正式的一国之母。册封礼毕，礼官回崇政殿复旨。然后，册封其他四宫妃子的仪式开始，礼毕。已成为皇后的哲哲率所有后妃及固伦公主、和硕福晋（亲王之妻）、多罗福晋（郡王之妻）等出清宁宫，至崇政殿向皇帝叩头谢恩。最后，时年37岁的哲哲端坐在清宁宫前专为她搭起的黄幄内，接受后宫妃嫔以及公主、诸福晋命妇的朝贺。诸亲王、郡王、蒙古固伦额驸及汉官大臣则上表章以示庆贺，大清国的首位皇后诞生了。

○以长者风范主持后宫

孝端文皇后既然处于中宫正位，当然应当主持后宫的事务。据史书记载，孝端文皇后仁淑端庄，能识大体，顾全大局。当时皇太极极力提高皇权，建立一整套仿照明朝宫廷礼仪的制度，孝端文皇后能够积极帮助他做好后宫内部的事务。孝端文皇后能在后宫当中很好地推行自己的想法，这不仅仅是因为她是地位最尊的中宫皇后，当时后妃大多来自孝端文皇后母族博尔济吉特氏也是一个重要的因素。孝端文是庄妃等人的姑姑，当然受到她们的尊重和拥护。孝端文皇后在后宫虽然一言九鼎，但是她能够识大体、顾大局，从来不干预政事，当时约束母族的制度并不完备，这一点十分重要。皇太极有时同孝端文皇后论及赏罚的事情，孝端文总是洗耳恭听，遇事笑而不论，皇太极问她有什么意见没有，她总是说："妾是妇人，不敢谈论国家大事！"皇太极逼着她说，她也只是笑笑，不回答。孝端文因此颇能得到皇太极的尊重。孝端文皇后贵为皇后，但是在衣食住行等方面并不想过分特殊，她提倡节俭，反对奢侈浪费。孝端文皇后治理后宫，讲求公平和谐，能够诚心待人，宽厚仁慈，皇太极虽然后妃人数很多，但是没有听说过哪位后妃因为争宠而闹出问题，后院安静，皇太极自然后顾无忧，能够全身心地投入到国家大事之中。

爱屋及乌，皇太极对孝端文皇后的宠爱和尊重，当然也不会亏待她的母族。天聪年间（皇太极第一个年号，1627～1636年），皇后的母亲科尔沁大妃屡次来朝，皇太极都是亲自前去迎接，赏赉非常丰厚。崇德二年（皇太极第二个年号，1636～1643年），科尔沁大妃来朝，皇太极亲自迎接，盛宴款待，不久，皇太极又追封（死后加封爵位、官职称追封）皇后的父亲莽古思为和硕福亲王，并在他墓前立碑；封皇后母亲大妃为和硕福晋，命大学士范文程等人行册封礼。皇后一门，荣耀无比。

崇德八年（公元1643年）八月初九日，皇太极崩于哲哲所居的清宁宫，45岁的哲哲成了未亡人。顺治帝福临即位后，尊封哲哲为皇太后。顺治六年（公元1649年），哲哲薨逝于北京紫禁城内的寝宫中，享年51岁。其丧礼按国丧规格操办，并于翌年与皇太极合葬在盛京昭陵。

此后，哲哲即以“孝端正敬仁懿哲顺慈僖庄敏辅天协圣文皇后”的谥号升祔太庙，受到后世子孙的供奉与祭祀。

孝端文皇后哲哲一生无子，育有三女，即清太宗皇太极的皇二女、皇三女和皇八女。因为哲哲的国母身份，其3个女儿均被封为固伦公主。“固伦”在满语中是国家的意思，身份最为高贵。哲哲的长女玛喀塔于天聪十年（公元1636年）10岁下嫁察哈尔林丹汗之子额哲，16岁丧夫。顺治二年（公元1645年）再嫁给额哲之弟阿布奈，生有两子，一名布尔尼，一名罗卜藏。康熙二年（公元1652年）薨，时年39岁，封号为固伦温庄长公主。哲哲次女生于天聪二年（公元1627年），崇德三年（公元1638年）下嫁奇他特，后封多罗郡王。1998～2000年在沈阳故宫上演的“皇家礼仪大游行之皇格格下嫁”即是以她为创作原型。康熙二十五年（公元1676年）薨，时年59岁，封号为固伦端静长公主。哲哲的小女儿生于天聪八年（公元1634年），顺治二年（公元1645年）下嫁土谢图亲王巴达礼长子巴雅思护朗。康熙三十一年（公元1682年）薨，时年也是59岁，封号为固伦端贞长公主。从时间上看，哲哲生前都看到了女儿的归宿，所嫁之人都是当时蒙古地位最高的亲王、郡王，相信她是首肯的。

关于孝端文皇后哲哲，史书上没有什么特殊的记载，但其以皇后之尊，主后宫之事并无过失。特别是其与孝庄文皇后为姑侄关系，在拥立福临即位之时，她肯定是要同庄妃站在一起的。因此，仅凭这一点哲哲就不失为一代贤后。但由于当时后宫之中宸妃海兰珠备受恩宠，孝庄文皇后又才能过人，她的这两个侄女太过抢眼了，所以，作为姑姑的哲哲被显得黯淡无光也是没有办法的事。

2

未得妻贵却得母荣的孝惠章皇后

孝惠皇后，姓博尔济吉特氏，是科尔沁多罗贝勒绰尔济的女儿。崇德六年（公元 1614 年）十月初三日生，顺治十一年（公元 1654 年）六月正式册立为皇后，顺治十八年（公元 1661 年）玄烨即位以皇尊为皇太后，康熙五十六年（公元 1717 年）十二月初六日去世，享年 77 岁。翌年四月，葬入孝东陵，谥为：孝惠仁宪端懿慈淑恭安纯德顺天翼圣章皇后。

○嫁给了一个不该嫁的“丈夫”

顺治十年，亲政刚刚两年的福临就以皇后吴克善之女博尔济吉特氏于自己“志意不协”、“无能之人”、“为多尔衮所立，非己之意”等理由，将她废黜，降为静妃，改居侧宫。静妃来自孝庄太后的母族漠南蒙古科尔沁部，这一举动对于孝庄太后来说，是一个不小的打击。自从皇太极以来，清朝皇室同科尔沁的联姻被作为一项基本国策，这项政策在确保科尔沁蒙古对清朝的效忠方面，具有非常重要的意义。在清朝建国、入关等历次战役当中，都有科尔沁部的大力支持，清朝才能无后顾之忧。如今，清朝刚刚入关，未满十年，南明政权反抗斗争仍在持续进行，如果此时因为宫闱之事引起科尔沁部的不满，耽误剿灭南明余部的大业，会得不偿失的。于是，孝庄太后在同意顺治废后的同时，就已经胸有成竹，她要再为顺治立一位蒙古皇后。这不仅仅是为自己的母族考虑，更是为巩固满蒙一体的需要。

就在顺治废后的一个月以后，孝庄太后召见顺治皇帝，讨论册立皇后的问题。太后提出，皇后已经废去一个多月，宫中不可无主，皇上应当再行册封皇后。顺治说："宫中嫔妃不少，可是我看都不适合为一国之母。"孝庄说："那就下诏另行选后吧。"于是朝中传下上谕，明令"应于满洲官民，蒙古贝勒以下，大臣以上女子中选立皇后"。

一场全国范围的选美大赛在各地展开，然后合格的美女被送到了京城，结果在孝庄太后的示意下，蒙古科尔沁贝勒绰尔济的两个女儿被选入宫。按照辈分，绰尔济是孝庄的亲侄子，两位妃子是孝庄的侄孙女，那就是说，顺治和她们是叔侄女关系，这可能在辈分上有些不合适，但是满洲人并不讲究这些。一个月后，姐姐被封为皇后，即孝惠章皇后，妹妹被封为淑惠妃，她也是顺治众多妃子当中最长寿者。

孝惠章被封为皇后，是在孝庄太后的操纵下进行的。孝庄太后既要维护蒙古王公在宫中特殊的权力和地位，又要维护大清国的尊严和命脉，就选择了这位蒙古族姑娘。但是，顺治对于太后有强烈的逆反心理，对于太后中意的人事他都会条件反射的反对。这样，孝惠章皇后难免就成为顺治母子不和的牺牲品。在太后的压力下，顺治放弃选他中意的皇后人选，孝惠章虽然被推上了国母的崇高地位，可是等待她的将是一生的寡居，成为封建制度祭坛上的又一个牺牲品。

孝惠章被封为皇后，同静妃册后时候一样，也不是顺治的本意，顺治当时最喜欢的人物不是这些满洲和蒙古族姑娘，而是汉族姑娘孔四贞，定南王孔有德的女儿。早在两年以前，定南王孔有德镇守广西，与支持南明的李定国起义军大战，李定国围攻广西省城，城陷以后孔有德自杀身亡，家眷一百多人被杀，唯有女儿孔四贞（也称思贞、似贞、士贞）突围而出，奔京师哭诉其父死难事。孔四贞仪容秀美、善于骑射，深得孝庄太后的喜爱，孝庄将她留在宫中，赐给白银万两，将她同郡主一样对待，以此来安抚在前线的孔有德旧部。当时顺治正为选后的事情而郁郁寡欢，与孔四贞却是一见钟情，非常喜欢，于是向孝庄太后要求纳她为妃。孝庄鉴于孔四贞自言已经许配给偏将孙延龄，强娶恐怕会引起孔有德旧部兵变，同时也会影响蒙古同清朝的联姻关系，遂没有答应此事。她见顺治整日为此耿耿于怀，也就没有让孔四贞立即与孙延龄成婚，而是将她养在宫中，封为和硕格格（即公主），掌其父定南王之事。清廷旧制，宫内不养汉女，可是孔四贞在宫中一直住了九年，直到顺治死后的第二年，才与孙延龄完婚，移居东华门外，可见，顺治同孔四贞的关系非同一般。

新近晋封的孝惠章皇后姊妹做梦也没有料到，她们入宫受封，仅仅是一对摆在后妃位置上的偶像，顺治对她们根本就不屑一顾。孝惠章皇后姊妹入宫多年，却没有一个子女，这就是证明。顺治对待孔四贞眷顾殷殷，对新皇后却是横看斜看都不顺眼，最后竟然以皇后“虽秉心淳朴，顾又乏长才（特长及才华）”的简单理由，索性就不理睬皇后。这真是应了那句话：“欲加之罪，何患无辞。”废后奢侈虚荣、嫉妒成性，顺治讨厌她还可以理解，而孝惠章皇后品性淳朴，性情温和，顺治却嫌她没有才华，索性不理她。试问世间哪有完美之人，顺治的百般挑剔，只可以认为是对他母亲孝庄太后的不满，这里孝惠章皇后并没有过错，孝惠章皇后的悲惨命运正是顺治母子不和的牺牲品。

孝惠章皇后性情温和，简单朴素，她能够吸取前任皇后的教训，在顺治面前小心谨慎，顺治虽然不是很喜欢她，但是却没有合适的理由劝动太后允许将她废黜，所以孝惠章皇后的中宫地位得以暂时无忧。顺治十一年，也就是孝惠章皇后进宫前后，顺治遇上了董鄂氏，这是一个让他爱得发狂的女人。董鄂氏是顺治的幼弟襄亲王的福晋，顺治见到她以后，不顾一切伦理道德的约束，以皇帝之尊，逼死了自己的幼弟，把董鄂氏接到宫中。董鄂氏进宫还不到一个月，就被晋封为皇贵妃，地位仅次于孝惠章皇后。董鄂妃晋升的速度，创下清代300年后妃晋升速度之首，足见顺治帝对她的宠爱。顺治还不以此为满足，他还在多种场合向臣下说，董鄂妃是最佳的皇后人选，这实际上是试探孝庄太后对于废后并且立董妃为后的意见。孝庄太后立即对于这种苗头加以压制，她绝对不允许一个非蒙古族的女子成为六宫之主。顺治见到孝庄太后的反应是如此强烈，就暂时打消了废后的念头。

在董鄂妃受宠的日子里，孝惠章皇后不过是徒有虚名的中宫皇后，在感情上得不到一点滋润，好在孝惠章皇后性情温和，能够容忍常人难以忍受的屈辱。可是顺治并没有因为孝惠章皇后的一再退让对她有好脸色看，他认为皇后倾心于太后，故对她日益不满。顺治十五年，孝庄太后生病，太后诏令董鄂妃前去服侍，董鄂妃以刚刚生产的羸弱之躯，服侍太后于病榻前。而此时皇后在宫中，对于太后的病情竟然不闻不问。顺治十分生气，他遂以皇后礼节不周为由，向皇后兴师问罪。下令停止中宫进笺表，谕令大臣议处，欲再次废黜皇后。不过此事随着董鄂妃儿子的迅速夭折和颇识大体的董鄂妃的劝阻而罢议。顺治终究没有废黜这位他并不喜欢的皇后。

顺治十七年八月，顺治帝最宠爱的妃子董鄂妃病逝，顺治为此伤心欲绝，次年正月初八就出痘身亡了。顺治死后，发布了一道“罪己诏”，列举了自己一生的十四条罪状，从不敬祖宗、不孝母后、内宠越制（主要是宠董鄂妃）、疏懒政事、重用阉人、崇汉抑满等为政之罪，到生活糜烂、自恃聪明、厚己薄人等个人生活及品质上的过失，把自己一生所作所为，进行了严厉的谴责。这篇“罪己诏”可以说是顺治对自己一生为政为人的深刻反省，也为后继者敲响了警钟。

○得到了一个孝顺的“儿子”

顺治死后，皇子玄烨继承皇位。孝惠章尊为皇太后，居慈仁宫。康熙对待孝惠章太后非常的好，康熙亲生母亲孝康章皇后在康熙二年就去世了，康熙就把孝惠章太后当做母亲一样对待。康熙奉太皇太后（孝庄）拜谒孝陵（顺治陵寝），幸盛京，谒福陵（努尔哈赤陵寝）、昭陵（皇太极陵寝），出古北口避暑，到五台山拜佛，皆奉孝惠章太后同行。康熙二十二年，康熙奉太皇太后出塞，太后未侍行，康熙在途中射到了一头鹿，就命人砍掉鹿尾，用盐浸起来，并且亲自选择，命人送给在京城的太后。康熙二十六年，太皇太后生病了，太后朝夕侍奉在她身边。等到太皇太后死去，太后哭得死去活来。等到其他的后妃来的时候，太后哭得更加厉害，几乎倒到地上。孝惠章的一切，可以说是孝庄给予的，这位清初政坛上的风云人物，不仅给了她孙女一生的荣耀，同时也给了她一生的痛苦。孝惠章伤心欲绝，与其说是哭太皇太后的死，不如说是哭自己的命运悲惨。康熙当然能够理解这位庶母的心，他命诸王大臣奏请太后节哀回宫，一再请求，孝惠章才答应。二十八年，康熙为奉养太后建造了宁寿新宫。

孝惠章太后同康熙帝的关系非常的好。史家向以文字简约为务，然而《清史稿》却用了九百余字的篇幅，不厌其烦地举出太后同皇上的关系是如何的好，足见母子感情之深。康熙祭陵、南巡、狩猎、去热河行宫，经常带太后随行，即使是在战争前线，仍不忘在宫中的太后。太后六十、七十大寿，康熙更是把它操办得规模空前。康熙五十六年，孝惠章太后已经七十七岁的高龄了，康熙也六十四岁了。十二月，太后感觉身体不适，正好康熙当时也有病，头晕目眩、脚底发肿，听说太后生病了，急忙赶到太后病榻前，跪下，捧太后手曰："母后，臣在此!"太后看到皇上，抓住皇上的手，已经不能说话。皇上为了照顾太后，就在苍震门内搭起帐篷。不久，太后病逝，年七十七。皇上悲痛不已。康熙五十七年三月，葬孝陵之东，曰孝东陵。

3

福缘广聚的崇庆太后

孝圣宪皇后，钮祜禄氏，生于康熙三十年（公元1697年），满族镶黄族人四品典仪官凌柱之女。13岁时入侍雍和宫邸，为雍王胤禛之侧福晋。

○疑点颇多的身世

如果是普通平民百姓，他出生在什么地方，对家庭来说可能算是一回事，但对民族、对国家来说并没有什么影响。然而，乾隆皇帝却不同，乾隆的出生地同他的生母是谁密切关联。大家为什么关心乾隆的生母是谁呢？因为乾隆的母亲“出身名门”或“出身微贱”，会直接影响到乾隆及其接班人嘉庆的皇位、事业；如果乾隆的母亲是汉族人，则又关涉到更为复杂的政治问题和民族问题。乾隆的生母，正史记载为“原任四品典仪官、加封一等承恩公凌柱女”；野史传说则有多种说法，如热河宫女李金桂、内务府包衣女子、傻大姐、村姑、海宁陈氏，等等。

成书于乾隆十七年（公元1752年）的萧爽的《永宪录》卷二记载：雍正元年十二月丁卯（二十二日）午刻，上御太和殿。遣使册立中宫那拉氏为皇后。诏告天下，恩赦有差。封年氏为贵妃，李氏为齐妃，钱氏为熹妃，宋氏为裕嫔，耿氏为懋嫔。

萧爽在这本书中还提出：“齐妃或云即今之崇庆皇太后。待考。”就是说，在当时就有人对乾隆的生母是谁提出了怀疑。

清朝政府有个规定，皇帝家族生儿育女，每3个月要上报一次，写明出生时间和生母。每隔10年，根据出生和死亡记录的底稿，添写一次皇室族谱，就是《玉牒》。在中国第一历史档案馆保存的《玉牒》和生卒记录底稿上，都清楚地写着世宗宪皇帝（雍正）第四子高宗纯皇帝（乾隆），于康熙五十年辛卯八月十三日，由孝圣宪皇后钮祜禄氏，凌柱之女诞生于雍和宫。

但是，这位钮祜禄氏究竟是何许人也?

《清高宗实录》说乾隆皇帝的生母钮祜禄氏是“原任四品典仪官，加封一等承恩公凌柱之女”。近人唐邦治先生据《玉牒》撰写了《清皇室四谱》，其中进一步说：“钮祜禄氏，弘毅公额亦都曾孙女，四品典仪追封一等承恩公凌柱女。”雍正元年（公元1723年）十二月，刚即位的雍正皇帝册封钮祜禄氏为熹妃的册文中也说：“咨尔格格钮祜禄氏，毓质名门，扬休令问。”这样，人们很容易得出乾隆生母钮祜禄氏出身名门的印象。如果单从姓氏着眼，钮祜禄氏既然为清开国元勋弘毅公额亦都曾孙女，而额亦都后人又被公认为是满洲八大世家之一，说乾隆生母钮祜禄氏“毓质名门”似乎也没有错。礼亲王昭琏在他所撰的《啸亭杂录》中对“八大家”作了如下的解释：

“满洲氏族以瓜尔佳氏直义公（费英东）之后，钮祜禄氏宏毅公（额亦都）之后，穆禄氏武勋王（扬古利）之后，纳兰氏金台吉之后，董鄂氏温顺公（何和里）之后，辉发氏阿兰泰之后，乌喇氏卜占泰之后，伊尔根觉罗氏某之后，马佳氏文襄公（图海）之后，为八大家云。凡尚主选婚，以及赏赐功臣奴仆，皆以八族为最云。”

诚如昭梿所言，瓜尔佳氏、钮祜禄氏、纳兰氏（即纳拉氏）等满洲“八大家”由于历史的原因，确实与清皇族爱新觉罗氏有着特殊密切的关系。仅以清帝后妃而论，康熙皇帝的孝昭仁皇后姓钮祜禄氏，她的妹妹钮祜禄氏也嫁给了康熙，谥温僖贵妃，雍正皇帝的熹妃，即乾隆生母姓钮祜禄氏；乾隆妃嫔中有钮祜禄氏两位；嘉庆皇帝的孝和睿皇后姓钮祜禄氏，另有恭顺皇贵妃亦姓钮祜禄氏；道光皇帝元后孝穆成皇后姓钮祜禄氏，继后孝全成皇后、成贵妃、祥妃皆姓钮祜禄氏；咸丰皇帝元后、即人们熟悉的慈安皇太后姓钮祜禄氏……有人做过统计，以人数而论，清帝皇妃中，姓钮祜禄氏者位居第二。

高阳先生在论证乾隆真正生母时，说官书所载的钮祜禄氏必“出身满洲八大贵族之一的钮祜禄”，所据者，就是“钮祜禄氏”被公认为“八大家”之一；孟森教授从《清史稿》“外戚表”中查出乾隆生母钮祜禄氏“祖额亦腾”，则认为“腾”即“都”之异译，钮祜禄氏系弘毅公额亦都曾孙女——这即是说，他们都是依据清朝官书，并且都是从姓氏上着眼，认为姓钮祜禄氏者必为出身满洲名门的大家闺秀。

其实，这是望文生义所犯的错误。

张采田先生则比较严谨，他在《清列朝后妃传稿》中是这样叙述乾隆生母钮祜禄氏家系的：“父凌柱，原任四品典仪、内大臣，雍正十三年十一月封一等承恩公。父吴禄。祖额亦腾，萨穆哈图子，额亦都从弟。”

这段平实的记录很重要，它告诉人们：

第一，额亦腾并非大名鼎鼎的清开国元勋额亦都，而是额亦都的“从弟”，即叔伯兄弟。

严格地说，乾隆生母钮祜禄氏是额亦腾、而非额亦都的曾孙女。

第二，乾隆生母钮祜禄氏的祖父吴禄系一白丁。

第三，乾隆生母钮祜禄氏的父亲凌柱是雍正十三年十一月乾隆皇帝刚即位尊生母为皇太后，推恩及于外祖父凌柱，才封“一等承恩公”的。

从上述记载中，可以大致推出乾隆生母虽姓钮祜禄氏，但不能说她“毓质名门”。八旗社会中列入“八大家”的钮祜禄氏其实是弘毅公额亦都一支的后人。额亦都有子 16 人。其中栉风沐雨，佐命开基而闻于当世者，唯图尔格、车尔格、伊尔登、超哈尔、遏必隆 5 人而已。这五支之后，则名臣迭出，指不胜屈。至于额亦腾及其后人，则直至乾隆生母崇庆皇太后，无一人名于当世。乾隆生母钮祜禄氏之父凌柱的四品典仪、内大臣官衔可能也是钮祜禄氏封熹妃后才被恩赏的。正所谓“朝廷还有三门子穷亲戚”，更何况弘毅公额亦都的从弟额亦腾的后人呢。

清制，皇子、皇孙的婚配要由皇帝亲自指定，而指婚的范围则限在八旗世家中选定的“秀女”。顺治年间规定，每隔 3 年举行一次选阅秀女，届时由户部行文京中满洲、蒙汉军八旗共二十四都统，同时行文外省驻防八旗及外任旗员，将应阅女子层层上报。到选看秀女之日，由秀女所在各旗官员及秀女的亲属送到大内神武门，按照排定的序列，听候内监传入宫门，由户部及八旗官员共同阅视，凡记名者，准备再行选阅，未记名者，本家就可以自行聘嫁了。在候选的秀女中，皇帝要遴选相貌和人品俱佳、特别是出身名门的秀女，“指与某皇子或指与某皇孙”为福晋，同时还要指配侧福晋 2 ~4 名，出身自然要等而下之了。皇子、皇孙分府成婚后，府中还需侍女干些粗活，这类侍女有的也从八旗秀女中挑选、赏给，入府后谈不到给予什么名号。她们一般出身于八旗寒素之家，如外任八旗下级官吏，以至另户军士，闲散壮丁。在皇帝指婚时，最重视的当然是皇子的嫡福晋，因为皇子若承继帝位，嫡福晋自然册立为皇后；其次则重视侧福晋，如嫡福晋册立为皇后之后，不幸崩逝，侧福晋循资历而进，必继封为皇后。至于赏给皇子的执贱役的女子，则并不过多地考虑出身。乾隆的生母钮祜禄氏就是康熙皇帝未曾计较其出身，才将她赏给胤禛做丫环的。

《清皇室四谱》载乾隆生母钮祜禄氏“康熙三十一年十一月二十五日生，四十三年，年十三赐侍世宗（雍正）藩邸”，就是钮祜禄氏 13 岁时由康熙赐给雍正作使女的冠冕堂皇的说法。这时雍正的爵号还是贝勒，所居府邸，即今之雍和宫，那时还只称为“贝勒府”或“四爷府”。“贝勒府”中早已有出身名门的乌喇纳拉氏为嫡福晋，两位侧福晋年氏之父为湖北巡抚年遐龄、李氏之父为知府李文烨。到了康熙四十九年（公元1710年）冬，钮祜禄氏偶尔得到了一次真正“入侍”已晋升为雍亲王的胤禛的机会，第二年便生了弘历，即后来的乾隆皇帝。但钮祜禄氏在雍亲王府中的地位并未得到显著的改善，仍然习惯地被人们称为“格格”。“格格”是满洲语，《清文鉴》释为“姐姐”。“姐姐”这个略表敬意又含糊不清的名称加在为主人生了儿子的丫头身上再合适不过了。此后钮祜禄氏被王府中人呼为“格格”又持续了10余年之久，直到雍正元年十二月被封为熹妃为止。

乾隆生母钮祜禄氏为何初入侍雍正时未有嫡福晋、侧福晋名号？为何生育雍亲王第四子弘历后仍以“格格”名之？这些清官书不便解释的事实自然会令人动疑，所以高阳先生才推断说，钮祜禄氏既出身于满洲八大贵族，又于康熙五十年诞高宗，则不应不封福晋。但高阳进一步推断钮祜禄氏并非乾隆生母则有欠稳妥。这里有一个清代官方史书有意加以讳饰的原因，即乾隆生母钮祜禄氏虽有一高贵的姓氏，而其母家却早已渐渐衰微了。晚清人王闿运说乾隆生母原居承德城中，“家贫无奴婢”，13岁入京师，恰逢挑选秀女，遂同姐妹们入秀女10人之列，以“容体端颀中选”，分在雍亲王府邸。及雍亲王夏被时疾，王妃多不往，乾隆生母“奉妃命，旦夕服侍维谨，连五六旬，疾大愈，遂得留侍，生高宗”。这个说法虽有破绽，但称自己自幼家贫，13岁挑为秀女，分发到贝勒府邸作贱役，由于一个偶然的机会留下侍奉雍亲王而生乾隆皇帝，应该是最接近乾隆生母家世的真相。然而，他的说法至今尚未得到人们应有的重视。其实，清代有的随笔、笔记很能道出许多历史疑案，况且王闿运作为一著名学者应当不会信口开河。

○生下一个改变自己命运的孩子

钮祜禄氏比胤禛小十二岁，她进入雍王府时，胤禛早已有妻有妾。

他的嫡妻乌喇那拉氏，是内大臣费扬古之女，费扬古为正白旗人，本人因屡立战功被封一等公，家族更是显赫，令顺治帝一门心思想当和尚的孝献皇后董鄂氏就出自此间。所以这位乌喇那拉氏，连秀女都不必参选，就直接被“拴”给了康熙的皇子胤禛为嫡福晋。胤禛在迎娶了这位背景雄厚的妻子之后，康熙又将选秀中的佼佼者李氏、年氏指给他为侧福晋。

从这三名正式妻妾的生育情形来看，胤禛与乌喇那拉氏更像是合作伙伴，男女之情大部分都给予了李氏和年氏。这其中年氏之父为巡抚年遐龄，兄长年羹尧更在胤禛争夺皇位继承权中起到了相当的作用，情欲与内助之功相得益彰，因此胤禛继承帝位的当年，便将年氏封为贵妃。相比之下，李氏的家族没有那么兴旺，李氏也只在雍正年间封了个齐妃。

这两名侧室都分别生下了三子一女——只是很不幸，李氏的三子中，弘盼、弘昀均夭折，弘时虽然成人却又在雍正年间死得不明不白。而年氏更可怜，三个儿子福宜、福惠、福沛连同没有留下名字的女儿，都死于襁褓之中。虽然得宠，但是作为母亲受这样的打击，还不如不得宠不生儿女的好。

雍王府里有这样高贵的妻和擅宠的妾，钮祜禄氏也就不太可能受胤禛的重视，不过她似乎也很淡然，雍王府里的另一位“格格”耿氏也和她一样，对于争宠不是那么上心。因此她们都只是在年氏李氏频频诞育儿女的间隙，各生了一个儿子而已。钮祜禄氏生的儿子名弘历，耿氏生的儿子名弘昼。

然而人生在世，一时的灿烂又怎么能算得了数！更有道是“好儿不需多”，钮祜禄氏和耿氏，她们在雍正后妃莺莺燕燕的争宠风波中，似乎一直置身事外，可老天却让她们成了笑到最后的人。

康熙五十年八月十三日深夜（辛卯年丁酉月庚午日丙子时），十八岁的钮祜禄氏在雍亲王府邸生下了她此生唯一的孩子弘历，也就是未来的乾隆皇帝。至于钮祜禄氏在生育前后，是不是有什么换儿内幕呢？乾隆是陈世倌或李金桂的儿子吗？

翻查清皇室的《宗人府则例》，答案是“岂有此理”。

首先，由于宗室子女直接关系到皇族血统，从顺治年间就有规定：亲王以下至辅国公以上皇族，无论正妻婢妾，一旦怀上身孕就要上报，生下了孩子，就要由宗人府派专人于降生三天内亲往查看，随后在该年正月初十以内，由长史、司礼长、典卫等官员联合签名，接生婆和在场人等都画押，具册交府编册；而镇国将军以下的闲散宗室、普通宗人，则分别由族长或首领亲往查勘。

这些宗室子女的出生证明，比如今独生子女们从医院里拿到的出生证明要严格得多，上面不但要有生父生母的家世详情，还要记录当时的生育环境，而所有见证此事查勘此事的宗室大臣族长首领，还得统统签字画押，保证绝无虚言，否则甘受严惩云云。

那么，是不是只要亲爹是宗室，孩子的妈是谁都没关系？——非也，宗室若私自与民人结亲者，照违律治罪，私生儿女要“交旗安置”，只能过普通旗人的生活，不能享受宗室觉罗应有的待遇。

王府宫廷，和寻常百姓土财主家的后院是完全两码事，换个孩子谈何容易！这样的传说竟能成立，也可算是奇事一件。

想一想，当时的胤禛正当盛年，儿子虽然夭折率高，但弘历出生时还有八岁的三哥弘时，他何必把别人的儿子弄来养？（后来我们当然知道乾隆自幼聪明而得康熙偏爱，可是刚落草的娃娃，谁又知他是愚是痴，换来干嘛。）更别说那么多宗室得在出生证上签名画押，难道哥几个都嫌命长，提着脑袋帮雍亲王撒这弥天大谎！何况钮祜禄氏并不得宠，雍王爷就算能花了牛大的功夫搞定所有见证人，也没理由帮钮祜禄氏抱儿子啊！——嫡福晋那拉氏的儿子弘晖那时刚刚夭折，要抱也得优先考虑她呀！

至于有些人说，乾隆常穿汉服，那就更不可能成为他并非雍正之子的佐证了。清入关之后，剃发易服，弄得血流成河，可是虽然不许汉人着汉装，清朝皇帝自己却往往都有穿着汉服冠帽的画像，连雍正帝本人都不例外——难道说，康熙的四阿哥、佟佳氏皇后的养子雍正帝，也是打宫外抱回来的？

总之，钮祜禄氏是乾隆的生母，应该没有疑问。

钮祜禄氏生下弘历之后，再也没有生过其他的孩子，然而她自己恐怕也不会预料到，这个孩子将给她带来怎样辉煌的未来。

○孙子改变了儿子的命运

弘历从小长得气宇不凡，“隆准颀身”，一副福相，而且天资聪颖，六岁即能诵《爱莲说》，成了胤禛最得意的儿子。此后，雍亲王胤禛精心安排了一场祖孙会，请康熙前往自己的园林游玩，就在其中的牡丹台，将弘历隆重推出。

果然，康熙对聪明过人谈吐不凡的弘历极为喜欢，也非常看重，大喜之下说：“此子福过于予。”皇帝亲许了这个娃娃福分将要超过他的“现任”皇帝爷爷？那这该是怎样的一种承诺。

接下来，康熙又召见了钮祜禄氏。这更是非常罕有的事情，因为钮祜禄氏只不过是诸多皇子姬妾中的一个而已。

钮祜禄氏忐忑不安地拜见了自己几乎是从未谋面的公爹，正不知是怎么回事，却听康熙赞道：“你是个有福分的人啊。”这可真让钮祜禄氏受宠若惊。

更超出预想的是，接下来康熙就下令胤禛，将弘历的生辰八字送入宫中详解。

当八字算出结果之后，康熙更令人将弘历接入颐和园，安排住入澹宁堂，不久又带回皇宫，并郑重交代自己的贵妃佟佳氏亲自照看。

康熙子女多，孙子更多，有很多皇孙他自己甚至都认不明白。而在弘历之前，他只有一名皇孙得到了养育在紫禁城的待遇——废太子胤礽长子弘皙。

而弘历的出现更后来居上，很快就使得弘皙黯然失色。康熙不论是去避暑，还是去狩猎，都要把弘历带在身边，并且会让弘历的居所都紧挨着自己的居所。对于弘历的教育他更是重视，让他在宫中读书，从学于庶吉士福敏，学骑射于贝勒允禧，学枪械于庄亲王允禄。弘历也确实不负重望，无论是四书五经还是诗词理学都过目成诵，骑射功夫也都远在其他皇孙之上。

据说，康熙初次带弘历参加木兰秋狩的时候，亲自用火枪打倒了一头大熊，然后再让弘历走近去添射，意思是要让弘历从此享有孩提间“初围即获熊”的名声。谁知弘历刚刚射完回身上马，不甘就此毙命的大熊就大吼着站了起来，想要在临死之时拖个垫背的。康熙连连发枪，大熊才算是真正归西。康熙对孙子的好运惊叹不已，更对他临危不惧神色自若的表现叹为观止。他对随行的皇贵妃佟佳氏说：“这孩子真是有福之人，假如那熊早一刻立起，他一定就小命不保了。真是上天也护佑他。”

据称，从此康熙“灼然有太王贻孙之鉴，而燕翼之志益定”。也就是说，康熙因为看重弘历，而下定了传位胤禛的决心。

○母因子而贵

康熙六十一年十一月，清圣祖康熙在畅春园病倒了，命胤禛代行天子之职祀天，当月甲午，六十九岁的康熙帝爱新觉罗玄烨去世。胤禛即位，为雍正帝。

雍正元年八月甲子日，雍正皇帝召见诸王大臣九卿，当众宣布自己已经定下了储君，并且将这道定储的诏书密封入锦匣，藏于养心殿正大光明匾额之后。

在办妥这件事之后，雍正才开始册封后妃。

同年十二月丁卯，册后妃的诏命下达，除了嫡妻那拉氏为皇后、重臣年羹尧之妹年氏为贵妃之外，其他“潜邸”时期的“格格”们，都只不过是封的贵人或嫔，只有钮祜禄氏，得到了仅次于年贵妃的封号：熹妃。

钮祜禄氏为什么能够后来居上，得到比侧福晋李氏还高的名分？其实早在册封之前，这个原因就已经广为人知了：雍正元年（公元1723年）十一月十三日，雍正在选派儿子代自己前往康熙的景陵致祭时，竟把二十岁并且已做了父亲的弘时抛在一边，而选择了年仅十二岁的弘历。朝臣和宗室们都是些老狐狸，对这个风向标所代表的含义自然非常明白。答案是不言自明的：那位藏名匾额之后的储君正是弘历。

母凭子贵，也就这样拉开了序幕。

雍正年间的朝政和皇族宗室间的斗争，绝对是风起云涌。这也毫无疑问地要影响到后宫中的妃嫔们。

所有的人都知道，年贵妃的哥哥年羹尧在雍正争位的过程中，由于手握重权，成为他的得力助手之一，雍正即位后，他仍然手掌重兵，是权倾朝野的人物。年贵妃也因此在后宫得到了专宠。

雍正二年三月，年羹尧被封为一等公，达到了他功名的顶点。然而这样“圣眷隆重”的时候却仅仅只有几个月，雍正便开始对年羹尧频频申斥，并且还在给其他亲信大臣的密谕上告诫道：“（年羹尧与隆科多）必至不能保全，尔等皆当疏远之。”

关于年羹尧和隆科多为什么如此迅速地走向末日，多数认为是他们掌握了雍正即位前夕的太多内幕，但也有认为是他们恃功自傲大作威福，更有说年羹尧掌兵日久，有称帝之心。比如说他竟然让雍正皇帝的女婿扎萨克郡王向自己下跪、进京陛见时也要总督巡抚们跪接，皇帝尚且要时时表现一下“君则敬”，他的架势倒比皇帝还威猛。

不管怎么说，总之，朝廷之中风雨欲来，后宫之中也暗潮汹涌。年贵妃儿女频频夭折，又被这些消息所打击，很快就在雍正三年病倒了。

雍正对多年夫妻且曾经诞下四个孩子的年氏倒算是伉俪情深，为了安慰年氏，也为了“冲喜”，他下令晋封年贵妃为“皇贵妃”，并且暂缓了对年羹尧的处理。

然而冰雪聪明的年贵妃知道，再深的夫妻之情，也不可能真正救得了娘家的悲惨命运。

雍正三年十一月，曾经宠冠后宫的年贵妃在儿女尽夭和对家族将要覆灭的双重绝望中病逝。

雍正顾念旧情，为年氏上谥曰“敦肃皇贵妃”。

不久，已被连贬一十八级、发往杭州看守城门的年羹尧终于还是被雍正赐死。就连探花翰林钱名世，都只因拍了年羹尧的马屁，也被雍正发回原籍，称“名教罪人”。

这个时候，离年贵妃辞世仅有一个月的时间。

雍正勤政，每天处理的政务超过四十件，批阅奏章通宵达旦，他没有声色之好，简直像个工作狂。在登基之前他已经有过八子四女，可是登基之后整整十年间后宫却只出生了两名婴儿。

同时，雍正也是出了名的刻薄人，从处理年羹尧一事就足以令人胆寒——年羹尧有罪，可也曾有功，将他贬为庶民也好或者直接赐死也好，何苦要在已经起了杀机之后还硬要先把他发去当个守门卒子？这样的羞辱实在是比死还尖刻。

在打击政敌方面，雍正不但尖刻，而且六亲不认。雍正初，他将曾与自己争位的同胞弟弟允禵囚禁景陵；雍正四年正月初五，正当大家都在过新年的时候，他却来了个“新年新气象”，颁布上谕，将自己当年争位的另一劲敌和硕廉亲王允禩及其同党允禟逐出宗室，允禩的嫡福晋则被强令离婚。这还没有完，雍正接着还给这两位亲弟弟起了新名字“阿其那”“塞思黑”，骂为猪狗。不久，允禩允禟便死于圈禁。

这种做法引起了不少皇族宗室的不满，而这其中便包括雍正自己的儿子弘时。

弘时在储君之事上已经对父亲十分失望，在廉亲王事件上他更是明确地表达了对叔父的同情和对父亲的不满。

儿子同情自己的政敌，这使得雍正火冒三丈。他痛斥弘时不像自己的儿子，倒像是允禩的儿子，撤去他的黄带子，赶出紫禁城，交给履亲王允祹管教（此时的允祹因为一点小事开罪了雍正，从郡王直降到了镇国公，直到乾隆即位才升到亲王）。

雍正五年丁未八月初六日申时，二十四岁的弘时在被雍正断绝父子亲情一年后，带着“年少放纵，行事不谨”的罪名死去。实际上，弘历也对父亲处理叔伯们的做法深为不满，只是他跟随康熙有日，因此少年老成，从来不曾表露过哪怕一个表情的不满。直等到他即位为乾隆帝之后，便立刻为早死的三哥弘时和叔伯们平反复职了。

随着弘时的死，弘时生母齐妃李氏也由当年雍王府中地位仅次于那拉氏的女人，沦为后宫中可有可无的人物。

时间再往后推移到雍正九年九月己丑日，雍正的元配嫡妻皇后乌喇那拉氏也一病归天。

不论是争宠还是富贵，没有了性命又有什么用。那拉氏、年氏，都消失成了一块牌位。雍正再怎样宠爱过她们又怎么样，他总不能让牌位来管理后宫，自己抱着牌位进寝宫！

钮祜禄氏成为雍正后宫的真正女主人，这时的她已经晋封为“熹贵妃”了。

○对儿子影响至深

在给予乾隆皇帝一生以深刻影响的屈指可数的几个人之中，乾隆生母钮祜禄氏是不可忽视的一位。以往的研究者由于未能走出清代官方史书所设下的迷阵，因而往往把她视为无足轻重的人物。其实，要深入了解乾隆，要澄清康雍乾之际某些重大疑案，都离不开钮祜禄氏这个出身寒微而福命最好的女人。

乾隆皇帝体格健壮，寿元高厚，在中国古代帝王群中是绝无仅有的，这不能不说是得益于其母的遗传因素。乾隆的父亲雍正体弱多病，年58而终。乾隆同父异母兄弟9人，年幼夭折的5人，其中雍正嫡福晋乌喇纳拉氏所出者1；侧福晋年氏所出者3（年氏所生3子全夭折），侧福晋李氏所出者1：其他兄弟中“格格”耿氏所出，皇五弟弘昼活到60岁，寿数最高；唯独“格格”钮祜禄氏所生独子乾隆寿高80又8，这与钮祜禄氏不能说没有关系。

有学者已经锐敏地揭示出乾隆体健、高寿与其生母之间的联系，庄练先生在《中国历史上最具特色的皇帝》一书中说：“满清皇帝起家于关外的游猎部族，习俗尚武，虽富贵不忘其世代相传的骑射之风，所以在咸丰以前的各朝皇帝，不但他们自己都能驰骋鞍马，也以此教导他们的儿子。木兰秋弥，乃是满清皇帝经常举行的狩猎活动，皇帝和皇子们一起在山岭原野之间骑马驰突，射猎虎豹熊鹿之类的野兽，虽多危险，却也是极好的武术训练。乾隆在这种生活环境中长大成人，当然能够得到很多的训练机会，从而成为一名善于骑马征战的武士，雄伟壮健。但清朝的皇帝皇子们虽多身体强健，却决无一人能如乾隆之寿至88，而且垂老不衰，这就与各人的先天禀赋有关了。皇子们的先天禀赋，得自其母后母妃的遗传。出身富贵之家的妃嫔，不可能有强健的身体，而唯独乾隆例外，因为乾隆之生母并非一般出生于富贵之家的妃嫔，乾隆得天独厚之处，就在这里。”

这一段关于皇子们身体素质得自于其母后或母妃的遗传的论述大体是能成立的。名门闺秀多是弱不禁风的女子，而皇帝给皇子指婚时偏偏要从门弟着眼，忽略了其身体条件。雍正皇帝的嫡福晋和两位侧福晋都称得上富贵之家的仕女，而所生子女多夭折；乾隆皇帝为皇子时，雍正指八旗大姓富察氏为嫡福晋，富察氏37岁病逝，她生的两个儿子先她而夭折，另外一名侧福晋高佳氏出身内务府世家，也是中年而亡，且终生都没有生育，再一名侧福晋乌拉那拉氏母家也是八旗官员，她生的两个儿子、一个女儿都寿命不长。与此形成鲜明对照的是，乾隆生母钮祜禄氏出身寒微，以王府粗使丫头而上升为熹妃，幼时家境的贫苦却造就了钮祜禄氏强健的体魄，去世的前一年还在乾隆奉侍下登泰山，游幸避暑山庄，乾隆四十二年（公元1777年）正月以86岁高龄辞世。人的寿命长短受到多种因素制约，特别是在科学不昌明的古代，皇子也概莫能外。但一般说来，后妃身体素质好的，所生皇子多高寿；而后妃的身体素质如何，又与出身门第高下有一定联系，富贵之家鲜有健硕之女，而出身寒微者倒有可能体格坚韧。康熙皇帝相看过乾隆生母钮祜禄氏后连连说："有福之人。"传世的《慈宁燕喜图》有乾隆为其母祝寿的画面，钮祜禄氏方面大耳，看上去完全是一副雍容华贵的老太太模样，但长得并不美。由此推测，乾隆生母身材高大、面目端正。乾隆皇帝天庭饱满，地阁方圆，声如洪钟，这些显性的遗传特征大多得自子他的出身寒微的生母钮祜禄氏。其实从一些自然生理上来解释许多事情，反而更通人情。

现在似乎没有史料可以证明乾隆的性格受到了其生母的哪些遗传影响，但钮祜禄氏在雍邸中的微贱地位显然给乾隆幼小的心灵打上了深刻的烙印。

钮祜禄氏13岁时入雍邸为侍女，7年后生下乾隆，而又过了十余年，才被刚即位的雍正册封为熹妃，其名位仍在皇后乌喇纳拉氏、贵妃年氏和齐妃李氏之后。这时，乾隆已十二三岁了，自己生母在雍亲王府中的"格格"身份、由此而连带的自己为侍女所出的卑下处境，不能不给这个天生傲骨的少年以深深的刺激。有人曾取笑乾隆是个"立嫡迷"，却不真正了解乾隆内心的苦衷。乾隆从自己的痛苦经历中深深体味出，尽管是金枝玉叶，若生母卑贱，在王子群中仍要备受白眼和欺凌；他无论如何不想使密定的皇太子重复自己走过的一段苦难经历，因而一再坚持立元后嫡子为太子，直至彻底绝望才罢手。

在乾隆皇帝中年以后病态般的聚敛无厌心态中，似乎也隐隐看到其生母影响的影子。诚然，乾隆生在帝王之家，但他并不完全等同于富贵人家的纨绔子弟。他确实挥金如土，铺张浪费，以最大限度地显示富有四海的太平天子气象；但他更注重敛财，在他内心深处有一种囊括天下财宝于一身的强烈欲望。人们可以举出许多种理由对此作出解释，不过幼年时期的乾隆因生母贫贱而留下的种种不可磨灭的印象，致使他对拥有财富无止境的追求，是不应被忽略的一个因素。总之，乾隆的铺张粉饰也好，对财富的狂热追求也好，其中难免让人感到有一种暴发户的味道在里面。

而乾隆对自己的这位贫贱的母亲也有着浓厚的报恩心理，在这方面它可真是儒家孝子的典范。雍正十三年八月二十三日，雍正皇帝崩逝，当即开示遗诏，以宝亲王、皇四子弘历即位。弘历于当天降谕尊“母妃”钮祜禄氏为皇太后，随后上皇太后尊号“崇庆”，在命礼部准备上皇太后尊号的典仪时，乾隆特别说皇太后“诞毓朕躬，恩深鞠育”。钮祜禄氏以诞育皇帝而被尊为皇太后，按宫中制度，乾隆称其母为“圣母皇太后”，有时亦称“圣母”。

○乾隆皇帝侍母至孝

乾隆知道母亲熬个皇太后太不容易。在太后60大寿时，打算尽量铺张，以承母欢。他改清漪园（今颐和园）之瓮山为“万寿山”，在园内修“大报恩延寿寺”（今排云殿）、佛香阁。在皇太后60大寿之前，乾隆还命将大内的慈宁宫重加修葺，增加了前殿的重檐，新修了花园和佛堂，以供太后在城里居住时生活更舒适。皇太后的寿辰在十一月二十五日。往年到了这时节，京师多风雪，寒侵肌骨，但乾隆十六年自十一月初至二十五日竟无一丝风，无一丝雨，晴和暄暖，如春三月光景。十九日这天，皇上已奉太后畅游万寿山，二十四日皇太后銮舆自郊园进城，至西直门外高梁桥停跸，皇太后御大安辇进城，卤簿前导，乾隆亲骑于辇前恭引，云集北京的文武千官，以至大臣命妇、京师士女，簪缨冠帔，跪伏在大街两旁。为了烘托喜庆气氛，万寿山至西直门路旁由内务府备办各种景点，高梁桥至大内西华门，则由在京王公大臣和各省督抚分段布置，目击者对其盛况有如下精彩描述：

“十余里中，各有分地，张设灯彩，结撰楼阁。天街本广阔，两旁遂不见市尘。锦绣山河，金银宫阙，剪彩为花，铺锦为屋，九华之灯，七宝之座，丹碧相映，不可名状。每数十步间一戏台，南腔北调，备四方之乐，倔童妙伎，歌扇舞衫，后部未歇，前部已迎，左顾方惊，右盼复眩，游者如入蓬莱仙岛，在琼楼玉宇中，听霓裳曲，观羽衣舞也。其景物之工，亦有巧于点缀而不甚费者。或以色绢为山岳形，锡箔为波涛纹，甚至有一蟠桃大数间屋，此皆粗略不足道。浙省出湖镜，则为广榭，中以大圆镜嵌藻井之上，四旁则小镜数万，鳞砌成墙，人一入其中，即一身化千百亿身，如左慈之无处不在，真天下奇观也。”

这一切，对王公大臣、各省督抚来说不过是为讨皇上的好以固宠，而乾隆则不过为博圣母一笑。乾隆以为母亲看了一定高兴，结果大出所料，崇庆皇太后却嫌搞得过于铺张奢华了，“甫入宫即命撤去”。这些自然可以说是乾隆好大喜功，但也从一个侧面反映其孝顺之心。以后再为太后举办寿典时，乾隆便不再那么铺张了。这也反映出钮祜禄氏出身微卑，半生劳作，进而养成了不好奢华的品质。

崇庆皇太后身体康强，性又好动，乾隆每次巡幸都奉母同行。太后去世前乾隆曾四次南巡，太后每次必往，太后信佛，曾三游五台，三幸泰山，又曾至嵩山拈香，至于塞外的避暑山庄，自乾隆六年皇帝首举木兰秋狩大典，即奉太后同行，此后每次大多同行。太后出身贫寒，迷信因果，巡幸途中多行善事，施舍老弱。据说一次乾隆奉太后南巡，御舟行至山东境，济宁知州颜希深因事外出，而地方受灾急需赈恤，颜母何氏即令发官仓救济百姓，山东巡抚却以颜母违制上章弹劾。皇太后得悉此事，则以颜母有仁爱之心，不让皇帝给予处分，还召见何氏于御舟之上，赐以匾额，褒奖备至。正赶上济南知府出缺，颜希深被提升为济南知府，没过几年，又擢拔为河南巡抚。崇庆皇太后虽然深知皇上孝敬自己，确也行事谨慎，恪守祖上所传下来母后不得干政的家法。

乾隆四十二年（公元 1777 年）正月，崇庆皇太后钮祜禄氏去世。九月，乾隆发布上谕，决定明年秋间东巡祖陵。上谕还明示途中不围猎，不游玩，不摆筵宴，仅仅祭陵而已。东巡时果真如上谕所言，队伍虽然仍很壮观，但却鸦雀无声，默默赶路。途中虽有迎驾官员，也仅仅“赐茶”。由于一路未搞活动，二十几日便达永陵。68 岁的乾隆一到陵园，还未达碑亭，便下舆恸哭失声。步人启运，至宝城前行礼，已哭得弓腰曲背，难能站立了。皇帝一哭，随行臣、文武百官也都得随着大哭，哭声遂震动山野。

而乾隆前两次东巡谒陵，不仅未哭，而且还得意洋洋，壮志满怀。然而后两次东巡谒陵，他却大失常态，有了哭陵的哀状。由此可见乾隆对其母的孝顺。

4

因宽厚而失权的慈安太后

钮祜禄氏（1838～1881），清文宗奕詝（俗称咸丰帝）皇后。父穆阳阿，官广西右江道。公元1852年册立为皇后，穆宗即位后尊为“慈安”皇太后。谥号“孝贞显皇后”。她宽厚仁爱，善良忠厚，却因此而大权旁落，虽和慈禧共同两度垂帘听政，但形同虚设，只有智斩慈禧心腹太监安德海，算是果断而大快人心。

○清朝最节俭的皇后

钮祜禄氏是满洲镶黄旗人，出身高贵。在奕詝即位之前，她就在宫中侍奉皇储。但那时她只是侧室，嫡福晋是富泰之女萨克达氏。

道光二十九年（公元1849年），萨克达氏病逝。道光三十年，奕詝即位，是为文宗，也称咸丰皇帝，晋封钮祜禄氏为孝慈皇贵妃。咸丰二年（公元1852年），钮祜禄氏被立为皇后，从此开始“母仪天下”。

钮祜禄氏在有清代所有皇后中，算得上是最勤俭、最有道德的。有时赶上她过生日，朝内外的大臣官员们为了巴结皇帝和皇后，便纷纷前来献送厚礼，钮祜禄氏一概拒绝，绝不通融。在对待人们送礼一事上，她曾这样告诫当时尚为兰贵人的叶赫那拉氏说：“我们这些人若多接受一份礼物，老百姓们就会多一份饥寒。所以，我们应该戒除这些陋习！”

她平时穿的都是布衣服，帷帐、罩幕与雨披等也一律不用绣品，尤其不愿用进口的洋纺织物，说那些东西好看不中用。宫中穿用的绣鞋鞋面上的花，她都督令宫女们绣上去，而且每年必定要亲手绣一双鞋面，以此作为表率，倡导人人都干些力所能及的活。

钮祜禄皇后平时的一举一动，严格遵守封建礼法，绝没有疏漏越轨之举。夏天天气再热，她也不露出身体来，洗澡时也从不用宫女、太监们伺候，不换上礼服就不去见皇帝，坐着时腰板挺直，走动时都是慢步徐行，从不快步疾走。对待下人，她也比较和善，从不疾言厉色。她的所作所为，使她简直成了咸丰帝眼中的女圣人。一次，咸丰帝为了游乐，下令花巨款整饰圆明园等居处。为劝阻皇上的做法，一向温顺的钮祜禄氏竟拔下头上的簪子，披头散发地对咸丰帝进谏。为此，咸丰对她更为敬重。

按照清朝宫中的规矩，妃嫔以下所有女子穿的服装，都必须是窄袖长袍，不许穿裙子，头上的髻要统一梳成横长式，站时要挺直腰板。等到被册立为妃时，穿着、梳头、行动才能稍微自由一些。叶赫那拉氏初选入宫（公元 1852 年）刚被封为贵人时，由于不熟悉清宫里的礼制，偶尔梳过宫外满洲妇女们常梳的飞云髻，恰巧慈安皇后看到了。为此她传谕，申斥其要谨遵宫中法度。大概从这时起，兰贵人就对皇后有了不满。钮枯禄皇后却对她并无成见，在掌握妃嫔侍寝皇帝的事情上给她行了不少方便。

咸丰十年（公元 1860 年），英法联军攻占大沽，兵进天津，直逼通州，欲进犯北京。咸丰帝带着皇后钮祜禄氏、懿贵妃叶赫那拉氏和皇子载淳一行，仓皇逃到热河行宫（今河北承德避暑山庄）。咸丰帝平日沉溺于声色，纵欲过度，致使体弱多病。钮祜禄氏本性懦弱，根本无力劝止。到热河后，咸丰照样偷空出外游乐，身体越来越坏。咸丰十一年七月，咸丰帝开始大量咯血，身体急剧恶化，于当月十七日在寝宫烟波致爽殿病逝，这一年，钮枯禄皇后才 24 岁，叶赫那拉氏也不过 26 岁。

咸丰帝去世后，年仅六岁的皇子载淳即皇帝位，尊封钮祜禄氏为皇太后，上徽号为“慈安”；由于懿贵妃叶赫那拉氏是小皇帝的生母，所以也一并尊封为皇太后，上徽号为“慈禧”。小皇帝称慈安太后为“母后皇太后”，称慈禧太后为“圣母皇太后”。两宫太后居住的宫院，慈安太后居上首，坐东；慈禧太后居下首，坐西。后来她们共同垂帘听政，同样是慈安太后坐皇帝座上首（东面），慈禧从下首（西面），因此慈安太后又称东太后，慈禧太后则称西太后。

○参与辛酉政变

辛酉政变前，朝廷主要有三股政治势力，第一股是顾命八大臣，即赞襄政务大臣，主要是在承德避暑山庄；第二股政治势力，是以恭亲王奕欣为首，包括他的几个兄弟和一些朝臣的奕欣集团，这股政治势力重点在北京；第三股政治势力是两宫太后和尚未成年的同治皇帝，持有“御赏”和“同道堂”印章的辛酉政变主要是这三股政治势力的较量和斗争。顾命大臣受到了咸丰皇帝的遗诏，可以说是正统派。于是帝后势力和恭亲王奕欣集团他们这个帝胤势力结合起来，共同对付顾命大臣势力。

咸丰十一年七月十七，咸丰在承德避暑山庄烟波致爽殿去世。咸丰死之前做了三件事，第一，指定他独生子同治做皇太子，以后继承皇位。第二，就是任命了八个赞襄政务，就是怡亲王载垣，郑亲王端华和他弟弟大学士肃顺，额驸、御前大臣景寿，还有四个军机大臣，就是穆荫、匡源、杜翰和焦佑瀛。还有第三，赐两枚印章，就是“御赏”和“同道堂”，“御赏”章让慈安掌握，“同道堂”的章归同治掌握，同治年幼归慈禧掌握。皇帝发布诏谕的时候，必须盖上这两枚章才能生效，这样就起到一个互相牵制作用。这三条很重要，特别是第三条，因为他给了两宫皇后最后决策的权力。咸丰在颁布遗诏的当天就去世了。第二天清廷颁诏，尊咸丰皇后和同治帝生母为太后，慈安太后和慈禧太后，即两宫太后。慈安叫“皇母皇太后”，慈禧叫“圣母皇太后”，慈安因为原来是皇后而被尊为皇母皇太后的。

那时恭亲王奕欣正留守北京同英法侵略军谈判，并且和议已成。恭亲王奕欣在处理善后事宜的能力上受到了满族官员和外国侵略者的赞同，在取得一定的支持的情况下，恭亲王奕欣开始了他的政治运筹。首先他要求到承德奔丧，八大臣不同意，奕欣后来又申请，说我的亲哥哥故去了，坚持要去，八大臣后来就同意了。八月初一，奕欣赶到了承德避暑山庄，在咸丰灵前痛哭哀悼，祭奠之后，就要求见两宫太后，八大臣不同意，说叔嫂见面有所不便，奕欣提出来，请八大臣一块见，两宫太后也急于见奕欣，于是对辅政大臣说：你们说不便，那你们陪着奕欣一块见我们。八大臣一想，人家家里头的事情，我们掺和进去有什么意思？于是就退步了，奕欣可以单独见到两宫太后。见了之后，两宫太后和奕欣秘密谈了两个多小时，就在这两个小时之间，恭亲王奕欣不仅说服了两宫太后推翻八大臣的辅政，还把这次宫廷政变的计划、步骤做了系统的安排。

《我的前半生》中溥仪说，他听说奕欣是化妆成了喇嘛见了两宫太后，总之是经过很多曲折，不容易见的。这一次见面就把“辛酉政变”的计划定下来了，这时候奕欣是三十岁，慈禧二十七岁，慈安二十五岁，奕欣见了两宫太后之后没有走，在承德停留了六天，这六天奕欣在政治上很成熟，也很有心计，对顾命八大臣，毕恭毕敬，表现非常谦和，心情很悲痛，要跟他们一起渡过国家大丧的难关，麻痹了八大臣，六天以后，赶回了北京。

八月初五，恭亲王奕欣就任命醇郡王奕譞，就是七弟任正黄旗汉军都统，在北京掌握了军队的实权。第二天，御史董元醇就上奏章，要两宫太后亲自理政，等皇帝长大之后再归政，另简派一个到两个亲王辅政。这是两宫太后垂帘听政，恭亲王奕欣做议政王辅政的一个前奏，八月十一日，承德行宫接到这个来自北京的奏折，两宫太后、同治帝和八大臣进行讨论。这时奕欣已回到北京，两宫太后要求批准董元醇的奏折实行垂帘听政和亲王辅政制度。八大臣以咸丰遗诏加以反对，双方争吵很厉害，肃顺“声震殿堂”，同治吓得直哭，而且尿了裤子，双方不欢而散。八大臣特别是载垣、端华准备用不理朝政来相要挟。

几天后，八大臣做出妥协，表示事情等到回京以后再说，意思是等回了北京，皇帝发了丧之后，他们掌握了实权怎么做都可以。到了八月十八日，就宣布咸丰的灵驾九月二十三起驾，二十九到北京。八大臣这时犯了一个致命的错误，咸丰七月十七号病逝，九月二十三日回京，中间近两个月时间，就给奕欣他们做政变提供了一个准备的时间，九月初四，两宫太后召见八大臣，解除了郑亲王端华的北京步军统领的兵权，把北京的防务重任交给了自己的妹夫奕譞，为回京政变做好了准备。

九月二十三，咸丰的灵驾从承德起运，这时，慈禧和慈安两宫太后，提出陪同同治皇帝先期回到北京，以便在北京做好迎接灵柩的准备，这实际上隐藏了回京准备政变的企图，毫无防范心理的八大臣竟然轻易地同意了。这样两宫太后和同治九月二十三起驾之后，陪灵柩一天后，就从小道迅速赶回北京。咸丰灵驾起驾以后，赶上天下雨，道路泥泞，到北京的时间就推期，直到十月初三，咸丰的灵柩才运到北京，在这期间，两宫太后天天召见恭亲王，政变步骤渐具成形。

政变的谕旨事先拟好了，那两枚章“御赏”和“同道堂”的章就在两宫太后手里，先盖上御赏章，又盖上同道堂章，谕旨生效了。八大臣虽然可以拟定谕旨，但是如果不盖章不能生效，相对来说，两宫太后掌握着实权。九月三十日，宣布免去御前大臣载垣、端华、大学士肃顺、御前大臣景寿，还有那四个军机大臣的职务。同时命令奕譞把肃顺等大臣全部逮捕。

第二天，清廷宣布恭亲王奕欣是任议政王、军机大臣，十月初六，谕旨赐怡亲王载垣，郑亲王端华自尽，端华的亲弟弟肃顺处斩，景寿革职，那四个军机大臣穆荫、匡源、杜翰、焦祐瀛革职，其中穆荫还发往军前效力，1861 年十一月初一，慈禧在养心殿垂帘听政，左边站的就是恭亲王奕欣，右面站的是醇郡王奕譞，“辛酉政变”以两宫皇太后和奕欣的胜利，顾命八大臣的失败而结束。这场政变的结果，是产生了一个新的政治体制——垂帘听政，这对晚清政局影响深远。

众所周知，慈安太后一向宽厚仁慈，怎么会参与违背咸丰皇帝的遗诏呢？难道慈安太后也像慈禧太后那样有如此大的政治野心吗？其实不是。慈安太后参与这次宫廷政变有着深刻的政治原因：首先，肃顺等人在朝廷当中树敌太多，引起大臣们的一致反对。肃顺先是把久任军机处的大学士祈藻赶出军机处，又在处置的问题上，要求咸丰帝将他正法，用科场案和钞票舞弊案屡次大起刑狱，引得满朝大臣人人自危，肃顺也为自己树立了一批政敌。其次，肃顺重用汉人，对满族人极端厌恶。据野史记载，肃顺视满族人为猪狗，傲然倨上；而对待汉族人必称先生，以礼貌的态度对待之，这一点对当时慈安太后做出处理肃顺的决定有着十分重要的影响。最后，慈安太后在这两强争执中必然要选择支持一方，慈禧等的积极拉动也是一个重要因素。慈禧和她同处后宫，彼此声息相同，关系还算紧密，所以在关键的时刻，慈安倒到慈禧一方。而此时的肃顺等人，对于慈禧等人的阴谋活动竟然毫无察觉，也反映了肃顺等八位顾命大臣确实没有慈禧等人高明。不管怎么说，慈安的这一决定终于促成了慈禧这一个乱世独裁者的诞生，这对晚清中国的政局走向影响深远。辛酉政变以后，慈安和慈禧开始了垂帘听政的历史时期。

○与慈禧共同垂帘听政

辛酉政变以后，慈安和慈禧开始了垂帘听政时期。太后临朝听政，为什么要垂帘呢？这是因为太后临朝听政当然要和群臣相见，可是古代男女有别，内外有别。皇后居住在中宫，主要治理皇宫内部的事务，除非逢节日，内外官员们才有机会向皇后进献贺信，但是不能当面见皇后。皇太后逢寿辰，百官们虽然也要向皇太后进贺信，可是还是站在台阶下行礼，仍然见不到皇太后。宫中礼仪如节日都如此严格，更不要说平时了。这样太后就不能和臣下交流，可是太后又必须处理政事。所以就有了一个变通的方式，就是在大臣和皇太后之间隔上一条帘子，既坚持了男女内外的差别原则，又可以隔着帘子发号施令。太后临朝听政，古代就有，汉高祖皇后就听政，不过汉书上并没有垂帘的记载，到宋朝的时候，太后垂帘听政已经不是什么新鲜的事情了。所以说，垂帘听政，古已有之，并不是清代的创举。

慈安和慈禧共同垂帘听政维持了二十多年，直到 1881 年慈安太后死去，不过中间曾经有两年的暂停期。从 1861 年到 1865 年，可以说是慈禧和慈安两人平等垂帘听政时期。慈安和慈禧两宫太后垂帘听政之初，就任用恭亲王奕欣为议政王。当时朝廷正面对着来自太平天国的武力威胁，他们能够齐心协力，以稳固大清朝的江山社稷。当时，慈安以嗣主为西太后所生，遇到事情就主动推让；慈禧也因为在咸丰的时候，自己的地位低于慈安，当时仅仅是个贵妃，而慈安当时是皇后，当中还隔着皇贵妃这一级，所以在慈安面前并不敢过于放肆。另外，当时恭亲王奕欣权倾朝野，名为议政王，实则操纵着内外大权，恭亲王又能够在两宫之间进行调节，所以同治初年，两宫的关系相对融洽。众所周知，慈安一向生性软弱，能力平庸。据薛福成说，东宫见大臣往往讷讷无语，每次有奏章都是西太后来裁决。而西太后性格敏捷，勇于任事，东宫就把所有的事情都让给西太后来裁决，自己无所事事。这样，慈安和慈禧两人各得其乐，倒也相处融洽。然而，慈禧是具有极度强烈权利欲望的人，她不容许自己的权力被别人分割，她要做的就是乾刚独断，为此，斗争终究不可避免。

从 1865 年到 1873 年，可以看做是慈安慈禧两太后垂帘听政的第二个阶段。随着太平天国起义的平息，清朝的内患逐渐消除，统治阶级内部的矛盾逐渐表面化。1865 年，慈禧突然免除了恭亲王的议政王称号，严厉地打击了恭亲王的势力，同时设法消除了恭亲王的兵权，这样，慈禧、慈安、恭亲王三角权力均衡的局面就被打破，慈安开始处于和慈禧相对立的地位。众所周知，慈安生性软弱，能力平庸，在激烈的宫廷斗争中，显然不是慈禧太后的竞争对手。这一阶段发生了两件大事，从而影响了两宫太后的关系。第一件是慈安按照祖制杀死了安得海，这使得慈禧太后产生了恨意。接着是同治十一年的立后之争，慈禧因为自己选定的人没有被选为皇后而含恨在心。不过两宫的矛盾并没有表面化，名义上两宫太后能够和衷共济，主持国家大事。到同治十一年同治皇帝大婚以后，慈安和慈禧共同归政给同治皇帝。慈安得以在后宫继续过着她的平静生活。然而事情的发展出乎意料，同治皇帝在亲政后没两年就死了，慈安不得不再一次垂帘听政，而这一次垂帘，想不到竟然是她的死期。

1875 年，年纪轻轻的同治帝病死，在继承人的问题上，日益专权跋扈的慈禧太后挑选了年仅八岁的载湉为皇帝，是为光绪皇帝。在挑选皇位继承人的问题上，慈安并没有发言权，全部都是慈禧一手所为，这当然为慈安太后所不满。但是光绪皇帝入宫以后，因为慈安性情和悦，不像慈禧那样严厉，故对慈安越来越亲近，而和慈禧的关系反倒很是疏远。这使得慈禧深为不悦，唯恐慈安与光绪皇帝过于亲近，唆使光绪过来反对自己，那样将来慈禧的地位就岌岌可危了。随着光绪年龄的渐长，慈禧和慈安的关系也变得紧张起来。1881 年 4 月 8 日，年仅 45 岁的慈安皇太后在后宫中突然死亡。

○智除安德海

清代帝后喜欢园居，从康熙中叶开始，在北京西北郊先后兴建了畅春园、圆明园、万寿山清漪园、玉泉山静明园、香山静宜园，人们称之为“三山五园”。咸丰十年，英法联军攻陷北京，将三山五园焚毁。邻近紫禁城的西苑（也称三海，即北海、中海、南海），也因年久失修，不免残破。每当慈安、慈禧和同治、奕欣等到西苑游玩时，慈禧往往以言试探说：“此处该修了。”奕欣应声道：“喳!”绝无二话。慈安则说：“空乏无钱奈何?”此事也不得不作罢。慈禧则面露愠色。

慈禧生平爱看戏，内监安德海替太后造了一座戏园，招集梨园子弟，日夕演戏。因此安太监愈得太后欢心。安太监于两宫垂帘时，曾有参赞秘谋的功绩，至此权力越大，除两宫太后外，没一个敢违忤他，就是同治皇帝，也要让他三分。宫中称他小安子，都奉他如太后一般。慈禧有时高兴，连咸丰帝遗下的龙衣，也赏与小安子。

安德海得志猖狂，把慈安、皇帝与恭亲王都不放在眼里。一天，恭亲王为江南的军务进宫去见慈禧。走到西宫门口，只见安德海在前面走。安德海明明瞧见恭亲王，也不上前去招呼，竟大模大样地走在前面。恭亲王心中不觉大怒，但他在宫门外却被太监们挡住了，说太后有事。恭亲王没奈何，只得忍着气在宫门外候着。谁知安德海原是故意不叫太监们通报，有意捉弄。直候到天色快晚，还不见传见。从此恭亲王恨不得杀安德海而后快。

机会终于来了。同治八年（公元1869年），安德海悄悄地出京，替慈禧太后织办龙衣。照清宫的成法，太监不许出京城一步，如查出便立刻就地正法。如今安德海恃宠出京，非但不知小心，反而沿途招摇，借着慈禧太后的威势，自称钦差大臣。安德海乘船只顺运河南下，龙旗招展，宛如天子出巡一般，沿途搜刮民财，激起民愤，一路上骚扰地方，逼勒官府。他坐着大号太平船两只，船上插着无数日形三足鸟旗、龙凤旗帜，携带许多美貌的童男童女。又沿途传唤歌妓到船上玩乐。上百纤夫在河岸拉船，两岸观看的人站得密密麻麻。七月二十一日，是安太监的生日，这一日船到了德州地界。

山东巡抚丁宝祯听到这个消息，下公文给东昌、济宁各府县跟踪追拿，一面写了一本密奏，八百里文书送进京去。那天，恭亲王正在军机处，接到奏章，起了杀安德海的心意。他禀报慈安太后及皇帝，把杀安德海的谕旨拟就，连丁宝祯的奏折，一齐上呈慈安太后观看。慈安太后看了大骇道："这奴才如此妄为，还当了得！国法家法要紧，一切由王爷处置。"说毕立刻在谕旨上用了印，恭亲王拿着就走。同治恰也恨安德海入骨，于是下旨立斩。丁宝祯便将安德海就地正法。

这件事情，慈禧开始竟未曾得知，直至案情已了，方传到慈禧耳中。慈禧不禁花容变色，几乎要坠下泪来，大怒道："东太后瞒得我好，我向来道她办事和平，不料她亦如此狠心，我与她决不干休。"于是慈禧因安德海之死而迁怒慈安，对东太后有了隔阂。

○暴死成谜

1881 年 4 月 8 日，年仅四十五岁、比慈禧还小两岁的慈安太后突然暴毙宫中，清廷的垂帘听政由两宫并列一下子变成了慈禧一人独裁。对慈安太后突然死亡，在当时与以后都有种种怀疑与猜测，成为两百多年清宫史上的又一桩疑案，归纳起来，主要有下列几种说法：

第一种是清朝官方的"正常病死"说。在朱寿朋的《光绪朝东华录》中载有慈安的遗诏，说她在"（1881 年农历三月）初九日偶染微疴，初十日病势陡重，延至戌时，神思渐散，遂至弥留"。但是这种"因病致死"是那样的快速而又突然，连当时的当事者也大为怀疑。据《清稗类钞》载，在慈安初感身体不适时，御医薛神速辰为她诊脉，认为"微疾不需服药"，没想到当晚就听说"东后上宾，已传吉祥板（棺木)"，大为诧异，还以外间误传。后来噩耗证实，他大戚曰："天地间竟有此事，吾尚可在此?"是不信慈安是因病致死。另一位当事人左宗棠，当时任军机大臣，突然听说慈安得病身亡，顿足大声说："昨早对时，上边（指慈安）清朗周密，何尝似有病者？即去暴疾，亦何至若是之速耶?”

第二种是因慈禧与慈安交恶，慈安被迫自杀说。据《清稗类钞》另一种记载，慈安与慈禧共同垂帘听政，慈禧权欲极重，慈安却倦怠少闻处事，并不与之争权，因此倒也相安无事。但到了1881年初，慈禧患血崩剧疾，不能视事，慈安有一段时间独视朝政，致使慈禧大为不悦，“诬以贿卖嘱托，干预朝政，语颇激”，以致慈安气愤异常，又木讷不能与之辩，恼恨之下，“吞鼻烟壶自尽”。

第三种是慈禧进药毒死说。据《慈禧外纪》载：当年咸丰临终时，曾秘密留下了一个遗诏给慈安，要她监督慈禧，若慈禧“安分守己则已，否则汝可出此诏，命廷臣传遗命除之。”但老实的慈安将此事告诉慈禧。阴险毒辣的慈禧听了，表面对慈安感泣不已，实际上已起杀机，遂借向慈安进献饵之机，暗下毒药，加以谋杀。另文廷士《闻尘偶记》却认为慈禧是因与人私通怀孕，事为慈安察觉，准备废掉慈禧太后称号，慈禧闻之，先下手为强，设计毒死了慈安。

对于慈禧毒死慈安太后一说，广为流传，下毒的原因则起码有两说：

一说见于恽毓鼎的《崇陵传信录》。垂帘听政的两太后一天闲谈起咸丰末年旧事，慈安对慈禧说：“我有一件事，一直想跟你说。请你看一件东西。”慈安从小箱子里取出一张咸丰留下的遗诏给慈禧看。内容是咸丰对慈禧其人很不放心，如慈安果然发觉慈禧有什么不安分守法的事，可以在众大臣面前宣读此诏，除掉慈禧。慈安笑道：“我们两姐妹相处久了，处得很好，何必留下它呢?”当场把遗诏烧了。慈禧脸都红了，谢过慈安，怏怏而去。光绪七年三月十一日，慈安在庭院中看金鱼休闲，慈禧那边来了一位太监，送来一盒点心说：“这种点心，西太后觉得好吃，不肯独用，送一点给东太后尝尝。”慈安高高兴兴地当场尝了一块。于是，当天慈安忽然得病，很快就死了。

一说见于《清宫琐闻》摘自葛岷道人的《云海楼随笔》。光绪当皇帝后，虽说是东西两太后同训朝政，实际上慈安不大管事，在宫中吃斋念经，一切都是慈禧说了算。于是，慈禧得以为所欲为。当时有名伶杨月楼，被召进宫演戏。慈禧看上了他，经常召他进宫，甚至留他在宫中过夜。一天，慈安有事找慈禧，慈禧不在，只见杨月楼睡在慈禧床上。慈安大惊而退。慈禧知道后，大惧，马上让杨月楼吃下一碗杏酪后出宫。杨回家后就死了。慈安并不打算追究此事，但慈禧一直忐忑不安。一次，朝廷讨论表彰某大臣家人节烈的时候，慈安借这个机会好言好语地规劝慈禧。慈禧不安，心里更不是滋味。过了几天，慈禧让宫婢给慈安送去点心，慈安吃过后便暴殂，连太医都来不及叫。作者说，这是当年在宫里一位宫监告诉他的。王无生《述庵秘录》所记与此说相同，但有小异，同慈禧来往的名伶姓金。慈安发现他们二人睡在一起，痛责之，于是引起慈禧的杀机。此外还说，当时慈禧正产后血崩得重病，靠四枝吉林人参救活。所说比《清宫琐闻》的慈禧更不堪。

对于上述说法的可信程度，很早就有人提出了怀疑。有人认为慈安病状在翁文茶公日记中有详细的记载，根本就没有从外边进来的食盒，《崇陵传信录》作于汉人排满革命最为激烈的时候，排满思想深入人心，对清代皇室的诋毁所以也就深入人心，广为流传。金梁在《清帝外纪》清后帝传中，也对慈安焚烧咸丰手赐遗诏及西太后进盒杀慈安一事，提出质疑，手赐遗诏，既然被焚，敕语何从而知？食盒外进，有谁确实看见？

不过还应该看到，上述说法尽管不尽可靠，但是它能够如此广泛流传，又是不无原因。

首先，慈安之死确实有可疑之处，这仅见于前面引述的官方诏书，就是当时人的私家著述，也有不少疑点。翁同龢是当时的重臣，他的日记当中就有不少疑点。张之洞也对于慈安太后的死感觉蹊跷，他在三月十一日给李鸿藻的信中就说“此事实出非常，奈何之？”并说：“翰林院向系派人轮班值守，至今不见知会，亦不闻派有何人。”对此，张之洞大为不解，并且向李鸿藻请教，是静待好，还是直接去？可见当时人们对待慈安之死疑虑重重的心态。

至于张之洞大为不解的慈安之殓葬为何不肯通知翰林院，事过多年以后荣禄才泄漏了其中的秘密。慈安死时，荣禄为内务府大臣，亲自参与慈安太后尸体的收敛，慈禧太后当时说："尔等详细视殓，勿令人疑辞。"经慈禧这么一说，荣禄反而吓得一跳，不敢再看一眼，赶紧收拾一下就退下去了。荣禄作为内务府大臣尚且如此，慈禧怎么会让那些好遇事生风的翰林前去殓奠呢？因此，有人说这是慈禧借荣禄作为一个见证，欺骗天下人的视听，欲盖弥彰。这个说法看来也有可能。

从我们今天的视角来看，慈禧跟慈安确实有矛盾，这种矛盾的发展，又确实有愈演愈烈的态势。过去一些著述都把慈安描述成能力平庸，品德高尚，毫无权力欲望，在垂帘听政当中只起到陪衬作用的样子。然而事实并非如此。

论能力，特别是在语言表达能力方面，慈安确实不如慈禧，因此接见廷臣的时候往往就是慈禧一人侃侃而谈，慈安在一旁不轻易发言。直到临死前一年，因为慈禧抱病，她才一个人召见廷臣，然而由当时的记录看，慈安所问的内容都是无关主旨的废话，没有直接切入主题，执政能力低下，一眼便知。而慈禧则是另外一种景象，两个人的思想见识显然不在同一个水平上。但是，是否由此得出结论，慈安能力较低，便甘心把清朝的统治大权全部交给慈禧呢？另一方面，慈禧能否因为慈安能力低，便满足于两宫并尊，共同维持垂帘听政的局面呢？答案是否定的。

慈安早在咸丰皇帝的时候就是皇后，比慈禧的贵妃高出两个等级。这在礼法制度的封建社会里，本身就成了慈安巨大的政治资本。慈安和慈禧之间，从一开始就存在这礼仪之争。在垂帘听政的前期，因为内忧外患，慈安和慈禧能够和衷共济，再加上有恭亲王在其中调解，两宫太后能够相处融洽。然而随着形势的发展，慈禧的势力愈来愈大，平衡的天平开始向慈禧方向倾斜。慈禧以善于玩弄权术著称，她的手腕当然是平庸的慈安太后所难以匹及的。对于慈禧如此跋扈的行为，慈安也试图反抗，而反抗的结果是两宫关系的逐渐恶化。在几个问题上，慈安的行为引起了慈禧的不满。第一是杀死了慈禧的太监安得海。

西太后闻听安德海被杀，痛心不已，但是大臣们都是按照祖制办事，西太后对此也无可奈何。于是她就把自己的满腔愤恨归结到东太后和恭亲王身上，对东太后的仇恨就迅速滋长，两宫之间的隔膜日渐加深。

第二就是同治十一年的立后之争。当时慈安选中了阿鲁特氏，而慈禧选中了凤秀的女儿，两宫争持不下，最终让同治自己去选择。同治选择了阿鲁特氏作为自己的皇后，而凤秀之女被封为慧妃，这激起了慈禧的不满。阿鲁特氏当上皇后以后，对慈禧太后也不是很孝敬，这更增加了慈禧的不满情绪，她把这一切都归结到慈安的身上，两宫的矛盾日渐激化。

第三是同治病逝以后，慈禧一手扶植起光绪皇帝，这非慈安本意，但是光绪进宫以后，反而同慈安日渐亲近，同自己日渐疏远，这当然不能为慈禧所容忍。她唯恐光绪长大以后，投向慈安以其对付自己，所以必除之而后快。在这样的矛盾下，慈禧发动某种宫廷政变，也不是没有这种可能。

另外，从慈安死后慈禧的举动反常来看，也不无可疑之处。慈禧自从光绪六年二月患病以来，始终未能痊愈，因此，在慈安噩耗传来以后，人们还以为是传错了消息，误将西宫说成了东宫，而慈禧本人当时也为慈安戴孝。博得群臣的好感，但是到光绪十二年三月，慈禧率光绪向东陵进香时，当礼部向慈禧递上礼仪单，要慈禧向慈安陵寝烧香进酒的时候，慈禧却十分愤怒，把礼仪单扔在地上，喝令另行拟议。另一方面，慈禧对于慈安之死，一面表示哀悼，另一方面却大肆减杀仪仗，使得丧礼与慈安的太后地位极不相当。总之，我们从当时参与宫廷秘闻的要人对慈安之死的怀疑和慈安的矛盾斗争以及慈安死后慈禧的异常举动来看，慈安暴卒引起的种种传说，可以说是“事出有因”，慈禧难以逃脱嫌疑。

第四章

为情所困的特殊女性

之所以言其特殊，因为封建时代后妃的身份决定了她们作为女性的情与爱是可以被忽略不计的，而事实上能够真正与帝王产生感情的后妃廖廖无几。好在清王朝毕竟还有那么几个性情皇帝，自然也会制造出一些风花雪月的故事。

1

天可汗的至爱孟古姐姐

孝慈高皇后叶赫那拉氏，又称孟古姐姐，是清太祖努尔哈赤的第一位正式皇后，在努尔哈赤统一女真大业如火如荼地进行的时候，他迎来了一位年轻貌美的妻子，那就是皇太极的生母，后世尊称为孝慈高皇后的叶赫那拉氏。

○两个部族友好关系的使者

十六、十七世纪，世界历史正面临着一个重大的变革时期。在欧洲，出现了文艺复兴、宗教改革和资产阶级革命，开辟了近代文明的曙光。美洲出现了第一批移民，新大陆得到开辟，人类活动范围增大，改造世界能力加强。古老的中国在领跑了世界文明几千年以后，在明朝末年渐渐衰落了。明朝末年，内忧外患，古老帝国封闭自大、重农抑商的模式已经不能适应时代发展的趋势。清太祖努尔哈赤，就出生在这样一个大变革的历史时代。努尔哈赤出生于女真族。女真族是个历史悠久的民族，生活在祖国的东北，历史上曾经建立了与宋朝对峙的金政权。金灭亡以后，女真各部隶属元、明管辖。明朝时，女真分为三部：建州女真、海西女真和野人女真。就经济、文化程度而论，建州女真水平最高。明朝在东北设置奴尔干都司管辖东北地区，建州女真则是建州三卫

（建州卫、建州左卫、建州右卫）直接管辖。明朝末年，政治腐败，明朝在女真各部中推行分而治之的政策，挑拨各个部落之间的矛盾，引起东北人民的不满。

叶赫那拉氏出生于海西女真中势力最为庞大的叶赫部。叶赫部居住在叶赫河流域（今通河），她东临辉发，南接哈达，西南临开原，西接蒙古，北与乌拉相近，所属十五部，部民皆“勇猛善战”。当时叶赫部的酋长是清佳奴、杨吉奴兄弟两人。杨吉奴是一个很有政治眼光的人物。当哈达王台极盛的时候，他们兄弟温顺地依附王台，还把妹妹嫁给了王台，杨吉奴还娶了王台的女儿，以亲上加亲的方式加强叶赫部和哈达部的政治联合。但是，清佳奴和杨吉奴两兄弟对于哈达部首领杀死自己的祖父一事一直耿耿于怀，念念不忘为祖父报仇。

因此王台晚年，杨吉奴两兄弟渐渐脱离其控制，到王台死后，杨吉奴两兄弟对王台诸子进行离间和拉拢，甚至想反过来控制乌拉部。

杨吉奴在建州、海西女真的激烈对抗中也想寻求支持，出于长远利益的考虑，他看中了有胆有识的努尔哈赤。当时努尔哈赤正在为统一建州女真而奔波，曾经到叶赫部去，杨吉奴看到这位未来大清王朝的奠基人，认为他是一个“非常人”，主动要求将自己的小女儿嫁给他。杨吉奴对努尔哈赤说：“我有一个小女儿，等到她成年，愿意让她侍奉你！”努尔哈赤前往叶赫部就是为了同叶赫建立友好关系，摆脱当时处于孤立的状态，同时希望获得他们对于自己统一建州的支持，闻听此言，当然愿意。不仅如此，努尔哈赤还将计就计，以急于求成的心理向杨吉奴说：“既然要同我联姻，为什么不把长女许配给我为妻呢？要娶，应当娶长女。”杨吉奴说：“不是我吝惜长女，而是恐怕长女不合你意，这个小女儿容貌出众，品德高尚，把她许配给你，才算得上真正的佳偶。”听他这么一说，努尔哈赤也觉得杨吉奴是一片好心，当即下过聘礼，定下了这门婚事。

万历十一年（公元1583年）十二月，清佳奴、杨吉奴两兄弟因为边界冲突被明朝总兵李成梁诱杀，此后清佳奴子布斋、杨吉奴子纳林布禄继为叶赫部首领，决意复仇，不过再次为李成梁所败。接连发生这些重大的变故，因为主要发生在明朝和叶赫部之间，叶赫与努尔哈赤早已经定下的这门婚事并没有受到多少影响。不过，努尔哈赤借明军全力对付叶赫部的机会，四处出击，基本削平建州女真各部，统一规模稍具。转眼之间，孟古姐姐已经长到了十一岁，到了结婚的年龄。万历十四年（公元1586年）九月，努尔哈赤基本上统一了建州女真，又一门婚事来临了。纳林布禄亲自陪同胞妹来努尔哈赤这里准备成婚。为了表示重视，努尔哈赤亲率诸贝勒、大臣前去迎接，然后在费阿拉城努尔哈赤的住处举行盛大的婚礼，正式结婚。当时孟古姐姐十四岁，努尔哈赤三十岁。

在孟古姐姐到来之前，努尔哈赤已经有了五位妻子。但是自从孟古姐姐到来以后，她们都渐渐地失宠了。不论是长相、人品，还是待人处事，谁都比不上她美丽、纯正、彬彬有礼。她聪明伶俐，待人宽厚，不喜欢别人阿谀逢迎，听到别人的诽谤，也能和颜悦色地对待。她从来不接近奸佞小人，也不干预闺门以外的事务，而是把全部身心都投入到自己丈夫和孩子的身上。有孟古姐姐在，后宫之事不用努尔哈赤操心，他得以用全部的身心去开疆拓土。这些，当然很讨努尔哈赤的欢心。

○天可汗的至爱

从万历十六年（公元1588年）到万历三十一年（公元1603年），叶赫那拉氏同努尔哈赤一共生活了十五年。万历二十年，叶赫那拉氏为努尔哈赤产下一子，起名皇太极，这是他们相亲相爱的结晶。望着爱妻娇子，努尔哈赤产生了非同一般的感情。努尔哈赤虽然妻妾成群，但是在他心中，最爱的莫过于温柔体贴的叶赫那拉氏。如果不是军国大事让他无法脱身，他宁愿一刻也不离开她们母子。就在这对夫妻情感正浓的时候，不幸的事情发生了。万历三十一年秋天，年龄不满三十的叶赫那拉氏突然身患重病。努尔哈赤心急如焚，慌忙赶到她的病榻前，眼看已经是弥留之际，努尔哈赤伤心不已，问她还有什么要求。叶赫那拉氏说她已经享受了世间的所有荣华富贵，别无所求，只是希望在临死之前能够见到自己的母亲。努尔哈赤知道，时至今日，建州女真同叶赫的关系已经是今非昔比了，建州女真的飞速发展，努尔哈赤和叶赫部的联姻，不是密切了两家的关系，而是在政治上已经针锋相对了。例如1593年，叶赫等九部联军攻打努尔哈赤，与努尔哈赤战于古勒山，努尔哈赤在古勒山战斗中，以少胜多，声威大震。在这场战役中，叶赫贝勒布斋被杀，九部联军大败而归。战斗结束以后，叶赫部提出归还布斋的尸体，努尔哈赤将他的尸体断为两节，交一节给叶赫，由此，叶赫与建州结下世仇。布斋的弟弟、曾经护送孟古姐姐与努尔哈赤成婚的叶赫贝勒纳林布禄，也因为在古勒山战役中失败而于几年后忧郁而死。布斋和纳林布禄去世以后，布斋的儿子布扬古、纳林布禄的弟弟金台石分别继承贝勒。建州与叶赫的关系因这次战争而成为世仇，此时妻子的要求确实有点为难，但是“人之将死，其言也善，鸟之将死，其声也哀”。对于垂死之人，无论什么要求，都应该设法满足，于是努尔哈赤还是派出了使臣到叶赫部，请岳母前来见女儿最后一面。

不出所料，努尔哈赤派出的使臣到了叶赫以后，说明来意，可是却遭到叶赫部落酋长的反对。他们不允许老夫人去看望病危的女儿，他们认为努尔哈赤居心叵测，老夫人如果去了会被当成人质，反过来要挟叶赫，商议结果只是命令一名管家前来应付此事。这事引起了努尔哈赤的极大愤慨，他认识到这个问题不仅仅是一个感情上的问题，更是一个严重的政治问题。然而，不论从政治上讲，还是从感情上讲，叶赫部的所作所为，都是让人难以接受的。努尔哈赤后来在讨伐叶赫部时候痛心地说：“我没有任何对不起你纳林布禄的，你先是抢了我的寨子，又参加九部联军来侵犯我，你们打了败仗，承认了错误，答应同我结亲，宰白

马向天发誓。而如今你们叶赫把许配给我的女子转而许配给蒙古（这是指叶赫老女，另一个叶赫贝勒之女，开始许配给努尔哈赤，后来两部结怨，一直未嫁，直到在闺中呆到三十三岁，才嫁给蒙古贝勒。非孟古姐姐），你的妹妹病了，想要看看母亲，你却不让见面，硬是阻挠，这就是与我们断好。既然如此，我也要毫不客气地占领你们的地方，杀死你们的下属。”万历三十一年九月，努尔哈赤最为宠爱的妻子叶赫那拉氏带着诸多的遗憾病故，年仅二十九岁，她的儿子皇太极年仅十二岁。她还预料不到她的儿子会成为后来的清太宗，更想不到她自己死后会被追封为孝慈高皇后，清朝开国第一位皇后。

努尔哈赤以无比沉痛的心情悼念爱妻。自从叶赫那拉氏死后，他日夜痛苦不止，为她举行了隆重的葬礼，采用最为原始的殉葬方式，将四个奴婢殉葬，宰牛、马各一百祭奠，下令斋戒，停灵柩于院内三年，后埋葬在赫图阿拉拉尼雅满山冈。天命九年（努尔哈赤年号，公元 1624 年）迁葬于东京（辽阳）杨鲁山。她的儿子皇太极为后金汗时于天聪三年（公元 1629 年）将其迁到沈阳石嘴山头上，与努尔哈赤合葬于福陵，即今沈阳东陵。

令皇太极魂牵梦绕的皇妃海兰珠

海兰珠（公元1609~1641年），清太宗妃子。博尔济吉特氏，孝庄皇后的姐姐，公元1636年封为宸妃，谥号“敏惠恭和元妃”。她同妹妹、姑姑三人侍奉一君，而她在皇太极众多的后妃中受宠爱之深，不仅在清朝，无论在哪个朝代也极为罕见。

○俘获皇帝之心

海兰珠，博尔吉济特氏，蒙古科尔沁部贝勒宰桑的长女，系中宫皇后哲哲的亲侄女，又是庄妃的姐姐。当时女真与蒙古各部之间缔结婚姻是不讲辈分的，这种情形十分普遍，所以不能以现在的眼光来加以褒贬。天聪八年（公元1634年），26岁的海兰珠归嫁皇太极。26岁才出嫁，海兰珠在当时已属于非常罕见的“大龄”女子，虽然史料中没有任何文字说明，但海兰珠确有丧夫再嫁之嫌。已过豆蔻年华的海兰珠，在皇太极已封其姑姑为中宫之主，其胞妹也备得恩宠位列西宫，且新近又纳察哈尔汗窦土门福晋巴特玛·璪的情形下，仍能顺利地入宫陪王伴驾，应该说海兰珠一定有着令皇太极怦然心动的魅力。

果然，这位姗姗来迟的海兰珠一入宫，与皇太极大有“金风玉露一相逢，便胜却人间无数”之感，称得上是完完全全俘获了皇太极的心。

崇德元年（公元1636年）册封后妃之时，海兰珠后来居上，得封东宫大福晋，称关雎宫宸妃，地位仅次于中宫皇后。其实，若非中宫皇后先入为主，且是海兰珠同出一支的长辈，海兰珠成为一国之母的可能性也不是没有，因为当时所发生的一切都表明皇太极对宸妃娘娘的宠爱无以复加。

首先，海兰珠所居宫室之名与其他妃嫔不同。麟趾、衍庆、永福虽是佳名，但都泛指吉祥富贵而已，并无新意。而“关雎”则不同，众所周知，“关雎”一词源于《诗经》首篇“关关雎鸠，在河之洲，窕窈淑女，君子好逑”的诗句，这不是一首普通的诗篇，千百年来，它穿越时空、超越阶级的界限传诵着，是一首表达男恋女的千古爱情绝唱，把内涵这样丰富的名字赋予了海兰珠所住的宫室，足见皇太极对海兰珠的一片深情。

其次，皇太极一生有11位皇子，但只有宸妃所生的皇八子，享受到父皇因其诞生而召集文武群臣于盛京皇宫的大政殿颁诏大赦天下的待遇，在生即显贵的皇子中独领“皇太子”的风骚，这一举动自是皇太极“爱屋及乌”的体现。崇德二年（公元1637年）年七月，海兰珠10月怀胎期满，于关雎宫诞下一子，是为皇八子。皇太极欣喜异常，因为此前他虽有7个皇子，但皇后哲哲和庄妃只是各为他生了3个公主，并无嫡出之子，此时爱妃为其诞育麟儿，真是平生最大的快事。于是，皇太极开创先例，于大政殿颁布了有清以来第一道因后妃“诞育皇嗣”而大赦天下的诏令，为的是普天同庆。皇帝确立了接班人，自是非同小可，引来了外藩蒙古皇亲国戚的八方朝贺，如巴林部、阿鲁特部、阿巴垓部等皆不远千里而至，献上表文、方物以示庆贺。皇太极则在崇政殿和清宁宫大摆筵席，盛情款待，盛京皇宫上上下下一片喜气洋洋。翌年元旦，尽管宸妃所生之子还不谙人事，却也收到了朝鲜国以示新年祝贺的“皇太子笺文”，称皇太子“隆福如河水奔流”，并送给皇太子许多礼品。

宸妃所生之子被确立为大清王朝的法定继承人，那么有朝一日，海兰珠就将成为皇太后而母仪天下，皇太极为爱妃设计了无限光明的前景。可惜天不作美，就在皇太子收到第一道贺表的 27 天后，也就是崇德三年（公元 1638 年）正月二十八日，这位名义上为两岁而实际上年仅 7 个月的皇太子就不幸夭折了。这打击对海兰珠来说实在是太大了，从此，这位丽人便郁郁寡欢而终致一病不起，引出了皇太极首宠海兰珠的最后一幕……

○皇太极情伤海兰珠

崇德六年（公元 1641 年）九月，明清在松山锦州的决战到了紧要关头，皇太极御驾亲征，率大军驻扎在松山城外与明蓟辽总督洪承畴援助锦州的 13 万军队对峙。十二日，突然从盛京传来海兰珠病危的消息，皇太极再也顾不了那么多了，在召集王公大臣命其固守后，十三日便匆忙启驾踏上了返回盛京的归途。说实话，皇太极历来都是以国事为重的，值此两军剑拔弩张的关键时刻，皇太极将军机国事托付他人而不敢耽搁回京探望爱妃的半点时间，海兰珠在其心目中的位置已不言而喻了。

一路之上，皇太极视崎岖而不见，遇风雨而不顾，只是一个劲地疾驰。但就是这样也未能如皇太极所愿，十七日五鼓，圣驾刚抵盛京城，就传来了宸妃海兰珠薨逝的噩耗。皇太极悲不自胜，一路奔进关雎宫，抚住爱妃的遗体放声痛哭。如此恩爱帝妃竟不能见上最后一面，倏而生离死别而不得片言永诀，这没法不让皇太极肝肠寸断。再加上连日旅途劳顿，皇太极最后竟然神志不清地昏了过去……死者已矣，再怎样痛彻心扉也是于事无补，皇太极只能下令宸妃的丧殓之礼一切从厚，以国丧的规格聊表哀思。当时，为宸妃之丧所造的纸塔、纸屋遍于盛京北门外 10 里许的田野中，以五色纸做的彩幡、彩钱、彩花等丧用之物极为丰侈，还有众多的僧道为其诵经祭祀。下葬之时，皇太极亲率诸王贝勒大臣及福晋命妇为海兰珠送葬、祭奠，痛悼不已。

此后，清太宗皇太极一直生活在怀念海兰珠而无法释怀的状态中。他曾多次亲赴海兰珠的殡所及墓地凭吊爱妃之灵，初祭、月祭、大祭、冬至时令祭、岁暮祭等等不一而足，并特降旨，为海兰珠追封谥号为“敏惠恭和元妃”，使海兰珠成为清代获谥字数最多的妃子。前文已经说过，“元”字代表肇始、第一的意思，是不能轻易封谥的。皇太极把这个字赐给了较晚入宫的海兰珠，可见在他的心目中海兰珠是排在第一位的。在海兰珠病逝到皇太极暴崩于清宁宫一年多的日子里，皇太极常常睹物思人，黯然神伤。每次外出行猎路过宸妃的殡所，皇太极都要凭吊一番，痛哭一场。皇太极曾在祭文中写道：原本希望与爱妃白头偕老共度此生，却想不到爱妃早逝，令人扼腕叹息，伤逝不已……

崇德七年（公元 1642 年）元旦，皇太极传谕，因敏惠恭和元妃丧期未过，免朝贺大典，停筵宴乐舞，违背者严惩不贷。多罗贝勒罗洛宏等就因在敏惠恭和元妃国丧期间娱乐，被皇太极革职问罪。松锦大捷后，洪承畴、祖大寿等大批明将甘愿降清，皇太极大喜过望，亲自在崇政殿召见了洪承畴等人并赐宴以示恩遇，但皇太极本人却并未参加宴会而独自回宫了。过后，他怕洪承畴等降将心存疑虑，特命使臣前去解释说，朕不参加筵宴没有其他别的原因，只是因为关睢宫爱妃的丧期未过，所以才缺席的。一席话，道出了皇太极对海兰珠的魂牵梦萦。不久，皇太极逝世于清宁宫，时年 52 岁。说起来，宸妃海兰珠的早逝实在是皇太极盛年而亡的重要原因。

纵观海兰珠的一生，其入宫 7 年，地位仅次于皇后。在等级森严、民族各异、粉黛成群的后宫掖庭里，她能生前宠冠后宫，死后礼遇有加，足以令其他后妃羡慕不已。

3

乾隆帝钟爱的皇后富察氏

孝贤皇后富察氏（1712～1748），雍正五年（公元1727年）与仍为皇子的高宗成婚，封为福晋；乾隆二年册封为后，十三年随帝东巡，三月崩于德州。寿37，谥孝贤皇后。

○与乾隆帝夫妻情深

乾隆皇帝弘历的第一位皇后富察氏可算是一位幸运者。通过选秀女，15岁的富察氏成为16岁的皇子弘历的嫡福晋，也就是第一夫人。十年后，乾隆登极，她也当上了皇后。

雍正五年，乾隆的父亲雍正就给他娶了富察氏，当时叫做“嫡福晋”，就是正夫人，第一夫人。这一年乾隆16岁，富察氏15岁，都是虚岁，乾隆登极之后第二年，就是乾隆二年册封富察氏为皇后，这一年乾隆26岁，皇后25岁。他这个皇后富察氏出生于名门贵族，富察氏的曾祖父叫哈什屯，顺治的时候，做过议政大臣。她的祖父叫米思翰，做到内务府总管，户部尚书。她的哥哥叫马齐，在康熙、雍正、乾隆三朝历史记载中，说是“历相三朝”，三朝做宰相，官做到尚书，做到武英殿大学士。皇后富察氏就是出身于这样一个满洲的贵族名门。这个富察氏不仅仅是聪明漂亮，而且非常贤惠，严于律己，崇尚节俭，一点也不奢华，深得皇太后的喜欢，也博得乾隆皇帝的宠爱。乾隆年轻的时候，得了一场病，病得比较厉害，身上长了一种痈疖，经过太医治好了之后，太医说，必须静养百日，方可恢复。在这百天的时间里面，皇后在乾隆的寝宫外面住，日夜侍奉，过了百天之后，皇后才搬到乾隆的寝宫里面和乾隆一块住，就说明皇后是很贤惠的。

乾隆十三年（公元1748年），乾隆皇帝为了替他所宠爱的皇后富察氏分忧解愁，奉着皇太后钮祜禄氏和皇后两宫的銮驾，以东巡为名，浩浩荡荡来到山东，谒孔陵、祭泰山，凡名胜古迹，统统去游览了一番。然而富察皇后总是无法解怀，一意悲悼着近几年先后死去的两个儿子。路上的山清水秀，鸟语花香，在她眼中却成了惨红愁绿，分外触动愁肠。不巧，她在船中因受了风寒，大病一场及至气息奄奄，昏厥了好几次。乾隆帝慌了手脚，忙下令回京，但是刚走到德州，就不行了。皇太后来看她，她只模模糊糊说了“谢恩”两个字。临死前，她不无幽怨的目光盯着乾隆帝，落下了一串伤心的眼泪。这幽怨的眼光使乾隆帝痛彻心肺，他又伤心又歉疚，对着皇后尸体号啕大哭。自与皇后大婚二十二年来，帝后间一直夫唱妇随，相亲相爱，仅仅因为乾隆的一时糊涂，做了一次对不起皇后的事，夫妇间才有了隔阂。尽管皇帝使尽温柔功夫使皇后与他和好如初，但这种使人伤感的刺激已长留在皇后的心中了。皇后一死，乾隆帝失去了一位美丽温柔的伴侣，不由得痛悔交加。

乾隆皇帝悲痛不已，连续九天，每天三次在皇后的棺木前摆上供品，并用富察氏生前所希望的“孝贤”二字作为她的隘号。孝贤皇后的灵柩安放在裕陵地宫四年多的时间里，乾隆皇帝为她奠酒一百一十八次，并写下一篇情真意切的《述悲赋》：“悲莫悲兮生别离，失内佐兮孰予随?”乾隆皇帝的哀思是深切而真挚的。

清人对孝贤皇后的评语是：“性节俭，平居冠通草线绒花，不御珠翠。”这种勤劳恭俭的美德，是中国传统史观认为可以母仪天下的贤后，故有“孝贤”的谥号。

话在说回来。令孝贤皇后不快的那件事，到底是什么呢?

有一年，乾隆帝下令改造畅春园、长春馆以及圆明园，将三处并为一处。当园工告成后，乾隆帝奉着皇后到园中游览，又命皇后率六宫妃嫔、宗室命妇、公主福晋等入园随同玩赏。这天，圆明园内春光明媚。随着帝后迤逦入园的美妇们，锦衣绣服，珠环翠绕，个个打扮得似天仙一般。一行人来到堂前，先向太后磕头，又向帝、后请安。乾隆帝坐在龙椅上，向人群看去，忽然发现有一位贵妇人尤其出众，眉如黛山，眼如秋水，面如桃花，腰如细柳，他不免惊羡万分，暗想同这美人比较，六宫粉黛黯然失色。又觉有些面熟，不知她是哪家眷属？一会儿，轮到这位美妇上前了。她请罢了安，皇后便站起身，与她握着手，说："嫂嫂这晌身体可好?"原来，她就是皇后的亲嫂子，内务府大臣傅恒的妻子。

这时的乾隆帝，恰似灵魂出了窍，糊里糊涂跟着太后出宫，一路上也无心观赏园中美景，老想着跟在皇后身后的美人，不时又回首去看。那位傅夫人似乎觉着了皇帝的多情，也有意无意用眼光去迎接。从那天以后，乾隆帝常常想念着傅夫人，有时不免长吁短叹。皇后问了他几次，他都搪塞过去。过了几天，又逢皇后生日。乾隆帝兴奋起来，禀明太后，下旨于千秋节这天宫中大张宴席，为皇后祝寿。又到坤宁宫去向皇后道贺，并说："你生辰这天，何不召你嫂嫂入宫畅饮一天?"皇后答道："她自当会来，何必去召?"乾隆帝又说："前香游圆明园，我看你们姑嫂之间很是亲热，何不乘此机会留她在宫中多住几天?"皇后听了，点点头，没有作声。

到了千秋节这天，坤宁宫内外热闹非凡。文武百官祝贺之后散去，乾隆帝信步走进坤宁宫，又接受聚集在这里的六宫妃嫔及公主福晋的拜见。皇帝举目注视，果然傅夫人站在上首，仿佛比那天园中见到时更加美艳。宴饮开始后，风流皇帝雅兴大发，要大家依次联诗，每人说一句，说不上来就罚酒。接着又热热闹闹行起酒令来，你一句我一言，你一盅，我一杯，挤成一片。这位傅夫人本不善于饮酒，连饮了几杯之后，不免粉面含赤，心族晃荡，坐不安稳了。乾隆帝见她已经醉了，把侍宴的宫娥唤过一旁，叮嘱了几句，将她扶去别宫休息。

众人稍事休息，重新入席再饮，只是忽然不见了皇帝。皇后命宫人去找，未找到，也无暇顾及，继续招待客人。等到酒阑人散，仍不见皇帝的踪影。皇后心下奇怪，又命宫人去看看傅夫人怎样了。过了好久，才见这名官人回报说："傅夫人所住宫室门户紧闭，不便入内。"皇后联想前情，心中明白了几分。第二天早上，乾隆帝仍出宫坐朝，傅夫人起来后去坤宁宫向皇后辞谢。皇后意味深长地看了她一眼，微笑着说了一句："嫂嫂恭喜！"傅夫人顿时脸红耳赤，不敢抬头匆匆地告辞而去。

自从这天之后，皇后对待皇帝就不像从前那样温柔多情了，有时竟向皇帝投来一种哀怨的眼光，使皇帝心中很不好受。因羞愧，他不像以前那样常去坤宁宫了，皇后也就更加疑心皇帝对她的冷漠。

○富察氏之死

关于富察氏之死，野史上有许多传说。据野史记载，三月十一日，乾隆冬巡回銮，驻德州，在舟中筵宴淫乐。皇后激切进谏，乾隆加以诟訾。皇后羞愤难当，遂投水而死。蔡东藩《清史演义》说，皇后之嫂（实为皇后弟妹）即傅恒夫人，在皇后千秋节时前来祝寿。酒间联诗，乾隆其句："坤帷设帐庆良辰"，皇后续道："奉命开筵宴众宾"，皇后嫂嫂遂续道"臣妾也叨恩泽逮"，乾隆则答道："两家并作一家春"。酒后皇后发现乾隆同嫂嫂私通，皇后从此与皇帝间产生了芥蒂。然而祸不单行，皇后本来有个儿子名字叫永涟，已经被乾隆秘密立为皇太子，但是不幸夭折，乾隆对她百般劝慰，要她再生嫡子，一定立为皇储，并追封已经死去的永涟为端慧皇太子。几年之后，皇后果然生下一个儿子，取名永淙，恰在皇后心情不好的时候，永淙又患天花死了。皇后受不了这般打击，哭得死去活来。于是，乾隆为了安慰皇后，以冬巡为名，奉太后及带皇后到山东曲阜祭奠孔子，没想到途中皇后病情突然加重，乾隆慌忙回銮，可是皇后还是死在德州船上。

另外，由此也引出了关于福康安生世的传说。有人怀疑福康安为乾隆与傅恒妻子私通的结果。高阳认为，福康安的际遇之隆，清三百年，无与伦比。福康安的两兄弟都招做驸马，可是他却没有，这更加增添了大家的疑心。

其实，乾隆皇帝与皇后的关系还是很好的。《清史稿·后妃传》记载："十三年，从上东巡，还跸，三月乙未，后崩于德州舟次，年三十七。上深恸，兼程还京师，殡于长春宫，服缟素十二日。"富察氏死后，乾隆皇帝悲伤不已，连续九天，每天都在皇后的陵柩前摆上三次祭品。富察氏的灵柩，安放在富察陵墓的地宫里长达四年多。在这段时间里，皇帝为她祭奠了一百多次，并且写下一篇情真意切的《述悲赋》，表达自己的哀思。至于皇后投水而死，更是没有根据。皇后虽然年轻，只有三十多岁，但是她在经历了又一次的丧子之痛以后，心情已经陷于极度绝望之中，加上此时皇太后、皇上又去出巡，养尊处优的皇后又如何能够忍受这旅途劳顿之苦，难免旧病复发。如果说已经处于绝望边缘的皇后还有什么争风吃醋的想法的话，那么也是太过于想当然了。

乾隆三十一年三月一日，皇后富察氏在德州船上去世。这一偶然事件却在政治上引起很大的波澜，犹如火山喷发，大地震颤，使皇族和官僚们措手不及。蒙受突然的灾难，皇后富察氏的死对乾隆皇帝精神上的打击是极大的。几年之间，皇后所生的两个儿子和皇后本人相继去世，而他们都是乾隆所钟爱的并且寄予极大期望的皇子。丧妻失子，使乾隆皇帝陷入嫉妒的烦躁之中，待人处事，也一反常态。乾隆即位以来，鉴于前朝奉行严厉的政治政策，他奉行宽松的政治政策。一大批官员在这样的政治环境下逐渐养成娇纵恣为的恶劣习气。丧葬风波中首先碰到钉子的是皇长子永璜，乾隆责备他对于皇后的死没有一点哀伤的表示。永潢被公开申斥，他的师傅受到处分，其中和亲王弘昼、大学士来保、侍郎鄂容安各罚俸一年。一个月以后乾隆发现皇后的册封文书中，有人误将“皇妣”译为“先太后”，乾隆勃然大怒，指责翰林院大不敬，将管理翰林院的刑部尚书阿克敏交刑部治罪。刑部官员见皇上盛怒，就加重处罚，拟为绞监候。不料，暴怒的君主不满意，责备刑部同党谋私，故意放纵，将刑部全部堂官全部问罪，将阿克敏以大不敬处，定为斩监候，秋后处决。严厉的处罚让当时官僚们胆战心惊。

此后，又有大批官僚卷入皇后丧葬引起的政治风波中。工部因为办理皇后册宝过于粗糙，全部堂官被问罪。光禄寺因为皇后祭礼不洁而被问罪，礼部因为册谥皇后，礼仪混乱错误，堂官都受到了处分。

丧葬风波还刮到了外省。皇后死后，有些外省地方官员就上奏折恳请来京祭奠，这本来是表面文章，各地方官员都各有职守，不可能一起来京祭奠。但是乾隆拿这大做文章，对于那些没有具折请祭奠的官员，横加挑剔，特别是对满人更加不满。各省的满族督抚、将军、都统、总兵，凡是没有具折请奏的，都受到了严厉的处分。

因为富察氏丧葬而掀起的政治风潮，把皇子和大批官吏卷进其中。百日丧满以后，风潮还在继续发展，这就是查究丧期内擅自剃发的案件。满族习俗，帝后之丧，为表示哀悼，官员在百日以内不得剃发。七月间，乾隆发现，山东习州营都司姜兴汉、奉天锦州府知府金文淳在百日丧期间剃发。乾隆大发雷霆，申严丧期内剃头按照祖制应该斩，姜兴汉、金文淳几乎被杀掉，后来发现违制的大有人在，才饶了这二人的性命。其实，所谓的祖制，并没有明文的记载。只有满族刚刚入关的时候，强迫所有的汉人都束发，否则就全部杀光的故事。就在十多年前，雍正皇帝去世的时候，许多官员也在百日丧期内剃发，当时并没有人去追究，现在皇后死了却要严厉追究起来，让大臣们措手不及。不久乾隆发现江南河总周学健所属官员全部都在百日内剃发，因此受到严厉的惩罚。周学健本人，因为后来查出贪污行为，被赐令自尽。许多大官僚虽然没有违制剃发，但是也受到了牵连。两江总督尹继善因为知情不报而被申斥为无耻之徒，刑部尚书汪由敦因为请求为金文淳开脱而被革职留任。最倒霉的是刑部尚书盛安，因为未将金文淳定为斩监候，乾隆认为是有意包庇，被乾隆判为斩监候。另外，违制剃头的督抚何止周学健一人，湖广总督、湖南巡抚、湖北巡抚都在百日内剃头，他们也都受到了乾隆的严厉处分。

在皇后死后的半年中，因为丧葬而掀起的政治风潮，绝大部分人的罪名是对于皇后的死漠不关心。这个罪名听起来确实让人难以接受，但是在专制制度下，君主操纵着臣民的生杀予夺大权，所有的一切都来自于乾隆皇帝，他因为丧妻失子，而心情烦躁，对于臣下的态度出现了反常。而那些大臣们，也成为皇帝烦躁情绪下的牺牲品。

4

与顺治帝情深意笃的董鄂妃

董鄂氏（1638～1660），清世祖贵妃。父为内阁大臣鄂硕。董鄂氏18岁入侍，1656年封为贵妃，宠冠后宫。可惜只伴随顺治帝四年就匆匆而去。谥号“孝献皇后”。她的死使顺治帝无法摆脱悲伤痛苦，过分悲伤的顺治一年后也与世长辞。

○红杏出墙到帝家

董鄂妃出生于满洲世族之家，父亲鄂硕，正白旗。据《清史稿》记载，鄂硕在顺治九年因为军功授予巴牙喇甲喇章京，顺治十三年，也就是董鄂妃入宫之年，被擢升为内大臣，次年，因为女儿封为皇贵妃，被封为三等伯。董鄂妃的弟弟费扬古是清初的名将，十四岁袭三等伯，后来在康熙年间屡建战功，费扬古的女儿是雍正的孝敬宪皇后。

出生于满洲世家的董鄂妃并不是由嫔妃逐步登上皇贵妃的位置上的，她一入宫就被封为妃，不到一个月就晋升为皇贵妃，晋升之快，创清代三百年后妃晋升速度之首。董鄂妃进宫的时候，已经十八岁了。按照清朝选秀女制度，她已经逾岁。按说像董鄂氏这样的世家，应该在女儿十三四岁的时候就参加秀女挑选，为什么等到十八岁了呢？原来，董鄂妃入宫为妃，有着一段曲折的经历。顺治十年，董鄂妃参加秀女之选，被指为顺治的幼弟襄亲王博穆博果尔福晋，第二年，董鄂妃与博穆博果尔结婚，这年董鄂妃16岁，襄亲王博穆博果尔14岁。董鄂妃作为近支宗室襄亲王的妻子，有机会进出宫廷。清朝初年有一种惯例，那就是朝廷命妇经常入宫陪伴皇帝后妃，而且每当遇到国家庆典，命妇们也陪同前去行礼。这样，顺治在某种场合见到了她，董鄂妃超出常人的美貌和高贵的气质，立刻引起了顺治的注意。据当时在宫中任职的德国传教士汤若望的笔记记载："顺治皇帝对一位满籍军人的夫人，起了一种火热爱恋。当这位军人因此事申斥他夫人时，被顺治闻知，他竟不顾皇上的尊严，亲手打了他一个极其怪异的耳光。这位军人于是因愤致死，或许竟是自杀而死。顺治皇帝就将这位军人的夫人收入宫中，封为贵妃。"汤若望说的这位满籍军人，就是襄亲王。

襄亲王博穆博果尔死于顺治十三年七月初三，年十六岁。顺治让董鄂妃服丧了二十七日以后，就把她接入宫中，册立为贤妃。当时满洲人刚刚入关，仍然保持着许多满洲旧俗，父死，娶其庶母，兄死，娶其妻的事情根本就不足为奇。顺治对于这件事根本就不加隐讳，而是诏告天下，大肆铺张，婚礼也办得非常隆重。按照制度，只有在册封皇后的时候，才需要诏告天下，但是董鄂妃因为得到了顺治的专宠，故能特令颁诏，大赦天下。进宫不到一个月，就被封为皇贵妃，地位仅次于皇后。

顺治在册封董鄂妃问题上的过分张扬，显示了他对这位贵妃的宠爱，同时也为处在深宫的孝庄太后和孝惠章皇后敲响了警钟，皇帝的下一个目标就是再次废后，立董鄂妃为皇后。这个想法一经提出，就立即遭到了身为蒙古后裔的孝庄太后的反对。孝庄太后反对废后是有原因的，不仅仅是因为孝惠章也是蒙古后裔，还有深刻的政治原因，皇后作为蒙古王公之后，她的存在对于巩固满蒙一体至关重要。但是年轻的顺治帝并不能理解母亲的良苦用心，为此母子之间不和已经是人所共知。顺治十四年十月，董鄂妃为顺治产下了一个儿子，该子在顺治诸子中排行第四。大约是爱屋及乌的关系吧，顺治对这个儿子是非常的宠爱，显然有让他继承大统之意。也就是在董鄂妃产下皇四子这段时间，孝庄太后生病，要董鄂妃前去服侍，董鄂妃不得已，拖着刚刚生产的身体，服侍太后床前床后。顺治此时非常生气，借口孝惠章皇后对于太后的病漠不关心，下令停止中宫笺奏的礼仪，再次计划废后，以为太后欲置董妃于死地，可是他又不敢反抗母后，于是将一腔愤怒发泄到孝庄太后的侄孙女孝惠章皇后身上。就在这时，连名字还没有来得及取的皇四子夭折了，董鄂妃伤心欲绝，顺治为了安慰她，封皇四子为和硕荣亲王，可是这无论如何也不能够挽回董鄂妃的丧子之痛，她郁郁寡欢，终于染病不起，在顺治十七年八月病逝，年仅二十二岁。

○董鄂妃之死与顺治帝之死

董鄂妃的死，使福临痛不欲生，他亲自为她守灵，不顾皇帝的尊严，哭闹不休，情绪异常激动，太后为此忧心不已。起初，他为董鄂妃的死做出了一些超制度的安排，太后考虑到他的性格和心情，都没有加以阻止。在董鄂妃去世的当天，顺治下令在京文武官员以及公主、王妃、命妇，于景运门外，齐集哭丧，并且辍朝五日。如此，犹嫌不足，还破例追封董鄂妃为皇后，加谥“孝献庄和至德宣仁温敬皇后”。并且亲自撰写了“董鄂妃行状”的祭文，令大学士金之俊写了《孝献皇后传》。董鄂妃丧葬礼仪之隆重、铺张之程度，几乎超过了帝王驾崩时的国丧排场，人们不免议论纷纷：这位皇贵妃到底是何等人物，竟惹得顺治皇帝如此动哀？大臣们更是满怀疑虑，自从八月十九日董鄂妃死后，皇帝的“蓝批”已经持续了两个月之久，按照清制，平日奏章题本皇上都用朱批，唯有皇上或太后驾崩的时候，临时改为蓝批，但是蓝批仅仅限于守制的二十七天以内，而皇上的蓝批已经维持了两个多月，还看不出有要停止的迹象，皇上是不是因为爱妃病逝而有点神经错乱了？他们知道，自从皇帝爱妃病死以后，顺治每天要死要活，太后派了许多近侍轮番守护，唯恐有什么不测。老于世故的官僚们看出一场大的事故即将发生。顺治十八年正月，内廷突然传来消息：顺治帝出痘驾崩，哀诏颁传天下，官宦举哀一月，民间三天。然而，很快就出现一种传闻，说皇帝并未升天，而是到了五台山清凉寺当了和尚，埋在孝陵大墓里的只是他的衣冠冢……

顺治出家的故事在民间广为流传，而且他出家的证据也越来越充分。他的第三子玄烨继位成为康熙皇帝后，曾几次以进香名义到五台山去见父皇，但顺治根本不与康熙相认。康熙就在寺庙墙壁上题写了“文殊色相在，唯愿鬼神知”的诗句就是明证。

现在已经查明，这种说法是毫无根据的。考古发掘证实，顺治的孝陵中，不仅有他的衣冠冢，还有埋葬他的骨灰坛，这说明顺治确实没有出家。为什么清朝皇帝会火化呢？原来这是满洲旧俗，努尔哈赤、皇太极、多尔衮等人都是火化埋葬的。然而，入关十来年，汉化极深的顺治为什么还选择传统的丧葬方式呢？这大约是和顺治信仰佛教有密切的关系。相传他出家为僧，也并非空穴来风，顺治确实和佛教联系极深，他生前宫廷之中就有不少高僧，他的火葬仪式就是由名僧茆溪森主持的。顺治在董鄂妃死后确实有过出家为僧的念头，可是在多方的劝阻下，方才放弃，可以说是出家未遂。

顺治出家未遂一事，与董妃有关。在董妃到顺治身边以前，福临后妃虽然多，但是却没有一个让他满意的。他的第一位皇后博尔济吉特氏，是顺治七年摄政王多尔衮为他聘娶的，当时福临年仅十四岁。顺治对于这个皇后非常不满意，顺治亲政以后，即于顺治十年八月，将她降为静妃，改居侧宫。次年，由孝庄太后主持，将另一位来自蒙古的女子立为皇后，即孝惠章皇后。孝惠章皇后同样不能令这位年轻的皇帝满意，后来福临曾经一度想再次废后，若不是太后的阻拦，这位皇后也同静妃一样的命运。顺治十三年，宫中来了董鄂妃，深得顺治的宠爱，进宫刚刚一个月，就被晋封为皇贵妃，地位仅次于皇后，实际上已经取代

了皇后的位置。可是红颜薄命，董鄂妃四年后就因为痛失爱子而撒手人寰。董鄂妃的死，给顺治极大的打击，他虽然有后宫佳丽三千，可是他所爱的唯有董鄂妃一人。顺治本来信佛，身体又羸弱，曾经萌生出家为僧的念头。有一次，他同佛教大师玉林琇说，朕想前世一定是僧，每次到寺，见到明窗净几，就不想离开，若不是太后让我挂念，我就可随老和尚去矣。玉林琇闻得此言，慌忙劝谏，说皇上身为一国之君，当以社稷为重，只要心中有佛，在俗在佛，都是一样能够达到极乐世界。此时，董鄂妃已经在病中，顺治说挂念太后，毋宁说挂念董鄂妃。

八月十九日，董鄂妃医治无效身亡。顺治除了追封董鄂妃为皇后以外，还以超出皇帝丧礼的规格操办董鄂妃的丧事。万念俱灰的顺治帝终日与佛僧为伍，并且决意剃发为僧。据史书记载，玉林琇的大弟子茆溪森按照顺治的要求为他剃发度身，可是这受到了孝庄太后和众多大臣的反对，玉林琇将茆溪森捆绑起来，准备将他烧死，那边孝庄也借助顺治一向器重的外国传教士汤若望进行说项，顺治才答应蓄发留俗，茆溪森也得释放。这样，顺治未能出家，但是却得到了"行痴"的法名。而且，顺治将自己身边最得宠的宦官吴良辅削发为僧，也算是替自己出了家。然而无论如何安排，都无法平息心中的哀怨，闹到最后竟然要出家为僧，幸亏多方劝阻，方才留住凡身。此后，他郁闷忧愁，日渐憔悴，不到半年，竟然染上天花，一病身亡，年仅二十四岁。

5

香妃余香弥久远

和卓氏（1734～1788），清高宗妃子。维吾尔族，世居南疆叶尔羌。父阿里和卓木，回部第 29 世首领。公元 1760 年入宫，始封贵人，后晋嫔，1768 年升为妃。她生世坎坷，入宫后柔顺多情，颇得阜上别样恩宠。她恬心寡欲，悉心守护家族安宁，一生平淡。但在传说中，她被混作香妃，充满传奇色彩。

○香妃的传说

1914 年，北京故宫博物院的前身“古物陈列所”举办的文物展览中，武英殿西侧的浴德堂展出的“香妃戎装像”引起了当时世人的瞩目。这是“香妃”首次出现在公众的视线中，并由此产生了诸多美丽的传说。

当时，在所谓的香妃戎装画像前，立有一说明牌，上面的内容被命名为“香妃事略”，介绍说香妃本是回部（今新疆）王妃，貌美若天仙，天生得体有异香，从来不用沐浴熏之，故回部人称其为香妃。乾隆帝闻之，特命在西部作战的兆惠将军一定要把这个叛乱首领的妻子香妃毫发无损地送入京师。兆惠平定回疆后，果然将香妃护送进京献给了皇上。乾隆帝十分高兴，特在西华门内建伊斯兰教风格的宝月楼命香妃居

住，楼外又建如同西域式的回回营，以慰其思乡之情。而浴德堂则是仿土耳其式建筑，相传为香妃沐浴之所。高宗所做的这一切都是为了取悦香妃，但香妃却终日闷闷不乐，对乾隆帝冷若冰霜。有一次，香妃竟然从袖中抽出短剑，对着宫女们表明心迹说，国破家亡，自己早就抱定一死的念头，之所以苟活至今，完全是为了杀皇帝一洗耻辱而已。尽管如此，皇帝心中终究放不下香妃这位迷人的女性。就这样过了数年，皇太后知道了此事，力劝皇上舍弃香妃，但高宗不从。无奈之下，皇太后趁皇帝斋戒之际，急召香妃入宫，赐其自缢。香妃从容就死。如此曲折感人的故事，加上画像上佩剑挺立的女子英姿飒爽，动人心魄，所以香妃从此美名远扬。不但野史演义中香妃的故事与轶闻屡见不鲜，而且戏剧舞台上也出现了名为伊帕尔罕（维吾尔族语，麝香之意）的香妃形象，甚至新疆喀什噶尔还有香娘娘墓，其他如武侠小说《书剑恩仇录》、影视作品《还珠格格Ⅱ》等都有香妃这个人物，其故事情节大都以展览中所书的“香妃事略”为蓝本，越演绎越离奇，诸如“香妃与银妃”、“香妃与沙枣花”、“香娘娘麻扎（集会之意）”、“香妃恨”等等，一发而不可收。

其实，经史学家考证，此幅参展画像为当时热河行宫（今承德避暑山庄）所送，画像上的人物并没确定是何人。后有人考证，认为此幅画像上的女子是乾隆帝最宠爱的小女儿固伦和孝公主……所以，这幅美女像所引发出来的香妃故事没有任何可靠的史实根据，且与史实出入甚大。事实上，乾隆朝确有香妃其人，史称容妃。她非但没有被皇太后处死，还在皇太后的关照下做了乾隆帝 28 年的妃子。皇太后薨于乾隆四十二年（公元 1777 年），11 年后，容妃病逝于后宫之中。仅凭这一点，就可以看出传说不能自圆其说的破绽。更值得一提的是，容妃母家一族是反对叛乱、反对分裂祖国的有功之臣，自然容妃也就不可能是为情所迷的糊涂王妃。

○身世与宫廷生活

从清代乾隆朝留下来的许多历史档案资料来看，乾隆帝后宫中的容妃的事迹都一一和传说中的“香妃”相似。首次提出传说中的“香妃”就是容妃的是北大教授孟森先生。他在抗战前夕写的《香妃考实》一文中，提到了一条主要的证明材料：有人“于民国二三年间至东陵，瞻仰各陵寝；至一处，守者谓即香妃冢，据标题则容妃园寝也。”这是因为“民国二三年”时守东陵的人，仍是原来清皇陵的守墓者。他们说容妃就是“香妃”当属宫廷内部因袭的传统说法，比较可靠。结合本章开头赵尔巽的《清史稿》卷214“后妃列传”中的记载：“容妃，和卓氏，回部台吉和札赉女。初入宫，号贵人。累进为妃。薨。”这些记载表明，容妃确是实有其人的。在清高宗诸妃中，“容妃”是首先提到的“回部”即维吾尔族妃子。同时，近年有学者以众多可信的资料也考证出，传说中的“香妃”，就是指乾隆皇帝的维吾尔妃子——容妃。传说中关于“香妃”的许多事情是后人编造出来加上去的。

孟森教授在《香妃考实》一文中认为“香妃”可能是大、小和卓的妹妹或女儿，现在看来这种说法应该是一种因袭旧说的牵强附会。有学者发表《“香妃”史料的新发现》一文第一次公布了在故宫博物院中珍藏的清朝档案资料，其中有一个重大的发现：“香妃”的祖先不属于阿帕克和卓支系，而是属于额赖玛特和卓支系的。这支家族和大、小和卓同一个高祖，但不是一个曾祖。

乾隆二十五年（公元1760年），乾隆帝令额色伊、图尔都、玛木特和额赖玛特和卓支系的其他人陪同“香妃”进京，他们都受到了清朝皇帝的封衔。乾隆帝还下令在皇宫南城墙外的西长安街，为他们建造了特别的寓所。根据中国第一历史档案馆里发现的资料，“香妃”是辅国公图尔都的亲妹妹，而图尔都和“香妃”兄妹的父亲，根据《西域同文志》和《西域图志》所载的谱系表看，应该是“和卓”阿里（即艾力）。额色伊是她的五叔，帕尔萨是六叔，图尔都是兄长。有的学者主张“香妃”之父为帕尔萨，但根据清皇宫内府档案，清廷给帕尔萨的封爵和御赠他的财物、“香妃”去世后分给他的遗物等的数量都比别人少，不像是对待一位“国丈”大人。《清史稿·后妃列传》以及现在出版的《二十六史辞典》中都明确地写着“容妃”是“台吉和札赉之女”。“台吉”是封号，“和札赉”三字包含了伊斯兰教上层的称呼“和卓”和“香妃”之父的名字“阿里”两部分。“卓”和“阿”合音为“札”；“赉”是“里”的模糊音。“和卓阿里”四字的快读音为“和札赉”。学者们把“赉”字误认为“麦”，就永远解释不通。这类例子在《清史稿》等史籍中还很多，如把“和卓集占”快读而翻译成为“霍集占”就是另一例。如此流传，往往弄错了少数民族历史人物的真名实姓。由此，我们基本上可以肯定“香妃”之父为额赖玛特家族支系的和卓阿里，即和札赉。和卓阿里英年早逝，在大、小和卓反叛清朝时已经不在了。当年联合布鲁特武装牵制并攻打喀什叛军的“回部”武装的是“香妃”的五叔额色伊和胞兄图尔都。

“香妃”家属不仅不属于大、小和卓叛乱集团，而正相反，他们还曾经起兵配合清军平定大、小和卓之乱。当时，“香妃”的哥哥图尔都和五叔额色伊一起，联合了布鲁特（柯尔克孜族）的武装去攻打盘踞在喀什噶尔的叛军。平定叛乱以后，“香妃”随叔叔额色伊和哥哥图尔都一起被乾隆皇帝召到北京长住。不久，进宫当了贵人，跨越了“常在”和“答应”两个阶梯，得到特别的优待。新进宫的“和贵人”得到了珍珠、丝、毛、二百两银子和十五两金子的赏赐。一个月后，她的兄长图尔都喜获一所新的有二十多间房的寓所，在今东四附近。赏给他的礼物有布匹、马具、家具和现金。他的年薪从一百两银子增加到二百四十两银子。而与此同时，额色伊和其他在京亲属仍保持他们原有的年薪水平。

在皇宫里，和贵人享有和宫内所有妃嫔同等的华贵豪奢的生活。上面将哈密瓜等贡品分给宫中女眷时，和贵人往往得到额外的一份。由于她信奉的伊斯兰教规定食物的严格限制，还带来了她自己的维吾尔族厨师努尔买提，专门为她烹调清真食品，如“谷伦杞”即“抓饭”。她显然继续穿她自己的民族服装，因为在她当妃嫔的头五年，有文字记载在1765年，乾隆将她晋升为“妃”的级别时，说明她没有满族的宫廷服饰，上面命令为她缝制合适的长袍。乾隆二十七年（公元1762年）“和贵人”晋封为“嫔”，并改名为“容”，称为“容嫔”，是秉承皇太后的旨意。乾隆二十六年（公元1761年）甲午上谕：“钦奉皇太后旨意，贵人拜尔噶斯氏、霍（和）卓氏。……俱著封为嫔。”同年，其兄图尔都从台吉擢升为“辅国公”。乾隆三十三年（公元1768年）六月辛西上谕：“钦奉皇太后旨，……容嫔著封为妃”。乾隆三十一年（公元1766年）乾隆帝的第二位皇后死后，他再没有立皇后，从此，容妃是宫中最高等级的妃嫔之一，仅次于皇贵妃。她的地位在妃子中处在第三或第四位上。

史书上记载，容妃曾多次随乾隆和皇太后外巡。乾隆三十年（公元1765年），她同乾隆帝去江南巡视，到过苏州、杭州等繁华城市。在南巡中，供给她的菜肴有野鸭、鹿肉、鸡和羊肉；乾隆三十六年（公元1771年），她又随同乾隆帝到山东去登临泰山，瞻仰了曲阜孔庙。她还随同乾隆帝一起巡视过东北的盛京（今沈阳）和热河，并是木兰狩猎场的常客。从这么多活动来看，容妃和乾隆之间关系十分融洽，并非像影视作品中描写的那么敌对。

大清朝在乾隆以前，没有回族妃嫔的先例。容妃以回部女子至清朝，乾隆不把她安置在后宫，特营建西苑宝月楼，作为金屋藏娇之所。楼南隔街建“回子营”，修礼拜寺。当时，八旗以外的所有百姓都住外城。唯独回子营近在咫尺，依靠九重。这是乾隆爱屋及乌。乾隆为容妃兴建宝月楼的原因是：

第一，语言文化不相同。容妃讲维吾尔语，不能与诸妃嫔住在一起顺利交流，所以特地隔于南海最南之地，其地又在外朝之外垣。这里同皇宫既联系又分割，环境优雅，湖水涟漪。乾隆会维吾尔语，可以同容妃用维语直接交谈。第二，饮食习惯不相同。皇后的正宫坤宁宫兼作萨满祭祀的场所。坤宁宫每日进猪两口，在神案上宰猪，在大锅里煮猪肉，祭祀敬神。元旦祀神，皇帝、皇后行礼；春、秋两大祭，皇后也到，妃嫔自当侍从。而最尴尬者，则为后妃受胙，是一种猪肉米饭。这是回教徒所万万不能忍受之事。所以将容妃单独安置在另一个生活区域，生活上很是方便。第三，生活风俗不相同。维族的衣服、装饰，同皇宫的后妃、宫女都不同。皇宫除御花园外，别无游观之处。乾隆于瀛台之南筑宝月楼，则随时可以驾幸西苑，而不必如临圆明园，路途既远，又烦劳出驾。容妃在这里则可免去其他妃嫔争宠之扰。第四，宗教信仰不相同。满族的宗教是萨满教，乾隆又崇奉喇嘛教。维吾尔族信奉伊斯兰教，要做礼拜。容妃所居之地，隔长安街而对回子营，建回教礼拜堂及民舍，并使内附之回民居住，屋舍皆沿袭回风。容妃站在楼上，可以望见对面的“回子营”，以解思念之情。

从报告容妃最后几年生活的某些档案资料获悉，乾隆五十一年（公元1786年），她命令从苏州的皇家丝绸厂提取了价值近四百两银子的丝织品。乾隆五十二年（公元1787年），她从皇宫的药剂师处开了“平安丸”，显然当时她感身体不适，但似乎仍然在继续正常地出席皇宫里的酒宴和其他大事。乾隆五十三年（公元1788年），第三个太阴月，她得到皇帝赠予的礼物奶糕。同年四月十四日，皇帝又送给她十个蜜柑。五天后（四月十九日），她竟不幸与世长辞了。容妃的确切死因，至今还无从查考。容妃去世以后，她的财产分给她的娘家、太监、宫女、穆斯林士兵及其妻子们，在有关资料中都有详细的记录。

○获得乾隆帝的格外关爱

容妃素无骄气，与乾隆帝嫔妃融洽相处，颇为相得。也许是没有生育子女的缘故，她把乾隆帝的最小女儿十公主视如掌上明珠，百般照顾，慈母之爱，时有流露。

容妃在宫中享有特殊的地位。细心的乾隆帝深知这位爱妃的所好所恶，对于容妃的宗教信仰十分尊重。乾隆赐给容妃的新疆哈密瓜等贡品就比一般妃嫔多些，他总是把上品花皮回子瓜单赏容妃，而其他嫔妃则赏给二等青皮哈密瓜。乾隆赐给容妃的御膳大都是羊肉、鸡、鸭和素菜等菜肴。宫中曾有一位名努倪玛特的维吾尔族厨司，专门为容妃做“谷伦杞”（抓饭）和“滴非雅则”（洋葱炒的菜）等维吾尔饭菜。乾隆还特许容妃在宫中一直保持回部服饰，直到乾隆三十三年（公元 1768 年），因为由嫔升妃，才为容妃做了满族朝冠与朝服。乾隆帝对容妃的家属也很照顾。

容妃对于皇上更是竭力侍奉。进宫不到一年，她便恭请乾隆帝允许自己献上具有民族色彩的杂技班子进宫表演。在乾隆二十六年（公元 1761 年）正月，维吾尔族杂技班的玩小羊、玩绳杆、斗羊等精彩节目表演给新年佳节增添了许多笑声。乾隆帝龙心大悦，先赏艺人，后赏容妃。容妃还经常亲点菜谱，命回部厨师做出各种可口的清真佳肴，奉献给乾隆帝品尝。对于皇太后，她也是恭敬有加。

乾隆四十三年（公元 1778 年），乾隆帝携嫔妃前往盛京避暑，一并拜谒祖陵，重游大清帝国的龙兴之地。在随行的六位妃嫔中，容妃的地位已居第二位。此后的数年里，容妃又伴随乾隆两次避暑热河行宫。在热河行宫澹泊敬诚殿的宴会上，容妃已坐在西边头座首位的位置。即使回到皇宫，在乾清宫论资排辈的万岁爷宴席上，她也坐到了东边桌第二位，距天子只有一人之隔了。但容妃生活恬淡，没有染指权力的奢望；

她只求谨慎侍奉太后，小心处好宫廷复杂的人事关系，竭力取悦皇上，让居于宫外的兄长叔侄不致遭到灭顶之灾，让自己家族的教众能过上安居乐业的生活。

从乾隆四十六年（公元 1781 年）三月开始，南疆穆斯林世界又有了小小的骚动。也许是因上述原因，乾隆四十八年（公元 1783 年）九月十五日容妃五十大寿时皇上的赏赐，直到第二年正月才兑现。从此以后，容妃便很少在宫中露面。乾隆五十二年（公元 1787 年）十月，容妃患病。当年年底到次年正月，容妃多次得到乾隆的单独恩典，赏赐果品。这三个月里容妃已经卧床不起，即使如此，她还惦念着乾隆帝，竭尽职责。在正月里，容妃在病榻上命回族厨师努倪玛特六次专门给乾隆帝进奉热锅，两次进奉备受乾隆称赏的“谷伦杞”、“滴非雅则”，尽管她已不能陪侍皇上共进晚餐。

乾隆五十三年（公元 1788 年）四月，容妃的病越来越重，她对宫中朝夕相处的妃嫔和本宫女子以及她娘家的叔叔、婶婶、嫂嫂、姐妹等都寄以无限的深情，把毕生积存的全部衣物和珍贵的首饰分赠给他们留作纪念。同时，侍奉过她的宫内首领、太监、宫女、仆女她也没有忘记，赠银钱、赠衣物，对他们的忠心表示临终的谢意。容妃对娘家更是有着特殊的感情，她希望通过遗物使大家经常念起她，便也赠给他们许多珍贵物品。

容妃在清宫生活了 28 年，于乾隆五十三年（公元 1788 年）四月十九日病逝，终年 55 岁。

○香魂究归何处

关于容妃墓的地点，有不同的说法。

一为喀什噶尔（今新疆喀什）。这座墓在新疆人眼中，与其说是“香妃”墓，倒不如叫它“阿巴克霍加麻扎”更为准确。阿巴克霍加麻扎是综合维吾尔族建筑与园林艺术于一体的艺术综合体。整个建筑群占地七十亩，门口及围墙外是一片挺拔的白杨树，进大门后便是一座座奇特的小花园，种有色彩绚丽的八瓣梅、大丽花等奇花异卉，还有当地的特产菩提子。每当初秋，菩提子硕果累累，呈翠绿色，仿佛是一串串翡翠，令人馋涎欲滴。麻扎的阿巴克霍加墓主建筑物高二十六米，底三十五米，宽三十米，墙由绿色的琉璃贴砌而成，巍峨宏伟，金碧辉煌。优美而神秘的环境更加渲染了“香妃”之谜带给人们的无穷诱惑。据史料记载，阿巴克霍加麻扎始建于公元1640年至1927年，时间跨度达三个世纪之久。阿巴克霍加麻扎包括大礼堂、教经堂、客厅、水池等，是一座很有艺术特色的建筑群。墓内埋藏着伊斯兰大传教者阿巴克霍加和他父亲阿去默罕德玉树甫等五代霍加，计七十二人。据讲，这里的麻扎几乎为清一色的男性，唯一的女性便是阿巴克霍加的重侄孙女伊帕尔罕，也就是人们熟知的“香妃”。乾隆皇帝备受“香妃”情感的牵挂，“香妃”去世不久便派出一百二十四人，抬着“香妃”的灵柩从京城出发，沿长安、兰州、古丝绸之路出玉门关，历时三年半的时间终于走到了“香妃”的出生地喀什，将她埋葬在阿巴克霍加麻扎里。这就是如今的“香妃”墓。

一为河北遵化县东陵。史书上说，“香妃”去世以后，乾隆帝悲痛欲绝，特下诏书将他的这位爱妃隆重地安葬在距北京东面一百二十五公里河北遵化县的清东陵中。在那里，清代的顺治、康熙、乾隆和他们的后妃们都长眠于此。那是一个面积很大的皇家陵寝地，风水独好，现在已成为中外游客向往的旅游胜地。前面已经交代明白，这种说法有民国初年原清代皇宫委派的守陵人的识别为证。

1979年东陵容妃墓出土，史学家根据种种资料，推翻了各种“香妃”的传说，认为“香妃”就是容妃。墓的地宫内由一道石门，四道石券组成，一具红漆棺木停放在宝床之上，棺侧被砍开一个大洞，棺内已空空无物。在杉木红漆棺头，有金漆的伊斯兰文的《古兰经》，可辨的文字为：“以真主的名义……”棺外西侧，于泥水中发现一具头骨、一条长九十三公分的花白发辫，上面结有红色的头绳。西北角的棺木下压着一些绣花、缂丝袍褂的残片，还有几件织成的袍料。一条黄我八宝花绫织成的“哈达”最为引人注目，它与北京白塔寺的塔腹内所出的乾隆年间的哈达很相近。上面所织的文字，也类似“吉祥颂”。其他各色如意、荷包、珍珠、宝石、猫眼石、钻石等饰物零星散见；另有几颗牙齿和指甲。由这些墓中遗物可以推断：

（一）清代帝、后、妃的棺椁上，大多是镌刻藏文佛经，用以超度亡灵；唯独容妃棺木上是《古兰经》，这是死者生前的信仰及民族所属的证物。（二）墓中所出的花白发辫，证明了死者年龄。花白发辫与档案所载容妃年龄五十五岁相吻合。（三）墓中所出的头骨，显示出维吾尔族女性特征，其骨缝密合程度及牙齿磨损状况，也证实了容妃的卒年是五十五岁左右。（四）墓中所出的织物上织有“江宁织造臣成善”、“苏州织造臣四德”等字样，据文献记载，江宁织造臣成善正是乾隆五十年任职的织造官，苏州织造臣四德在乾隆四十五年至四十七年时任杭州织造，四十九年始调任苏州任职。清宫档案《绣杏黄缎净八团金龙袍一件料工银两清册》中载有容妃生前曾在苏州选用了一批织物，正是四德任职时所织造。这些织物及织物上织有的织造官姓名，旁证了容妃生活的年代。

大量史实和物证表明，容妃就是传说中附会的“香妃”，是乾隆帝四十一位后妃中唯一的一位维吾尔族女子。她既不是叛乱头目霍集占的妃子，也没被皇太后赐死。最奇怪的一点是从所有出土的文物中，以及有关她身世的记载里，都未曾找到她身上曾带有香味，以及有关“香妃”之说的痕迹。一个传说中如此神秘的女子竟是一个平凡的宫妃，真让人不可接受。

6

与嘉庆皇帝恩爱20年的孝淑睿皇后

喜塔腊氏（公元1760～1797年），清仁宗颙琰（俗称嘉庆帝）皇后。父和尔径额，官副都督统、内务府总管。公元1796册为皇后。谥号“孝淑睿皇后”。喜塔腊氏是嘉庆皇帝的第一位皇后。

○一生的最大功德是生下一个皇帝

孝淑睿皇后喜塔腊氏，满洲镶白旗副都统、内务府总管私尔经额之女。乾隆三十九年（公元1774年），经乾隆帝指婚，喜塔腊氏以皇子嫡福晋的身份与时为皇十五子的永琰成婚。成婚之日，在紫禁城内撷芳殿中所的酒馔桌前，永琰站在西，喜塔腊氏立于东，两人相向行两拜礼后，就座。在执事人等的照顾下，新郎、新娘共饮合卺酒。酒馔三巡，二人起立，再一次互行两拜礼，以示大婚礼成，接下来就是洞房花烛了。喜塔腊氏成为永琰的嫡福晋后，于乾隆四十五年（公元1780年）生皇二女（4岁夭折），四十七年（公元1782年）生皇二子绵宁（即位后改名旻宁），是为道光帝。当时正值永琰的皇长子已夭折，所以绵宁的诞生对夫妻俩来说都是个极大的安慰。四十八年（公元1783年），喜塔腊氏又生皇四女，此女后封庄静固伦公主，下嫁蒙古土默特贝子玛尼巴达喇，28岁薨。从喜塔腊氏生育子女的时间上看，隔年生育一子女，说明其与永琰间的夫妻感情还是相当和睦的。只是此后，喜塔腊氏再也没有生育过儿女。

喜塔腊氏一生最值得骄傲的就是清朝唯一生育皇帝的原配皇后。清太祖努尔哈赤是嫡长子，但对开国皇帝而言，其母宣皇后的称号是追封的；清太宗皇太极是第八子，其母孝慈高皇后的称号也是追封的；顺治帝为皇九子，其母原为庄妃；康熙帝是皇三子，其母原为佟妃；雍正帝为皇四子，其母原为德妃；乾隆帝是皇四子，其母原为熹贵妃；嘉庆帝为皇十五子，其母原为令皇贵妃。而只有皇次子道光帝是仁宗元后孝淑睿皇后所出的嫡长子。其实上述这些皇帝中，也不乏想立嫡长子为储君的，如太祖曾立元妃佟佳氏所生的褚英、代善，圣祖曾立孝诚仁皇后赫舍里氏所生的嫡长子允礽，而高宗更是将立嫡长子嗣位作为自己平生的夙愿。他曾两次将孝贤皇后所生的永琏、永琮秘定为皇太子，而且预立永琏的密诏甚至已经放到了乾清宫正大光明匾的后面。可两子早亡使其屡立不成，以致乾隆帝发出自己欲行先人所未行之事，邀先人不能获之福，是一大过错的感叹，认为是自己的贪心导致了两个心爱娇儿的早丧……有心栽花花不开，无心插柳柳成阴。清历朝都不是嫡长子继承大统的遗憾，在嘉庆帝和孝淑睿皇后的共同努力下，终于得到了弥补。当然也是苍天庇佑，使喜塔腊氏所生的这唯一嫡子总算健康地活下来了。

嘉庆四年（公元1799年）四月初十日，嘉庆帝用秘密立储的家法，亲书绵宁之名，密缄金匣，内定其为皇储。嘉庆二十五年（公元1820年）七月，仁宗病逝于热河行宫。按遗命，绵宁即位，是为道光帝。喜塔腊氏最终被谥为“孝淑端和仁庄慈懿敦裕昭肃光天佑圣睿皇后”，自己所生的唯一爱子得继大统，这将是孝淑睿皇后于九泉之下最欣慰不过的事情了。

○一对模范的恩爱夫妻

嘉庆帝对喜塔腊氏十分喜爱，夫妻感情十分深厚。

嘉庆元年（公元 1796 年）正月元旦，嘉庆受禅即位，喜塔腊氏也被册立为皇后。嘉庆封后诏书是这样说的：“奉太上皇帝之命，遣东阁大学士王杰为正使、礼部侍郎多永武为副使，持节册宝，册立嫡妃喜塔腊氏为皇后。”喜塔腊氏得以统率后宫，母仪天下。但当时，乾隆虽退位了，大权仍然掌握在他手中。嘉庆和喜塔腊氏的处境十分艰难，是夹缝中求生存，稍有不慎，帝位难保。嘉庆虽然名义上是皇帝，但太上皇乾隆仍贪恋君临天下的权势，军政大权还是他一人决断，嘉庆只不过是个看父皇眼色行事的儿皇帝、傀儡皇帝，还经常受权臣和珅的欺侮。喜塔腊氏自然也是傀儡皇后了，她只能像丈夫嘉庆一样，韬光养晦，隐忍待发，同时尽心尽力照料太上皇乾隆的饮食起居，千方百计讨乾隆的欢心，是个处处受气的小媳妇，根本享受不到母仪天下统率六宫的威势和荣光。但喜塔腊氏是个贤淑睿智的女子，她没有因此而生怨气，而是竭尽全力地照顾好丈夫，给他宽慰。相互扶持，相互鼓励，一方面处处以乾隆之是非为是非，尽心尽力照顾好乾隆的饮食起居，一方面帮丈夫与权臣和珅巧于周旋，虚与应付。可惜，恩爱难长久，喜塔腊氏一直体弱多病，红颜薄命，她没有熬到丈夫嘉庆亲政的那一天。嘉庆二年（公元 1797 年），只当了一年零一个月的皇后，便一病不起，二月初七，她在坤宁宫安然去世，结束了自己显贵而平淡的一生，年仅三十七岁。嘉庆赐谥号“孝淑”。孝淑睿皇后去世以后，嘉庆认为自己还奉养着太上皇，应当取意吉祥，丧事不应该大办，而且喜塔腊氏当皇后时间并不长，因此下谕：“辍朝五天，素服七日”，减了不少礼仪。皇后丧仪举行葬礼葬于太平峪后，此后嘉庆帝即在此建造了自己的陵寝，名曰昌陵。道光、咸丰都为她加谥，曰孝淑端和仁庄慈懿敦裕昭肃光天佑圣睿皇后。在嘉庆帝的后妃中，她是死后唯一与嘉庆帝同葬昌陵的女人。其他后妃都没有这个福分和荣耀。

嘉庆虽然减了皇后的葬礼，但是并不意味着他不爱这个皇后，实际上他是深爱着孝淑睿皇后。在她病逝后，嘉庆帝非常哀伤，悲痛无比。

喜塔腊氏是嘉庆生活中的第一个女人，也是最重要的一个女人，陪他一起走过了亲政前的那段艰难时光，可谓是患难夫妻。而且嘉庆性格内向，为人忠实，在婚姻生活上不像父皇那样风流倜傥，喜新厌旧，随处留“情”。因而他对发妻喜塔腊氏感情深厚，至死不渝。昌陵工程告成后嘉庆帝亲率旻宁（绵宁）至陵墓前举哀致奠。历数旻宁生母在世时种种宽厚贤惠风德。事后，嘉庆帝还亲自撰诗：“永芳别型已七年，太平择地卜新迁。考思垂泽沐深厚，后德流徽感激贤。濯泪徒顷三爵酒，伤心早废二南篇。临风追悼增哀思，廿载相依百世牵。”在她的丧期作了悼诗词多首，有“举觞非酒浆，倾洒皆泪涕。诚无可奈何，节哀以礼制”之语。嘉庆二十五年盛夏，酷热难当，年事已高的嘉庆帝却一定要去喜塔腊氏的寝陵。人们百般地阻拦，可是谁也拦不住。在喜塔腊氏的寝陵，皇上亲为祭酒，然后对旻宁道：你母亲要是能活到今日该多好啊，她在时整日为朕提心吊胆，从没轻松过，现在扔下朕一人独受寂寞已二十多年了。

当晚，明月如水，青松低语，嘉庆帝兴酒驷地，老泪纵横，口占诗句道：

松楸阴满路，触目总含辛。
后去逾廿载，予年届六旬。
未能同白首，徒自驷黄尘。
三爵抒悲绪，怆看几案陈。

由此可见嘉庆帝对喜塔腊氏的深情厚意。

喜塔腊氏是不幸的，她没能等到嘉庆亲政真正享受到母仪天下统率六宫的威势和荣光，但是，她又是幸运的，作为一个帝王身边的女人，能得到嘉庆帝至死不渝的深情，比起那些活着的深宫怨妇她又是何等的幸福。

7

情深寿难长的孝全成皇后

《清史稿·列传一·后妃》：孝全成皇后，钮祜禄氏，道光十一年六月己丑，文宗生。十三年，进皇贵妃，摄六宫事。十四年，立为皇后。二十年正月壬寅，崩，年三十三。宣宗亲定谥曰孝全皇后，葬龙泉峪，咸丰初，上谥。光绪间加谥，曰全慈敬宽仁端安惠诚敏符天笃圣成皇后。

孝全成皇后，钮祜禄氏，二等侍卫一等男颐龄之女，皇太后的侄女，咸丰帝生母。这位皇后姿色一等而且聪明机敏，幼年的时候曾随父亲颐龄在苏州居住几年，学成江南女子的纤巧秀慧，还发明了一种七巧拼板，作为闺中清玩。道光帝听说颐龄的女儿才貌双全，名闻遐迩，亲自下诏求选。钮祜禄氏进宫以后侍奉君王，曲意承欢，深得道光皇帝的宠幸。先为贵人，进而封为嫔，再进而封为妃、贵妃、皇贵妃，还因才、智、貌样样都全，特赐予“全”字的封号。道光十一年六月，她为皇帝产下一个儿子，取名麟儿，也就是后来的咸丰帝。由此，更得宠幸。在孝慎成皇后佟佳氏病逝后，道光帝就晋封她为皇贵妃，统摄六宫事务，第二年立为皇后。册全妃为后时，道光帝显得比第一次册后时更为欣喜。此后，道光帝、后过了两三年伉俪情深的安稳时光。转眼是皇太后六十岁诞辰，道光帝为讨太后欢心，亲自制作皇太后六旬寿颂十章，在太后的寿康宫诵读驾寿。而皇后为了讨得太后的欢心，也来凑热闹，亏得她诗词文章无一不精，当下一挥而就，写成“恭和御诗十章”，献给太后。

过了几天，道光帝去向太后请安时，随便聊起皇后赋诗祝贺一事。太后说：“皇后敏慧过人，未免可惜。”道光帝觉得她讲得奇怪，自己有所不解，忙问为何？太后又道：“妇女以德为重，德厚方能载福，若仗着一点才艺卖弄，恐不是有福之人。”道光帝听了这话也没放在心上。谁知后宫有好事之徒，长舌妇人，把皇太后的这种随意闲聊搬给皇后听。皇后有些不高兴，心想：“我乃一国之母，生下皇子，又是皇长子，将来免不了身登大位，我便是皇太后的命，难道能说我没有福分么?”这样，她便觉得太后有意损她，不很高兴。才色俱佳的皇后，因道光帝的宠爱，更生骄娇之气，翁姑小看她，她不免心存芥蒂，面上也就流露出来。有时去寿康宫请安，言语中颇含讥讽。皇太后一贯养尊处优，又是皇后姑母，怎么忍受得了？婆媳两人竟然越来越生分了，再加上宫嫔们从中搬弄是非，关系更加不和。只是苦了道光帝，一面是母亲，一面是爱妻，两头周旋不过来。

道光十九年（公元 1839 年）冬，皇后钮祜禄氏偶然受了些风寒，躺在床上。皇太后亲自驾临坤宁宫探视，态度十分慈祥，使道光帝颇觉欣慰。转眼过了元旦，皇后的病已有好转，她坐上凤辇去寿康宫叩头谢恩。过了两天，太后特派一名太监，亲赐皇后一瓶美酒，说是饮食后能祛风寒，舒筋活血。皇后谢恩之后把盏酌饮，尤觉甘美异常。谁知当夜躺在床上竟遽而仙逝了。年仅三十三岁。道光帝悲痛万分，亲定谥号曰孝全成皇后，谕：“以顺孝醇，足亥一生，即谥为孝全皇后。”葬龙泉峪。此后道光帝未再册立皇后。咸丰初，上谥。光绪间加谥，曰孝全慈敬宽仁端悫安惠诚敏符天笃圣成皇后。

对于钮祜禄氏的死，当时就有人怀疑是太后恼怒于她，在赐的酒里加了毒。道光帝也是觉得皇后死得可疑，但因家法森严，不敢怀疑慈亲，只好隐忍下去。皇太后也显得很悲伤，三次亲临奠祭，显得不同寻常。对此，正史中并未有任何记载，因而至今我们无法找出她真正死因。

被慈禧扼杀的帝后情

孝哲毅皇后，同治帝后，阿鲁特氏，蒙古正蓝旗人，翰林院侍讲崇绮女，咸丰四年七月初一生，比载淳大两岁，同治十一年九月十四立为皇后。据传说，在选立皇后时，慈禧太后意在凤秀之女，慈安意在崇绮之女。同治皇帝遵从了慈安的意向，选中了阿鲁特氏。因此，从立后的那一天起，慈禧就不喜欢阿鲁特氏。后来又见载淳与皇后感情甚密，相敬如宾，而被封为慧妃的凤秀之女常被冷落，慈禧更加愤怒，经常干预帝后的私生活，所以野史中才有阿鲁特氏被慈禧迫害致死的说法。

载淳死后，阿鲁特氏被封为嘉顺皇后。阿鲁特氏死后，梓宫也在隆福寺暂安，光绪五年三月二十六与载淳同日入葬惠陵。她的谥号全称是：“孝哲嘉顺淑慎贤明恭端宪天彰圣毅皇后”。

○入宫立后的名门闺秀

阿鲁特氏作为状元的女儿，自幼就受到了良好的家庭教育，当然这种教育的内容完全是封建礼教的那一套。这位名门闺秀可以说是饱读诗书，知书达礼、温柔贤慧、冰清玉洁。但她被最终立为皇后，也并不是一帆风顺的，其中既有一轮又一轮的激烈竞争，又有宫廷内的矛盾角逐。未来的皇后，要在成千上万个青少年“秀女”中筛选。经过多次慎重、认真地选择，到同治十一年初，合格的“秀女”只剩了10个，其中有阿鲁特氏。两宫皇太后事先已决定，这一年的二月初二大吉大利，定于这一天选出皇后。

快到这一天时，朝野内外已议论纷纷。在八旗贵族的私下议论中，大部分认为户部侍郎崇绮的长女气度高雅，德才俱胜，皇后是非她莫属了。到了“二月二，龙抬头”这一天，宫中热闹极了，选立皇后大典的地点定在御花园的钦安殿。一大早就有内务府的官员进殿铺排。两宫皇太后、皇帝在宝座上就坐，御案上放着一柄镶玉如意，一对红缎绣彩荷包等东西。内务府大臣行过礼，即奉旨将入选的10名秀女带进殿来。行过大礼后，她们分成两排，依照父兄官职的大小分先后站立着。第一次算是预选，两宫皇太后已商量停当，先从10人中选出4个来。这4人将是一后、一妃、两嫔。而此时所封的妃，只要不犯过失，循序渐进，总有一天会成为皇贵妃。同样，此时所封的两嫔，也必有进位为妃的日子。挑选开始，第一轮挑出了副都统赛尚阿的小女儿阿鲁特氏、知府崇龄的女儿赫舍里氏、刑部员外郎凤秀的女儿富察氏和当时身为翰林院日讲起注官侍官侍讲的崇绮的长女阿鲁特氏。

皇后在崇绮的女儿与凤秀的女儿之间选出是事先已定好的。但慈禧太后认为，凤秀14岁的女儿富察氏美丽端庄，是皇后最合适的人选；而崇绮的长女阿鲁特氏已19岁，比同治还大两岁，又不是满族人，因此不宜立为皇后。另外还有一个重要原因，是慈禧太后生在道光十五年乙未，肖羊，而阿鲁特氏生于咸丰四年，是甲寅年，肖虎。如果属虎的人入选正位中宫，慈禧太后就变成了“羊落虎口”，这冲尅非同小可。迷信意识浓厚的慈禧太后虽嘴上不便说出，但实际上自然是要力避这种结局出现。慈安太后的意思刚好与慈禧太后相反，她认为还是立崇绮的长女阿鲁特氏为皇后好，阿鲁特氏虽然相貌不如富察氏，但“娶妻娶德，娶妾娶色”，立皇后以德行为最要紧，阿鲁特氏完全符合条件。再说比皇帝大两岁，懂的事就多，更能够照顾好皇帝，帮助皇帝读书。另外，从来选后虽讲命宫八字，但那是只要跟皇帝相合就行，与皇太后是不是犯冲，并不在考虑之列。因此，慈禧太后担心的“羊落虎口”一事，慈安太后大概根本就没想到。最后，问皇帝载淳的意见，他嗫嚅半晌，终于道出了自己的心愿，决定立阿鲁特氏为皇后。对此慈禧太后虽然很不满意，但毕竟已无法挽回了。

休息过后，复临钦安殿。按照清廷祖传的方式，载淳亲自把镶着羊脂玉的如意递给阿鲁特氏。阿鲁特氏跪下，由于穿着“花盆底”的鞋，不能双膝一弯就跪，得先蹲下身去请安，然后一手扶地，才能跪下，她不慌不忙，娴熟地做完了这个礼节。然后接过玉如意，垂首谢恩。大局就这样定了下来了。然后，慈安太后把红缎绣花荷包赐与富察氏。

来到养心殿，即拟旨诏告天下皇后已选立。慈禧太后又定富察氏为慧妃，赛尚阿小女儿阿鲁特氏为珣嫔，赫舍里氏也为嫔位。慈安太后表示同意。在这次立后问题上，慈安太后表现出了极少有的爽利果断，致使慈禧太后立富察氏为皇后的企图最终失败了。

过去二百多年，后妃都是在满州贵族中遴选，此次却破了先例，使清廷自康熙以来出现了第一个非满族人皇后——蒙古族皇后。

关于选立皇后之事，另有“地上倾茶”一说。据苏海若《皇宫五千年》载：“聘后必择二人，须帝自选。中选者册封，不中亦封贵人。穆宗选后时，意无所适可，慈禧促之，帝乃以茶倾地上，令二人趋而过。一人恐袍污，抠其衣；一人不然。帝曰：‘抠衣者爱衣，不抠者知礼。”遂选不抠衣者，即毅皇后也。”这种说法无疑是过于简单了。

皇后身份尊贵，理应出在上三旗。但才德俱备的秀女下五旗亦多的是：或者出身下五旗的妃嫔，生子为帝，母以子贵，做了皇后。为解决这样的难题，清代定下一种制度，可以将后族的旗分改隶，原来是下五旗的，升到上三旗，名为“抬旗”。崇绮家原是蒙古正蓝旗，照京城八旗驻防的区域来说，应该抬到上三旗的镶黄旗。这样崇绮一家就沾女儿的光被抬为满洲镶黄旗。崇绮本人蒙恩被封为三等承恩公。从五品官连升三级，一下子成了二品高官。

八月十八日是“大征”日。“大征”就是六礼中的“纳征”，即到皇后家下聘礼。慈禧太后亲定礼部尚书灵桂、侍郎徐桐为“大征礼”的正副使，是为了讨个“灵子桐孙”的吉利口彩。

聘礼由内务府负责准备，按康熙年间的规矩，是200两黄金、10000两白银；若干金银茶筒、银杯；1000匹贡缎；另外是20匹配备了鞍辔的骏马。聘礼并不算重；但皇帝富甲天下，并不在钱财上计算。光是那10000两银子，便是户部银库的炉房中特铸的、50两一个的大元宝，凸出龙凤花纹，银光闪闪，映日生辉。20匹骏马也是一色纯白，是古代帝王驾车的所谓“醇驷”，个儿头大小一样，配上簇新的皮鞍，雪亮的“铜活”，黄弦缰衬着马脖子下面一朵极大的红缨，色彩极其鲜明。为这20匹马上驷院就报销了七八万两银子，还专门花了几个月的工夫调教。

另外，还有赐皇后祖父、父母、兄弟的金银衣物，也要随聘礼一起送去。一路吹打到皇后私邸，崇绮一家早已在门外恭迎。“大征”的礼节自是隆重热烈。大征的仪物聘礼安排停当之后，皇后方才出临。

从皇帝亲授如意，立为皇后，鼓吹送回家的那一天起，阿鲁特氏即与她的祖父、父母、兄嫂废绝了家人之礼。首先是一家人都跪在大门外迎接，而她则摆出皇后的身份，对跪着给她叩头的父母亲人决不能照样回礼，最多只能点一下头。等进入大门，随即奉入正室。独住五开间的二厅。同时，内有宫女贴身侍候，外有乾清宫班上的侍卫守门，稽查门禁，极其严厉。尤其是青年男子，无论是多么直接重要的至亲，都不能进门。在里面，父亲要见女儿，也很不容易，几天见一次，见时做父亲的崇绮要恭具衣冠。皇后的母亲、嫂子，与她倒是天天见面，但却如命妇进宫，只是为了侍候皇后。每天两次“尚食”，阿鲁特氏皇后独居正面，食物从厨房里送出来，由丫头传送给她的长嫂，长嫂传送给母亲，母亲亲手捧上桌，然后侍立一旁，直到她用膳完毕。当然，皇后除了二厅，是屋门也不出的。

此刻，皇后在宫女的随侍下，出临大厅受诏。听宣了钦派使臣行大征礼的制敕，皇后仍旧退回大厅。等仪物聘礼授受完毕，崇绮又率领全家亲丁向禁宫所在的西北方向，行三跪九叩的大礼谢恩。接着匆匆赶到门外，跪送使臣。“大征”礼到此告成。

大征礼一过，马上就得准备大婚正日的庆典。此次同治皇帝与阿鲁特氏皇后的大婚，非同一般的庆典，它在当时的那种社会里，既是北京城内的一大盛事，也是全国普天同庆的喜事。在乾隆五十五年，京城为清高宗祝贺八旬大寿时，曾大大地热闹过一番，这回巧逢康熙皇帝之后二百多年来首位在位皇帝大婚，可谓“百年难遇”（康熙至同治之间的几位皇帝，即位时早已成年，已有了嫡福晋即皇后）。自然是要以最浩大、最隆重的仪式来庆贺了。

大婚吉日定在同治十一年九月十五这一天。照满族的婚俗，发嫁妆须在吉期的前一天。因为阿鲁特氏的妆奁多达360抬柗，需连发4天，因此要提早开始。九月九日重阳节这天皇后就开始向宫中送嫁妆。妆奁中真是应有尽有，首饰、文玩、衣服、靴帽不可胜数，仅两广总督瑞麟与粤海关监督崇礼办来的紫檀木器，就有几十柗。但在这诸多桌案木器中，却独缺一张床。

床自然是有的，它早已被安置在坤宁宫东暖阁。这张床非同一般，它也可以说是一个槅间，所以没有床顶，只有雕花的横楣，悬一块红底黑字的匾，上书四个大字“日升月恒”。西面朱红大柱下，置一具景泰蓝的大熏炉；东面柱房，则是雪白的粉壁，悬着“顶天立地”的大条幅，画的则是“金玉满堂”的牡丹。下置一张紫檀茶几，几上一对油灯，油中还加上蜂蜜，期望皇帝和皇后，好得“蜜里调油”似的。床上的帐子本来是黄缎的，此时为表示喜庆则换成红色的。已专门安排4位“结发命妇”负责“铺床”。

吉期虽选定九月十五日，仪典却从十三日半夜里便已开始。太和殿前，陈设全部卤簿，丹陛大乐，先册封，后奉迎；十四日寅初时分（凌晨3点多钟），皇帝驾御太和殿，亲阅册宝。册封皇后的制敕，是内阁所撰的，一篇典皇堂皇的四六文，铸成金字，缀于玉版，由工部承制，仅此就报销了一千多两黄金。“皇后之宝”大印亦用赤金所铸，4寸4分高，1寸2分见方，交龙纽、满汉文，由礼部承制，也是报销了一千多两银子。

册封的使臣仍是灵桂和徐桐，他们受命下殿后，跟在供奉“玉册金宝”的龙亭后面。龙亭被人抬着，直趋后邸。

阿鲁特氏大门口是崇绮率领全家亲丁跪接，二门中是崇绮夫人率子妇女儿跪接。等在大厅上安放好了册宝，皇后方始出堂，先正中向北跪下，听徐桐宣读册文，然后灵桂把玉册递给左面的女官，她跪着接过来再转奉皇后，皇后从左边接过来，往右边递出去，另有一名女官接过，放在桌上。金宝也是这样一套授受的手续。册立大典，到此完成。册封的二位使臣即回宫复命。

下面就到了该奉迎的时候了。一吃过午饭，文武百官，纷纷进宫，在太和殿前，按着品级排班。申初时分（下午3点多钟），同治皇帝临殿，先受百官朝贺，然后降旨遣发陈设在端门以内、午门以外的凤舆，奉迎皇后。

奉迎的专使是两福晋、八命妇。两福晋是载淳皇帝的婶母、惇王奕综和恭王奕欣的福晋。八命妇原则上应是既结发，又有子孙的一品夫人。

大婚的仪礼，原是满汉参合，而“六礼”中最后一个环节、也是最重要的一步，就是“亲迎”。皇帝皇后比于天地，皇帝大婚不亲迎皇后，于礼有悖。但果真亲迎，不但仪制上会生出无法折中调和的麻烦，而且帝后究竟不同，皇帝大驾临御，刚要做新娘子的皇后，还得跪接，世上自然没有这个道理。因而必须有一个可行的办法代替。这办法就是用一柄龙形的如意代替皇帝。当奉迎专使承旨奉迎皇后时，她们跪进朱笔，由皇帝在如意正中，朱笔大书一个“龙”字，然后将这柄如意放在凤舆中压轿，这便是“如朕亲临”之意，作为亲迎的代替。

奉迎的仪节，当然又是以满族的风俗为主。奉迎专使即使都是女眷，也要全部骑马。仍由龙亭作为前导，一块来到后邸，崇绮带领全家仍有一番跪接仪式。等把凤舆在大堂安置好，10 位福晋命妇便到正屋谒见皇后，然后侍候皇后梳妆。此时皇后头梳得很有讲究，必须梳成双凤髻。皇后收拾停当，由众人服侍着坐上凤舆，凤舆在子初一刻（晚上 11 点多钟）出后邸上路，皇后由大清门被抬入宫，到宫里时，当是 15 日凌晨了。

与此同时，等在乾清宫的皇帝，也出乾清门进入坤宁宫，暂在人婚洞房的东暖阁前殿休息。此时皇后的凤舆已由御道到了乾清门，抬过一盆极旺的炭火，四平八稳地停好，在奉迎专使的护持下，皇后跨出轿门，女官上前接过她一手拿一个的苹果，奉迎专使则捧一红绸封口的金漆木瓶交到皇后手里，里面盛着特铸的“同治通宝”的金银钱和小金银锭、金玉小如意、红宝石，以及杂粮五谷，称为“宝瓶”。

等皇后捧稳了“宝瓶”，奉册宝的龙亭方始再走，沿着御道经过乾清宫与昭仁殿之间的通路，进入乾、坤两宫之间的交泰殿。这个殿不住人，只有两项用处，一项是“天地交泰”为帝后大婚行礼之地；一项是储藏御宝。这天夜里，两项用处都有，礼部堂官先奉皇后册宝入藏，然后在殿门前另作了一番布置，横放朱漆马鞍一个，鞍下放两颗苹果——就是从皇后手里取来的那两个，上面再铺一条红毯。

6 对藏香提炉，引导着阿鲁特氏皇后跨过“平平安安”的苹果马鞍，被引导到西首站定。这就到了拜天地的时刻。

皇帝这面也是算好了时刻的，等皇后刚刚站好位置，皇帝载淳也由坤宁宫到了，站在东首与皇后相对而立，在繁密无比的鼓乐声中，一起下拜，九叩礼毕，成为“结发”。共同拜完天地、寿星，再由皇后一人单拜灶君。然后皇帝皇后在东暖阁行坐帐礼，吃名为“子孙饽饽”的饺子。

这饺子一一下锅就得捞出来，呈给皇帝皇后，完全是生的；但不能说生，咬一口吐出来，藏在床褥下面，说是这样就可早生皇子。接着皇帝暂时到前殿休息，等候作为奉迎专使的福晋命妇为皇后上头。在满族人说来，叫做“开脸”，用棉线绞尽了脸上的汗毛和毵毵短发，然后用煮熟的鸡蛋剥了壳，在脸上推过，立刻便现出了容光焕发的妇人颜色。接下来是重新梳头。双凤髻只是及笄之年的少女装束，此时要改梳为扁平后垂、无碍枕上转侧的“燕尾”。等打扮好了，方始抬进膳桌来开宫里称做“团圆膳”的合卺宴。

这时皇帝便在太监及两福晋、八命妇的引导迎接下，重回东暖阁。帝后欢宴，其他人等则纷纷跪安退出。到这里，帝后大婚盛典的全部仪礼始告完成。这场筹备3年的“大婚”，花销巨大，耗费惊人。有史记载的婚典中，尚无出其右者。奢华程度，亘古无与伦比，堪称一项中国之“最”。

据当时户部奏报，各省采办物料未经报部者不计，内务府寻常借款不计，特旨拨款不计，仅算各省报部和户部发放用于婚典的银两，就达1130万两。如此庞大的开支，相当于当时清王朝全国一年财政收入的一半。按今天的银价计算，约合1亿美元。19世纪80年代初清王朝驻德国公使李凤苞，秉承李鸿章的旨意直接与伏尔舰厂打交道，买了在当时来说还较先进的两艘6000马力的“定远”与“镇远”铁甲舰，一艘2800马力的“济远”钢甲舰，这3只著名的战舰价钱是白银400万两。同治皇帝结婚所用的钱，几乎可以买这些战舰的3倍。如果把这一大笔钱买成粮食，那将够1400万贫苦农民吃一年。为了娶阿鲁特氏皇后，多少人民的血汗付诸东流！

不论大小官员以及吏役，凡跟“大婚”沾上边的，甚至不沾边的，都受到了封赏、得到了好处。在皇帝“大婚”的这一年，不管是刑部秋审，还是各省奏报的死刑重犯，一律停止勾决。这样一来，连被判死刑的罪犯，都被上了皇恩。

婚后按惯例在东暖阁居住两天，第三天皇帝回到养心殿，皇后阿鲁特氏搬到体顺堂居住。作为皇后的阿鲁特氏，其实也是很不自由的。两宫皇太后尚在，她这个做儿媳妇的要伺候两个婆婆，每天都要到太后处去请安、侍膳，以尽孝道。

○天子暴崩后香消玉殒

慈安太后对这个儿媳妇还是非常照顾体贴的。但慈禧太后则事事看着阿鲁特氏不顺眼，每每加以指斥、责难。史书上所载，对皇后阿鲁特氏“孝贞（慈安太后）亦异常钟爱，而孝钦（慈禧太后）则非常愤怒。每孝哲（阿鲁特氏）入见，从未尝假以词色”，当是事实。关于慈禧太后与阿鲁特氏不和之事，爱新觉罗·溥仪在其回忆录《我的前半生》中也有记述。

所幸的是，大婚之后皇帝载淳同阿鲁特氏关系尚好。帝后之间情趣比较高雅，相亲相爱，堪称相敬如宾。有史为证：“孝哲物度端凝，不苟言笑，故穆宗始终敬礼之。宫中无事，恒举唐诗以试后，后应口背诵如流。上益喜，伉俪綦笃，而居恒曾无亵容狎语。”但由于慈禧太后对阿鲁特氏心怀不满，看到皇帝载淳对她很好，便格外不高兴。于是就对皇帝的私生活横加干预，不让皇帝与阿鲁特氏同居，“欲令慧妃专夕”。小皇帝载淳也有几分倔强，偏不依母亲，干脆谁的寝宫也不去，一人独居乾清宫。

载淳与慈禧太后母子失和，更使慈禧太后迁怒于阿鲁特氏，认为是她挑唆儿子不听自己的话。这给皇后带来了更大的厄运。小皇帝与母亲斗气离开后妃，而独居乾清宫，开始还可坚持，时间一长，就有些心猿意马了。在机灵的太监和奕欣之子载澄的指引下，他化装来到宫外不远的烟花柳巷行走，只一两年，便身染重病。同治十三年十二月初五日，小皇帝载淳病死，享年尚不足19岁。

同治虽非慈安的亲生儿子，但同治对她的尊重以及他俩的默契却不亚于亲生母子。同治十三年（公元1874年）十二月初五日，同治帝崩于皇宫养心殿。同治之死，传说颇多，主要有死于天花、死于梅毒两说。

据传说，皇帝载淳因梅毒导致“内陷”身亡。而“内陷”是由惊吓诱发的。十二月初四日午后，皇后阿鲁特氏到养心殿东暖阁探视皇帝病情，载淳见她脸上泪痕宛在，不免关切，便问缘由，阿鲁特氏一时忍耐不住，就把又受慈禧太后指责的经过，哭着告诉了载淳。哪知慈禧太后接到密报，已悄悄跟来躲在帷幕外面偷听。当听到皇帝安慰阿鲁特氏：“你暂且忍耐，总有出头的日子”时，慈禧太后已按捺不住心头的怒火。据说她当时的态度非常粗暴，与民间恶婆婆的行径无异，掀幕直入，一把揪住皇后阿鲁特氏的头发，劈脸就是一巴掌。皇后统摄六宫，为了维护自己的尊严，当慈禧太后来势汹汹之际但求免于侮辱，难免口不择言，所以抗声说道：“你不能打我，我是从大清门飞进来的。”此话不说还好，一说正如火上浇油。慈禧太后一生的恨事，正是不能正位中宫。阿鲁特氏的抗议正触犯了她的大忌，于是索性一不做、二不休，厉声喝令：“传杖！”“传杖”是命内务府行杖，这只是对付犯了重大过失的太监、宫女的办法，今日竟施于皇后！载淳听了大惊，顿时昏厥，这一来才免了皇后的一顿刑罚。而同治皇帝则就此病势突变，终于第二天不治身亡。

同治皇帝究竟因何而死，实需进一步考证。本来，脉案是皇室档案记录，是官方文件，应无可非议。但事实未必尽然。中国自古就有“为尊者讳”的传统。因为在某种条件下，由于某种不可公诸于众的原因，必须回避当时的真实情况！有时也弄虚作假，以掩盖事实真相，这也是历史上屡见不鲜的手法。因此同治皇帝的脉案、用药情况的记载，也完全有伪造的可能。

亲自为载淳治病的御医李德立的曾孙李镇先生这样说："曾祖李德立就是给同治看病的御医。50 年以前，我的祖父在世时，我为此疑案当面问过他，他是德立公之长子，……关于曾祖为同治看病的亲身经历和慈禧懿旨'屏斥治罪'的内幕，因这是与家族命运休戚相关的大事，印象极为深刻。他说同治确是死于梅毒，并将真相告我。时在 1938 年。我据此查阅有关史料，拟稿投北京《文言报》，被采用披露报端。先祖父及所识前清遗老阅后均额首称是，未闻异议。"关于同治皇帝死前的情况，他的说法也与传说的基本一致。据他说，慈禧太后在亲生儿皇帝得了不治之症后，"首先传旨把同治迁到养心殿东暖阁，便于监视。阿鲁特氏皇后住在养心殿西侧的体顺堂，如要夫妻相会，晨昏省视，要事先通知首领太监禀明，才能进入暖阁面见皇帝。慈禧与皇后，婆媳之间早有不和，如今矛盾更加尖锐。据祖父面告，同治之病，经曾祖精心治疗已有起色。十二月初四日午后，阿鲁特氏来东暖阁视疾，当时载淳神志清醒，看见皇后愁眉锁目，泪痕满面，乃细问缘由。这时早有监视太监专报西太后，说皇帝与皇后阁内私语。慈禧急来东暖阁，脱去花盆底高跟鞋，悄悄立在帷幔之后窃听，并示意左右禁声，切勿声张。此时皇后毫无察觉，哭诉备受母后刁难之苦。皇帝亦亲有感受，劝她暂且忍耐，待病好之后，总会有出头的日子。可知载淳在去世前一天，所想的是病好之后的事，没有预感到明天就要死了。不料慈禧听到此处正刺所忌，竟勃然大怒，立刻推幔闯入帷内，一把揪住皇后的头发用力猛拖，一大撮头发连同头皮都被扯了下来，又劈面猛击一掌，顿时皇后血流满面，惨不忍睹。慈禧又叫太监传杖，棒打皇后。同治大惊，顿时昏厥，从床上跌落在地，病势加剧，从此昏迷不醒。急传先曾祖入阁请脉，但已牙关紧闭，滴药不进，于次日夜晚死去。"后来李德立因了解内情，差一点被慈禧太后逼令自尽。

阿鲁特氏与皇帝婚后两年多的时间，同居的日子尚不足两个月。这当然主要是由于慈禧太后从中作梗的缘故。现在载淳已死，在慈禧太后淫威下寡居的皇后，日子就更不好过了。

同治皇帝死后，定策迎取嗣皇帝进宫是头等大事。但这等大事慈禧太后却始终不许阿鲁特氏参预。选嗣皇帝，慈禧太后不选“溥”字辈的近支王子为同治皇帝立嗣，偏偏选中了年仅4岁的载淳堂弟，也是自己的亲侄子、亲外甥载湉为帝。用意非常明显，一是为了防止皇后仿效她扮演垂帘听政的把戏；二是能使自己可以继续以皇太后的身份合法地掌握大权。可谓老谋深算、用心良苦，年轻的阿鲁特氏绝对不是她的对手。

皇帝载淳身死，庙号定为“穆宗”，尊谥用“毅”字。穆宗毅皇帝的称号定了，穆宗皇后也须有一封号。慈禧太后在内阁拟呈的字样中，圈定“嘉顺”二字。这实际上是对阿鲁特氏的一个警告，意思是顺从始可嘉，即使是逆来也要顺从。此后，阿鲁特氏以泪洗面，过了不长时间，在光绪元年二月二十日半夜三更时分香消玉殒，距离皇帝死日仅差两个半月。

在一百天内皇帝皇后先后去世，这在历史上极为罕见。皇后因何而死，又有几种不同的说法。一说是因为大行皇帝之死，皇后哀伤过甚，缠绵病榻已久，并抱定必死的决心拒绝治疗而逝；一说是同治皇帝死的当天，阿鲁特氏就曾吞金自尽，遇救不死，因此这次身死依然是自裁，以报皇帝于地下；另有一说是被慈禧太后迫害致死。从大行皇帝一崩，慈禧太后就归罪于阿鲁特氏，甚至诬赖她房帷不谨，以致同治皇帝发生“痘内陷”的剧变。嘉顺皇后遭遇了这样难堪的逆境，无复生趣，恹恹成病，终于不治；再有一说是慈禧太后害死了皇后。慈禧太后认为，嘉顺皇后在世一日，便有一日的隐忧后患，决心置她于死地，于是秘密下令，断绝她的一切饮食，使皇后活活饿死。

诸种说法，孰是孰非，难以判断。阿鲁特氏死时仅22岁。她活着时，慈禧太后对她百般挑剔折磨，死后的丧仪却颇隆重。当天即发出了一道上谕，一道懿旨，并派礼亲王世铎领头办理，又加派恭亲王奕欣主持，很是大操大办了一番。刚死时梓宫暂时安置在隆福寺，直到光绪五年三月，惠陵修好后，才与同治皇帝合葬在惠陵，光绪皇帝给阿鲁特氏加谥。到宣统年间又加谥，谥号全称是“孝哲嘉顺淑慎贤明恭端宪天彰圣毅皇后”。

阿鲁特氏死后，慈禧太后的怒气并未全消，转而发泄到皇后父亲崇绮身上。革掉了他吏部侍郎的职务。后因崇绮全不记女儿被慈禧太后逼死之仇，一味巴结、效忠慈禧太后，而复被起用。先任镶黄旗汉军副都统，1878 年奉命查办吉林政务，署吉林将军。次年又任热河都统，1881 年升任盛京将军，1884 年调任户部尚书，可谓官运亨通。后他曾与徐桐等一起主张废光绪帝，因此甚得慈禧太后宠任。1900 年八国联军入侵北京，他又任留京办事大臣，随即退走保定，自缢而死。

9

光绪皇帝的红颜知己

他他拉氏（1875～1900），清德宗载湉妃子。父长叙，官户部右侍郎。公元1894年晋封为珍妃。谥号“恪顺皇贵妃”。她一生遭遇悲惨，为朝野所同情。

○姊妹进宫独受帝宠

珍妃姓他他拉氏，满洲正红旗人。家庭显贵，颇有文名。她的祖父为陕甘总督裕泰；父长叙，曾官至户部右侍郎；伯父为广州将军长善。珍妃幼年曾跟随伯父在广州生活，所以她在入宫前接触、了解了许多新的东西，这些经历使她与别的满洲贵族小姐有所不同。珍妃在广州时，她的姐姐瑾妃也同时在广州。姐俩性格完全不同，瑾妃性格内向，珍妃性格外向，热情活泼，聪明伶俐，学什么都比瑾妃快。珍妃的伯父非常重视文化知识，特地聘请了当时很有才华的文廷式（光绪进士，翰林院侍读学士）来教授两位侄女学习。珍妃姐俩学习刻苦用功，经过几年的努力，珍妃不但诗词文章大有进步，而且琴棋书画无一不晓。

珍妃在广州时，她的大哥志锐和二哥志钧也随伯父在广州生活，他们与珍妃的老师文廷式常在一起研究时事，探讨学问，颇有文名。珍妃的长兄在光绪六年（公元1881年）中进士，授翰林院编修，官至伊犁将军；次兄在光绪九年中进士，亦授翰林，官至正黄旗满洲副都统。珍妃在广州生活了十年左右，才随伯父返回北京。

光绪十四年（公元 1888 年），光绪帝已经 18 岁，皇室选秀，珍妃姐妹作为被选中的秀女，在与家人的痛哭声中进了清宫。之后，是从五名秀女中选出皇后。在这幕宫廷活剧中，珍妃姐妹侥幸拿到了荷包，被选为妃，成为光绪帝一后两妃、两嫔中的两嫔。

光绪十五年（公元 1889 年）正月，光绪帝举行大婚，正式册封长叙的两个女儿为瑾嫔、珍嫔。到光绪二十年（公元 1894 年），逢慈禧太后六旬庆典，姐妹俩被晋封为瑾妃、珍妃。

珍妃入宫后，因为她较皇后和瑾妃年轻几岁，而且天真活泼，聪明伶俐，长得也比皇后和瑾妃漂亮，因而深得光绪帝的宠爱。珍妃平日住在景仁宫，但常和光绪帝同居养心殿，常一同吃饭。珍妃每天早上给慈禧太后请安后就回景仁宫，任意装束。她喜欢女扮男装，常与光绪帝互换装束，居然是一位美少年。珍妃还能歌善舞，“擅长书画、下棋，双手能写梅花篆字”。她的这许多优势，自然博得光绪帝的喜爱。光绪帝退朝后经常临幸珍妃的景仁宫。当时作为一朝天子的光绪在政治上不能独掌政权，受到以慈禧为首的顽固派的压制，生活上也受到慈禧太后的严密控制和虐待，心中非常烦恼。现在能有珍妃陪伴，心中自然很高兴，同珍妃在一起使他忘却了许多烦恼。

慈禧太后本来也很喜欢珍妃，常让她在旁侍奉批览奏章，她在一旁看一会儿，便能领略奏章的要领，预料太后将做如何批示。但在利益和权势的天平下，慈禧改变了态度。由于光绪专宠珍妃，自然冷落了慈禧选的皇后、也是她侄女的隆裕，她自然迁怒于珍妃，于是不时找茬打击。按宫中惯例，妃子不能乘八人轿，光绪帝特赏给珍妃乘坐，慈禧见了，大光其火，搬出祖宗家法把珍妃狠狠训斥了一顿，并下令将轿子摔毁。光绪帝得知后十分不高兴，为此隆裕皇后在光绪面前说珍妃的坏话，光绪帝怒斥了她。这件事传到慈禧那里，慈禧以为这是珍妃受宠之故，更是恼恨珍妃。又有一次，光绪用库存的珍珠、翡翠串制珍珠旗袍一件，让珍妃穿了在御花园散步，正玩得高兴时，被慈禧撞见，她痛斥了珍妃，并让随侍太监立时扒下，回宫后还打了珍妃三十竹竿子。慈禧与珍妃和光绪之间的隔阂越来越大，矛盾越积越深。

为了寻求精神上的寄托，珍妃和艺术交上了朋友。虽然慈禧也曾请宫廷女官缪嘉惠教她画画，但她仍不满足。当时摄影术已传入中国，但在宫中是被禁止的，认为照相机是"西洋淫巧之物"，照相能"伤神"，照相多了会"损寿"。然而珍妃却非常喜爱摄影，她在光绪二十年（公元1894年）前后，暗中从宫外购进一架相机，背着慈禧太后在她的住所景仁宫偷偷地研究起来。平时珍妃不但给自己照，也给别人照，教太监照，也教光绪帝照。珍妃平时就喜欢穿男人的衣服，因而照了许多化装照。其中一幅照片是光绪二十一年（公元1895年）在中南海拍摄的。后来被慈禧无意中发现，大加申斥。这并没有阻止珍妃对摄影术的追求。此后，她又私下拿出积蓄，命身边一个姓戴的太监在东华门外（即今北京东华门大街附近）开设了一家照相馆。这件事被隆裕皇后得知，她马上告诉了慈禧。慈禧大怒，珍妃受到责罚，戴太监被活活打死。此后，宫中再无人敢谈照相了。

○曾干过卖官的勾当

光绪二十年（公元1894年）朝鲜事件初起时，朝廷中大多数人对于日本的实力都估计不足，将日本看成是"蕞尔小邦"，以为只要天朝震怒，便可一举荡平，因此主战观点一直占据上风。开战后，随着中国海陆军的节节败退，慈禧太后及其恭亲王、庆亲王、军机大臣孙毓汶、徐用仪等开始试探妥协的途径。根据恭亲王建议，太后命户部左侍郎张荫桓前往天津，与李鸿章协商邀请各国调停。翁同龢等帝党人物，虽然提不出挽救时局的良策，但坚决反对议和。在他们看来，妥协就是卖国。他们保持高亢的抗敌论调，某种程度上也是明哲保身的一种策略，以避免舆论的压力。

战争爆发后，北京粮价开始飞涨，从最初的三两四钱购140斤攀升至十二两购100斤。京官们开始安排眷属还乡。北京至津沽的车价涨至七八两乃至十余两也往往不可得。京师绿营兵奉调出征山海关，有“爷娘妻子走相送，哭声直上干云霄”之惨。目击者记载“调绿营兵日，余见其人黧黑而瘠，马瘦而小，未出南城，人马之汗如雨。有囊洋药具（鸦片烟枪）于鞍，累累然；有执鸟雀笼于手，嚼粒而饲，恰恰然；有如饥渴蹙额，戚戚然。”这与成千上万日本男女挥舞太阳旗，唱着军国主义歌曲，欢送亲人上前线的情景，形成鲜明对照。

11月24日，旅顺失守的消息传到北京，恭亲王、庆亲王、翁同龢，李鸿藻等枢臣默坐哀叹。最后决定起草诏书，将李鸿章革职留任，摘去顶戴，着迅赴大沽、北塘等处巡阅布置。这不过是例行公事而已。封疆大吏丢失疆域城池，本该深究查办，但此时撤去李鸿章，就无人收拾局面、统领将士。翁同龢日记载，慈禧太后在指斥李鸿章贻误军机后，也深感淮军难驭，只能表示暂不可动。

26日，慈禧太后单独召见枢臣。在讨论完旅顺局势后，她突然宣布，将瑾妃、珍妃降为贵人。前方形势紧迫，内廷却闹家务，不由得枢臣大吃一惊。瑾妃和珍妃是宫廷政治的牺牲品。这对姊妹花刚进宫时，都是养在深闺中的千金小姐，并不懂得什么政治。进宫之后，恰逢皇帝和隆裕皇后不睦，她们便利用女人的本能和智慧，努力博得皇帝的宠爱。尤其是聪明伶俐的珍妃，不仅参与协助皇帝料理政务，连慈禧太后披阅奏章时，也从旁窥伺，体察懿旨。她还恃宠在皇帝面前举荐私人，一个是她的兄弟志锐，一个是她的蒙师文廷式。皇帝虽然亲政，却缺乏羽翼，难以同太后形如密网的控制相抗衡，极想亲擢一二通才以资驱使，又苦于难觅亲信。不管这二人是否牵扯两妃的裙带，都不失为当朝名士，思之再三，决定提拔志锐为礼部侍郎，文廷式为翰林院侍读学士。

在老于世故的皇太后看来，年方 18 的珍妃不正是自己青年时代的影子吗？在慈禧看来，她也会重复当年自己的道路。

这是她断断不能容忍的。且看朝中，文廷式以及珍妃的长兄志锐等人都主张对日作战，支持光绪帝掌权，反对慈禧太后干预朝政，反对手持外交事务的李鸿章对日妥协退让的主张。志锐公然参劾她的心腹孙毓汶、徐用仪，御史安雄峻，张仲炘；侍读学士文廷式、侍郎长麟也点名斥李鸿章，气势汹汹，宛然形成一股势力。连皇帝也大有主张，不大遵从她的控制。而在后宫波澜中，她又偏向娘家侄女隆裕皇后，不能容忍光绪皇帝专宠珍妃一人。就在此时，李鸿章授意其心腹——御史杨崇伊上奏慈禧诬陷说，文廷式企图支持珍妃夺嫡，取代隆裕皇后，反对慈禧听政，支持光绪自主朝政。慈禧接到奏报，以“交通宫闱，扰乱朝纲”的罪名，迅速做出罢黜两妃的决定，将文廷式革职，押回原籍，永不录用。并授志锐任乌里雅苏台参赞大臣，远远地放逐出京。太后外战外行，内战却有泼辣手腕。珍妃在这件事过后，又因私卖官缺一案泄漏，并且顶撞慈禧，使慈禧更为恼火。

事情是这样的。珍妃为人很大方，对宫中太监时有赏赐，太监们得些小恩小惠，也都竭力奉承这位“小主儿”。但时间一长，这位“小主儿”也被捧得有点不知所以，渐渐失去自我节制。毕竟她还是个孩子。清宫有制，皇后每年例银不过千两，递减至妃这一级别，每年仅 300 两，嫔为 200 两。珍妃用度不足，又不会节省，亏空日甚，遂不能不挖找生财之道。这样，就有了她与太监联合起来向外受贿卖官的事儿。

卖官的契机是光绪皇帝同她谈起筹建海军的事，告诉她，李鸿章已同英国领事谈妥购买几艘军舰，只是国库空虚，无法办到。她便对光绪说：“日下财政困难，莫如索性卖官，国家就可以得到一笔收入，这样就可以弥补财政的不足，买军舰什么的，也就有了着落。”她的这一“改革”方案得到光绪皇帝的认可，并被批准她和她的胞兄志锐来实施。

珍妃依靠胞兄志锐，串通奏事处太监——收人钱财为人跑官。奏事处乃是太监与朝廷官员传达沟通之处。因为有利可图，当时太监中最有势力的有郭小车子（意为“小车儿不倒只管推”）、奏事太监文澜亭、慈禧掌案太监王俊如诸人，均染指其中。珍妃住景仁宫，景仁宫太监亦多有涉及。私卖官职所收之贿款，一部分供给珍妃，其余由各层分肥。珍妃的主要“任务”是向光绪求请，最后搞定，“功劳”最大，自然分赃亦最肥。然这种事可一可二不可三，毕竟会有影响，日渐彰显。有一次甚至卖到上海道员，搞出风传一时的鲁伯阳被劾案，惹动外界舆论纷纷。史籍记载：“鲁伯阳进四万金于珍妃，珍妃言于德宗（光绪帝），遂简放上海道。江督刘坤一知其事，伯阳莅任不一月，即劾罢之。”光绪二十年甲午（公元1894年）四月间，珍妃又为玉铭搞定四川盐法道一职，按例这一级别的新官放任，要由皇帝召见一下。光绪在召见时问玉铭在哪一衙门当差？居然对曰在木厂，光绪闻之骇然，于是命其将履历写出，那玉铭竟久久不能成字，原来是一文盲。光绪大惊，于是另下一旨：“新授四川盐法道玉铭，询以公事，多未谙悉，不胜道员主任。玉铭着开缺，以同知归部铨选。”此事风播朝廷内外，慈禧闻后切责光绪，要求他必须追究责任。明清两朝明令规定：后宫不得干预朝政。何况居然推荐一个文盲去当道员，也实在不像话。

珍嫔她们勾结太监引线，卖了一些官缺，得钱除上缴国库外，有一部分则落入她和志锐的私囊。这件事被隆裕太后打听到报告给慈禧太后，慈禧太后虽已让光绪亲政，但仍时刻关注朝政。她对光绪的一些维新措施本来就不满，一贯认为“祖制没有的东西就不是好东西”，当得知珍妃竟敢勾结太监私下卖官，还趁机贪污，岂能不火冒三丈？于是有了珍妃被杖责的事情发生。

○被棒打的鸳鸯

不仅如此，慈禧还援宫中成例，犯事儿的嫔妃均交皇后严加管束，珍妃被幽闭于宫西二长街百子门内牢院，命太监总管专门严加看守，暂时与光绪隔绝，不能见面。不过第二年，珍妃就被释放出来，又开始在光绪身边为他排忧解难，对他嘘寒问暖。

光绪二十四年（公元1898年），甲午中日战争，中国惨败。中国在甲午战败之后，民族危机日益严重。全国一些有识之士纷纷上奏朝廷，要求变法图强。光绪帝也想励精图治，振兴国家，并希冀在变法中从慈禧手中夺回实权，做一个名副其实的皇帝。光绪二十四年六月，光绪帝在康有为、梁启超等人的辅佐下推行变法。珍妃对光绪帝的变法活动，给予了一定的支持和帮助。据太监张兰德回忆说："甲午年以后，光绪皇上要变法，每次召见完王公大臣，退朝后，总到珍主儿那里商量国事，珍主儿也总帮他拿主意。"珍妃是否在光绪变法期间参与筹划，目前还没有更多的材料可从佐证，但是，珍妃在政见上是支持光绪帝变法维新的。她在康党和光绪帝之间居中协调，代呈奏议，起到了旁人难以企及的作用。她自幼在广州长大，因而对康有为这个广东人的印象也很好。康有为没有专折奏事之权，他的很多奏章都是珍妃代为传递的。而且，作为光绪所宠爱的一名妃子，珍妃在光绪变法期间在精神上和生活上给予了许多支持和帮助，对光绪的变法活动在客观上也起了推动作用。

但是，这次变法活动遭到了以慈禧为首的顽固势力的竭力反对，帝后两党的斗争异常激烈。后来由于袁世凯的告密，慈禧太后发动政变，幽禁光绪帝，捕杀维新党人，变法运动遭到了顽固派的血腥镇压。珍妃在政变发生后，也被慈禧抓了去遭受廷杖并贬入冷宫。

这次珍妃被囚禁在景棋阁北头一个单独的小院里，名东北三所。东北三所和南三所，都是明朝奶母养老的地方。奶母有了功，老了，不忍打发出去，就在这些地方住，并不荒凉。珍妃被囚禁之前，这个小院原是侍从下人居留的地方，珍妃入住后，正门被牢牢关上，打上内务府的十字封条，人进出走西边的腰子门。这里就是所谓的冷宫。珍妃住在北房三间最西头的一间，屋门从外面倒锁着，吃饭、洗脸等均由下人从一扇活窗中端进递出。

珍妃所食为普通下人的饭，平时同下人不许接谈，没人交谈，这是最苦闷的事。两个老太监轮流监视，这两个老太监无疑都是老太后的人。最苦的是遇到节日、忌日、初一、十五，老太监还要奉旨申斥珍妃，就是由老太监代表老太后，列数珍妃的罪过，指着鼻子、脸申斥，让珍妃跪在地下敬听，指定申斥是在吃午饭的时间举行。申斥完了以后，珍妃必须向上叩首谢恩。这是最严厉的家法了。

别人都在愉快地过节日，而她却在受折磨。试想，在吃饭以前，跪着听完申斥，还要磕头谢恩，这能吃得下饭吗？

她在这里被囚禁了两年，直到被慈禧残忍地投入井中！

○惨遭慈禧沉井

1900 年 7 月 20 日，八国联军即将兵临城下，北京城里一片风声鹤唳。

慈禧决定携带光绪等一行人出走西安。此时，大家都换了百姓布衣聚在寿宁宫，据老宫女回忆："慈禧忽感触前事，出珍妃于牢院。强词珍妃带走不便，留下又恐其年轻惹出是非，因命太监将乐寿堂前的井盖打开，要珍妃自尽，珍妃坚不肯死。当此千钧一发的时候，众人不能因此缓行，遂令太监将珍妃推入井中。珍妃之死，此是实情。"慈禧如此怨恨珍妃，必置之死地而后快，除了上面所说的珍妃卖官事发，并且讥刺慈禧垂帘听政之事外，还有较为遥远的原因。光绪既亲昵珍妃，与皇后不睦，作为姑母的慈禧自然不悦。“二妃屡受孝钦鞭责，诉之上，上勿敢言，由是母子夫妇之间微有隙。”孝钦乃慈禧敬称。后来，当慈禧捏住了珍妃的把柄，老账新账一起算，也就好解释了。慈禧一行离宫出走的日子为7月21日，慈禧沉珍妃下井在头一天的下午。领班太监崔玉贵、王德环奉慈禧之命提前将珍妃带到乐寿堂的颐和轩。据崔玉贵回忆，珍妃被带到时，身穿淡青色绸子旗袍，头冠则被摘去两边的垂络。慈禧端坐殿中，说洋人马上要打进城来了，外面乱糟糟的，谁也保不定会发生什么事儿，万一受到侮辱，那就丢尽了皇家的脸，对不起列祖列宗，即明确暗示珍妃自尽。珍妃愣了一下，说：“我明白，不会给祖宗丢人的。”慈禧见珍妃不松口，又说：“你年轻，容易惹事！我们要避一避，带你走不方便。”珍妃据理不让：“您可以避一避，可以留下皇上坐镇京师维持大局。”这话戳到了慈禧挟持天子的痛处，当即恼羞成怒，大声呵斥：“你死到临头，还敢乱说！”珍妃顶撞：“我没有应死的罪！”慈禧说：“不管你有罪没罪，都得给我死。”珍妃说：“我要见皇上一面，皇上没让我死！”言下之意你慈禧说了不算，得皇上下令才行。慈禧嚷道：“皇上救不了你！来人，把她扔到井里去！”崔玉贵、王德环一起连揪带推，将珍妃丢进了贞顺门的井里，珍妃一路挣扎呼叫皇上，最后大声喊道：“皇上，来世再报恩啦！”

珍妃是光绪帝真正倾心爱恋的女人。她的一生，短暂而又凄美，她与光绪帝患难与共的感情，让人唏嘘不已！

她深爱的皇上没能在她最危急的时刻来救她，甚至连最后一面也没能见到。

珍妃所以在冷宫里忍辱等了3年，无非是盼望光绪好起来，自己也跟着好起来。“但愿天家千万岁，此身何必恨长门”。只求光绪能好，在冷宫里忍几年也算不了什么！当双方困难时期，彼此隔离，但“身无彩凤双飞翼，心有灵犀一点通”。

她和光绪的心情，是很容易理解的。但在老太后那样的凶狠压迫下，光绪又怎能好起来呢？只能怅叹“朕还不如汉献帝”罢了（光绪在瀛台被困时，看《三国演义》自己嗟叹的话）。做了30年的皇帝，连自己唯一知心的女人都庇护不了，“噤若寒蝉”，死了爱妃问都不敢问一声，也真让人可怜了！过去唐朝李商隐曾讥讽唐明皇说，“可惜四纪为天子，不及卢家有莫愁”。玄宗当了40年的皇上，到后来被迫在马嵬坡让杨玉环自缢身亡，还不如莫愁嫁到卢家能够白头偕老。

这虽与光绪的性质完全不同，但可以说是殊途同归吧！

遥想当年，“小乔初嫁了”，到光绪身边，备受恩宠，珍妃也曾经发过这样的痴问：皇上这样地对待我，不怕别人猜忌我吗？光绪很自负地说：我是皇上，谁又敢把你怎么样呢（见德龄《光绪秘记》）。单纯的光绪把一切估计得太简单了，这正像搞戊戌变法一样，对政局的估计太简单，可怜只落得在逃亡路上用纸画个大乌龟，写上袁世凯的名字，粘在墙上，以筷子当箭，射上几箭，然后取下剪碎以之泄忿罢了。

清代宫廷内闱之事，现代人不可能十分清楚，但大致可以推想得出来：当时宫里后妃论聪明才智，有政治头脑的，可以说非珍妃莫属了。将来宠擅六宫，是绝对无疑的。但与慈禧政见不合，留下此人，终成祸患，一有机会非置之死地不可。俗话说：“量小非君子，无毒不丈夫。”预先砍去光绪的左右手，免得慈悲生祸患，到将来树叶落在树底下，后悔也就来不及了。慈禧对这件事是预谋已久的。崔玉贵也说，慈禧处死珍妃，“绝不是临跑前仓促之间的举动”。如果说因为珍妃年轻貌美，怕招惹是非，丢了皇家的体面，那么庆亲王的女儿四格格，比珍妃还年轻，也是出名的漂亮，也可以说是金枝玉叶吧，为什么不带着她跑到西安呢？前后一对比，慈禧的心事是昭然若揭的。

1901年春和议成，八国联军将退，慈禧命崔玉贵回京探听消息，并查看宫内事宜，见珍妃所投之井依然如故，便命内务府将珍妃从井中捞起，装殓入棺，7月24日葬于阜成门外恩济庄内务府太监公墓南面的宫女墓地。1901年11月28日，慈禧、光绪还宫，11月30日即下懿旨："上年京师之变，仓促之中，珍妃扈从不及，即干宫闱殉难，洵属节烈可嘉，加恩着追赠贵妃，以示褒恤。"慈禧假惺惺地以贞烈殉节掩世人耳目。而且为避舆论，借故将崔玉贵谪贬，弄得好像都是手下太监闯的祸。民国二年（公元 1913 年），45 岁的隆裕皇后逝世，与光绪合葬景陵。瑾妃此时已升为皇贵妃，因上面已无皇后管着，成了宣统必须尊敬的皇太贵妃，对宫中事务有了相当的决定权，于是趁机将妹妹从宫女墓地迁葬光绪景陵妃嫔园寝。皇家规定，皇帝皇后的墓地称陵寝，嫔妃的墓地称园寝。瑾妃还为珍妃立碑称"恪顺珍贵妃之墓"，总算为妹妹争到了她应有的名分。也许，在今人看来迁葬这种名分毫无意义，人已早死，再要这种名号有啥意思？然而，在当时人的眼里，那可是马虎不得的大事。尤其对宫中嫔妃来说，一辈子争的要的，还不就是一个称谓名分？瑾妃还在珍妃遇害的井旁立了一小小灵堂，供着珍妃的牌位，灵堂上悬挂一额纸匾，上书"精卫通诚"，颂扬珍妃对光绪的一片真情。

第五章

位高名淡的孤家寡人

后妃作为国母，地位自然无与伦比，但是作为帝王的附属品，她们也没有任何属于自己的空间。除了那么几个入得君王法眼或者特定的历史条件提供给她特殊机遇的人，绝大多数后妃自迈进紫禁城的第一步起，就注定了其默默无闻、自生自灭的命运。

1

生下一代明主的孝康章皇后

顺治孝康章皇后，佟佳氏，满洲镶黄旗，是少保、固山额真佟图赖女儿。入宫开始为妃，顺治十一年（公元1654年）三月，生皇子玄烨（后为圣祖康熙帝）。康熙即位以后，尊为皇太后。康熙二年（公元1663年）二月病逝，年二十四。太后家本来姓佟，属于汉军八旗，康熙即位以后命改佟佳氏，入满洲八旗，后族抬旗自此始。

孝康章皇后出生于汉军八旗世家，祖父是佟养真。太祖努尔哈赤占领抚顺以后，养真因为他弟弟佟养性已降，挈其族来归顺太祖。后来养真及长子丰年都为后金战死沙场。孝康章皇后父佟图赖，袭世职，辅佐太宗皇太极，战功卓著，以功晋世职一等。崇德七年皇太极设汉军八旗，授佟图赖正蓝旗固山额真，即旗主。顺治元年，入关，调镶白旗，参与对农民起义军和南明残余势力的镇压，立下赫赫战功。顺治八年，凯旋而归，授礼部侍郎，复调正蓝旗固山额真。十三年，以疾乞休，世祖命加太子太保致仕。十五年，卒，赐祭葬，赠少保，仍兼太子太保，谥勤襄。康熙间，以孝康章皇后推恩所生，赠一等公，并命改隶满洲。世宗即位，追封佟养真一等公，谥忠烈，与佟图赖并加太师。

孝康章皇后出生于汉军八旗世家，关于她的记录并不是很多。这是有原因的，清朝制度，八旗地位高于汉人。八旗又分满洲八旗、蒙古八旗和汉军八旗，其中满洲八旗建立最早，与皇族关系最近，地位最高，其次是蒙古八旗，汉军八旗在八旗中地位最低。孝康章皇后虽然祖上战功显赫，名人辈出，但是还是没有出生于蒙古八旗的博尔济吉特氏、满洲八旗的董鄂氏那样有名，如果不是她的儿子当上了皇帝，家族因为推恩而抬入满洲八旗，她或许默默无闻。

孝康章皇后的儿子康熙帝是后世公认的一代明主，后世史家在修史的时候，总是不忘为圣人涂金抹彩。据《清史稿后妃传》记载："顺治十一年春，妃（即孝康章皇后）诣（到）太后宫问安，将（要）出（来的时候），衣裾（衣角）有光若龙绕，（孝庄）太后问之，知有喜，（太后）谓（告诉）（身边的）近侍曰："朕怀皇帝（顺治帝）实有斯祥，今妃亦有是，生子必膺大福。"三月戊申，圣祖生。其实这只是后来人的说法，有无此事，确实难以说清。历来圣祖明君，都以这种方式宣扬自己是天子，君权神授。如汉高祖刘邦本纪说他是他母亲与神交而生，努尔哈赤讲他是他母亲生他的时候也有祥云，孝庄太后也这么说，这些都是封建时代统治者宣扬自己是天子，神仙下凡的唬人把戏，其目的是为了让人接受他是天经地义的统治者，他代表着天命，上帝的意志，广大人民必须服从。而孝康章皇后作为一代明君的母亲，也成了这一神话的载体。好在史家想象力还没有刘邦那时候荒谬，只是说太后裙裾上有龙光，否则，说到太后与龙交、神交都有可能。

孝康章皇后虽然为顺治帝生下一个儿子，但是她面对的是顺治这样一个非常怪异的丈夫，家族地位又极其低下，在宫中的地位可想而知。好在孝庄太后在顺治临终之际，让孝康章皇后的儿子玄烨继承皇位。康熙即位以后，尊孝康章皇后为慈和皇太后。辛苦一辈子的孝康章皇后终于可以当上太后了，然而好景不长，这位苦命的皇后当上太后还不到两年就撒手人寰了。此时，康熙帝还未成年，多亏孝庄太皇太后照顾，才能成为一代英主。

康熙二年二月，太后病逝，年仅二十四岁。初上徽号曰慈和皇太后。及崩，葬孝陵，上谥。雍正、乾隆累加谥，曰孝康慈和庄懿恭惠温穆端章皇后。孝康章皇后死后，康熙下令皇后母族改姓佟佳氏，入满洲八旗，后族抬旗之制从此开始。

康熙帝敬爱一生的孝诚仁皇后

孝诚仁皇后，赫舍里氏，是康熙帝结发之妻，生于顺治九年（公元1652年）十月初七日，满洲正黄旗人，是内大臣噶布喇之女，辅政大臣索尼孙女。康熙四年九月初八日（公元1665年10月16日），与康熙帝大婚，册立为皇后，时年皇帝十二岁，皇后十三岁。康熙八年，生皇二子承祜，此子四岁时夭折；十三年五月初三，生皇二子胤礽，即被康熙帝复立复废的皇太子。

○接受祖母选择的皇后

赫舍里氏能够当上康熙帝的皇后，这与康熙帝的祖母孝庄文皇后有密切的关系。康熙初年，身为皇祖母的孝庄文皇后在为康熙皇帝选皇后时颇费了一番苦心。在候选人中，既有鳌拜的女儿，又有遏必隆的女儿，选谁为皇后必然会导致皇后所在家族力量的壮大。当时，鳌拜的狂妄势头已经日益暴露出来，洞察力极强的孝庄文皇后已察觉出，因此，鳌拜的女儿被第一个从名单中去除。遏必隆是一个两边倒的人物，哪一方强大，他就倾向于哪一方，遏必隆不可以完全依靠，但不能置之不理，所以遏必隆的女儿可以进宫为妃，但不可以为后。除此之外，还有一位候选人就是四位顾命大臣之首索尼的孙女。索尼身为顾命大臣，除了对汉族官员有些排斥外，对清廷是绝对忠心的，而且，索尼对鳌拜的专权也早有意见。因此，册立他的孙女为皇后是再合适不过的了。

康熙和孝诚仁皇后结婚大典的礼仪程序完全按照汉族的传统，其间也杂有满洲的旧俗，最明显的是：纳彩（送礼品到新娘家，是订婚仪式的步骤之一）的重要礼品是马匹和马鞍。婚礼前，有钦天监的官员择一吉日，皇帝派以内务府大臣和礼部大臣为首的一行人，其中包括三位公主、三位摄政大臣的夫人以及内侍和侍卫，把礼品送到新娘家。计有十匹鞍辔齐全的骏马，十副盔甲，一百匹锦缎及二百匹其他精美布匹。

新娘的父亲噶布喇和祖父索尼率家中男性成员，索尼夫人率女性成员迎礼。全家人分列庭院两侧，向北三跪九叩（皇帝的宝座朝南），感谢皇上的恩宠。

康熙四年（公元1665年）九月七日，即大婚礼前一天，皇帝派遣满洲大臣祭告天地、太庙、社稷。同日行大征礼（即送聘礼）。聘礼包括两千斤黄金、一万两白银、一个金茶罐、两个银茶罐、一对银箱、一千匹锦缎、二十付马鞍、二十付军用骆驼鞍及四十匹骏马。这一礼仪同样以女方亲属向北三跪九叩感谢皇恩结束。

九月八日举行大婚礼。这是清廷入关以后第二次举行大婚典礼，这次典礼成为后世的制度典范。康熙皇帝先是进入太和殿，观看册立孝诚仁皇后的封册和金印。接着，康熙把这两件皇后的象征物交给钦派使臣，使臣手捧册宝，众侍从尾随其后，送到后邸。

孝诚仁皇后在自己母家里接待使臣，行了跪叩礼之后，接受金册和金印，然后乘轿到皇宫。轿前由四位大臣的夫人带领，轿后有七位大臣的夫人跟随，她们全都骑马而行（妇女骑马是满洲传统的一个显著特点）。两侧由侍卫和内侍护送。皇后的随从们被恩准在通向中宫的御道上行走（由于皇后居住在中宫，因而中宫成为皇后的同义词，皇帝的其他嫔妃住在中宫两侧的宫室中，因此没有通过这个御道的资格）。

此时，康熙身着大婚礼服，先到太皇太后和皇太后（其后母孝惠章）宫中行礼谢恩，接着到太和殿赐皇后亲属（此时皇后仍留在中宫）及诸王百官筵宴。与此同时，皇太后率诸大臣和摄政大臣的夫人们到太皇太后宫中，在那里设宴招待皇后的母亲及其母系亲属。下午六时许，大婚礼以汉族传统的合卺宴结束，高官显贵的夫人们均应邀参加。此宴结束后，皇帝和皇后便留在中宫。

次日，皇帝谕礼部援引汉族先例为太皇太后和皇太后上尊号，以感谢她们“遴选贤淑，作配朕躬”。同一天，皇后到太皇太后宫及皇太后宫行朝见礼。第三天，皇帝御太和殿，诸王百官上表朝贺，以大婚礼成颁诏天下。诏书阐明了确立皇后，共承宗庙，助隆孝养，延绵本支的意义。

康熙帝笃守孝道，甘愿接受祖母为他选择的皇后。事实也证明，孝庄皇太后的决策是十分正确的，在努尔哈赤和皇太极当政时，索尼家族曾屡建战功。索尼对顺治忠贞不贰，他曾任内大臣兼议政大臣总管内务府事。在辅政期间，忠实地支持康熙的祖母，以确保康熙的皇权，特别是在与鳌拜的斗争中，索家立下了汗马功劳。虽然老索尼中途去世，但是他的二儿子，也就是孝诚仁皇后的叔父索额图，在这次斗争起了至关重要的作用。孝诚仁皇后也因此受到了康熙皇帝的宠爱。

○太子生日却成皇后忌日

孝诚仁皇后同康熙结婚时，康熙十二岁，孝诚仁皇后十三岁，稍稍年长的皇后显得要成熟得多。或许她既是一位年少的皇后，又充当了康熙姐姐或母亲的角色。康熙早年丧母，孝诚仁皇后在他心目中的地位更加显得重要。康熙也一直对她怀一种不同寻常的感情。

1669 年，对于康熙帝来说，是具有特殊的意义的一年，这年他十五岁。首先是他在孝庄祖母和大臣索额图的帮助下，铲除了权臣鳌拜，真正地实现了亲政。几个月后，孝诚仁皇后生下第一个皇子，取名承祜，意为得到天赋神佑，这是一个听来亲切的“小名”。皇子出生以后，康熙欣喜异常，他第一次当上了父亲，并且皇位后继有人了。然而，幸福的希望很快就化为泡影。四年后，四岁的承祜夭折。孝诚仁皇后和康熙都悲痛不已，特别是孝诚仁皇后为此而郁郁寡欢。渐渐成熟的康熙不遗余力地劝慰皇后，让她再生皇子。夫妻的感情毕竟深厚，好在孝诚仁皇后还年轻，还能生育。1674 年 6 月 6 日，孝诚仁皇后在生下皇二子胤礽后，却于当日辞世，年仅二十二岁。康熙悲痛不已。

就在孝诚仁皇后辞世前后，一场危险的内战酝酿并且终于爆发。康熙亲政以后，鉴于南部军费消耗庞大、三藩势力日益壮大，商议废藩、裁兵、减饷。这是针对以吴三桂为首的三藩的，因此遭到他们的反对。在朝中，除了明珠等少数人支持外，大多数人惧于三藩势力或与三藩有关联，都极力反对，权臣索额图甚至要求尽杀言废藩之人。三藩是指三个异姓藩王：即平西王吴三桂，坐镇云南；平南王尚可喜及其子尚之信，坐镇广东；靖南王耿继茂，及其父耿仲明、其子耿精忠，坐镇福建。三藩占据要地，拥兵自重，成为清初的三个地方割据势力，其中以吴三桂势力最为强盛。吴三桂本是明朝的总兵，镇守山海关。1644 年，明末农民起义军在李自成的率领下占领北京，崇祯皇帝自杀身亡。吴三桂本来欲回师勤王，但是北京沦陷太快，遂意欲归顺李自成大顺政权。但是李自成下属对吴三桂家属的粗暴态度，引起他的强烈不满，于是他转而降清，并引导多尔衮的铁骑越过山海关，进入中原。吴三桂以为崇祯复仇为名，猛烈打击李自成、张献忠等农民起义军。顺治因为他战功显赫，封他为平西王，坐镇云南。吴三桂因为一直处于同南明朝廷战争的前线，这场战争持续了几十年。战争的过程，也是吴三桂积聚势力的过程。几年的战争，让他的势力遍布全国各个角落。1673 年 6 月，吴三桂故作姿态，疏请撤藩，归老辽东。这一请求实际上隐含着双重威胁：如果他的请求被否定，他将擅兵如故；如果被批准，则借口谋反。朝中对此意见不一：索额图主张安抚，明珠则主张针锋相对。孝庄太皇太后建议康熙听取明珠的建议，康熙遂命允吴三桂告老还乡。1673 年 12 月 28 日，吴三桂起兵反清。

就在这时，京城发生了朱三太子案件，有人企图谋刺皇上，南部的另外两个藩王也参加叛乱。台湾的前明余部郑氏也率兵进取扬子江，准备夺取南京。转眼之间，半壁江山，烽烟不断，国家处于一种危险的状态之中。

6月，皇后在焦急中临产。按照儒家的说法，当此关键时刻，如不能生一男性继承人，将被视为最大的不孝（仅仅在半个月前，即5月21日，康熙宠爱的荣妃生了一个男孩，但出生后就死了）。皇后自然急切地希望生一个健康的男孩。

6月6日上午10时许，皇后实现了她最后尽孝的愿望，为康熙生了一个男孩。婴儿取乳名保成（保证成功），这反映了皇室寄厚望于这个孩子。当天下午4时，皇后遽逝。这个男孩的及时出世使康熙大喜过望，但他的欢快心情却因皇后暴卒而烟消云散。

康熙皇帝非常悲痛，他沿袭明代的传统，辍朝五日。一个月后追悼皇后时，他在皇后的梓宫前洒酒祭奠，表达痛悼之情。他表彰孝诚仁皇后对太皇太后和皇太后“恪尽诚孝”，“宽仁待下”，“佐朕内治，尤极敬勤”。康熙对这个新生儿的感情是矛盾的，一方面，他责怪这个婴儿导致了皇后的死亡，日后他曾斥胤礽“生而克母”为第一大“不孝”；另一方面，他自己似乎在某些方面又与这个孩子有共同之处，因为他本人也是儿时丧母。此外，康熙也把对皇后的感情转到了胤礽身上，尽管他的感情是那样的错综复杂，但是他对这个孩子是趋于娇惯和放纵的。

同时，康熙也暗自下定决心，要立胤礽为太子，以回报索家为皇室做出的贡献。孝诚仁皇后临终之际，康熙就慌忙下诏立这个刚刚出生的皇子为太子，表示对皇后的安慰和尊重。这也正是为什么皇二子胤礽一再犯错，而一再受到康熙皇帝原谅的原因。但到了康熙晚年，皇二子已经越来越不成器，为了不使天下苍生受苦，康熙皇帝做出了痛苦的选择，他只能将对孝诚仁皇后的爱，对索家的感激放在一旁，毅然决然地废掉了胤礽，立皇四子胤禛为继承人。孝诚仁皇后一生温柔贤惠，可惜过早去世，太子胤礽也太不成气候，实在为身后一憾事。

3

雍正皇帝的生母孝恭仁皇后

乌雅氏（1659～1723），清圣祖妃子。父威武，官护军参领。公元1681年封为德妃。谥号“孝恭仁皇后”。她丈夫康熙拓宽了中国的领土，开创了康乾盛世；她儿子雍正加强集权，巩固边疆。不幸的是，在晚年，她又处在极其复杂的皇位之争中，而矛盾的双方竟然是自己的两个亲生儿子。

乌雅氏出生于低下的官宦家庭。她入宫后，地位并不很高，但由于聪明妩媚，态度谦和，后来引起康熙帝的注意，遂侍奉皇上，并得到喜爱。康熙十七年（公元1678年）十月三十日，乌雅氏生了一个男孩，这就是44年后登极的清朝第五代皇帝——胤禛。

胤禛和康熙帝众多的儿子一样，是在十分优越的环境中慢慢长大的。康熙对儿子们的教育抓得很紧，乌雅氏也认真地配合皇上的教育，对孩子管教甚严。

乌雅氏深受康熙帝的喜爱，在生了四皇子胤禛后，又为皇上生了六皇子胤祚，十四皇子允禵，只可惜六皇子胤祚在六岁时便去世了。此外，她还生了三个女儿，遗憾的是只活了一个。在康熙众多的后妃中，她能够生育六个孩子，可见康熙对她是十分喜爱的。

清朝的传统原是不立太子的，康熙帝即位后，经过反复斟酌，决心改变传统，立嫡长子为太子。康熙十四年（公元1675年），他将孝诚皇后所生年仅两岁的皇二子胤礽立为太子。皇长子因为是庶生，没有得立。结果事与愿违，他的几个儿子争夺储位，刀光剑影，不可开交。

太子立了又废、废了又立，康熙帝劳神伤心，生了一场大病。乌雅氏对皇上问医喂药，体贴备至。当时，诸多皇子忙于争夺储位，很少关心父王的病，只有胤禛和胤祥去探望父病，康熙帝对他们也另眼相看。就这样，康熙对胤禛越来越器重，终于在临终前遗诏由胤禛继承皇位。

胤禛即位后，乌雅氏被尊为皇太后，上徽号曰“仁寿皇太后”。她的荣华富贵自不必说，可是她儿子和诸王子的斗争使她不能平静地生活。雍正上台伊始，就开始了对诸王子的打击，尤其是对自己的同胞弟弟允禵也不放过。他首先夺了在外统军的允禵的兵权，让他回京奔丧；接着借登基大典允禵不肯勉强叩拜而削了他的王爵；然后又借送康熙灵柩安葬东陵，事后以看守父灵为名让允禵留下，实际上是把他囚禁在了遵化。

雍正对允禵的无情，使他们的母亲乌雅氏既恨又气，非常寒心。她经常对着淡淡的孤灯暗自哭泣。她管不住大的，也帮不了小的，越想越气。当得知小儿子被软禁之后，连气带急，便生出病来，雍正元年（公元 1723 年）五月二十二日得病，第二天便去世了。享年 64 岁。上谥“孝恭宣惠肃定裕慈纯钦穆赞天承圣仁皇后”。

4

在位仅一天的孝懿仁皇后

佟佳氏，满族镶黄旗，父亲佟国维是康熙帝的亲舅舅，真是亲上加亲啊！她的生年、入宫时间均不见记载，康熙十六年（公元1677年）八月被册封为贵妃、四年后晋封为皇贵妃。康熙二十二年（公元1683年）诞育皇八女，很可惜这位皇女一个月以后不幸夭折。康熙二十八年（公元1689年）七月初八日，皇贵妃佟佳氏病重，皇太后特下旨意，于初九日册立佟佳氏为皇后。就在册立后的第二天下午，这位仅仅当了一天皇后的佟佳氏便病故。孝懿皇后的梓宫开始移至朝阳门外享殿；十月一日，重新开启景陵地宫大门，葬入其中。谥为：孝懿温诚端仁宪穆和恪慈惠奉天佐圣仁皇后。

史书记载，皇太后得知佟佳氏病危非常着急和感慨，因为孝昭皇后死后中宫久虚，佟佳氏长年主后宫，抚育众皇子，勤勤恳恳，任劳任怨，实属不易。于是，顾不上挑选吉时吉日，从速办理，册立佟佳氏为皇后。匆忙册立佟佳氏为皇后，事实上与她家族的地位分不开。这皇后的名分，不仅仅是赐给即将离开人世的佟佳氏本人，更是为了她的家族。

顺治十七年（公元1660年），作为康熙帝的生母孝康皇后的同胞弟弟、佟佳氏的父亲佟国维出任宫中一等侍卫。之后，他又先后出任内大臣、领侍卫内大臣，而且名列议政王大臣，从此踏上了通往朝中重臣的道路。随着女儿佟佳氏被册封为康熙帝的贵妃，佟国维身兼“国舅”与“国丈”于一身，身份十分显赫。不幸的是本来已经卸任的他，在晚年不小心卷入了皇子们的争储斗争。事情的经过是这样的：康熙四十七年（公元1708年），康熙帝第一次废掉了皇太子允礽，佟国维出于对江山社稷的关心，建议康熙再次建储。有一天，康熙帝召集众臣商议建储问题，大学士马齐等人呈上的人选，竟然是此前因为公开参与谋夺储位而遭到康熙严厉责骂和处罚的皇八子允禩。康熙帝震怒，以为事先建议立储的佟国维和马齐等人，都是皇八子党的人，他们合伙在谋太子位。康熙气愤已极，竟然两日未进膳食。之后，佟国维彻底失去了康熙帝对他的信任，并且在康熙帝眼里成了非常危险的“乱臣贼子”。责怪归责怪，看在佟国维与自己的血亲、姻亲的分上，康熙帝并未“诛戮以示众”。

佟佳氏家族中，曾经最为风光、最后又最为不幸的人，莫过于佟国维的三子、康熙孝懿皇后的同胞弟弟隆科多。康熙帝崩逝之后，时任理藩院尚书兼九门提督步军巡抚三营统领的隆科多，全力支持雍正即位。由于有了他的周密布署和得力安排，新君即位之时才能顺利进行权力交接，避免了可能发生的混乱局面。雍正即位之初，隆科多以辅位之功迅速飞黄腾达，不久便权倾朝野、位高镇主。皇权不容任何威胁势力。当雍正帝坐稳了新皇宝座的时候，开始了对付隆科多和年羹尧的削权步骤。这两位里应外合为雍正即皇帝位立下汗马功劳的大臣便面临杀身之祸。此所谓“飞鸟尽、良弓藏；狡兔死、走狗烹”，几千年来封建帝王对付重臣的权术，被雍正帝用到了他们二人身上。雍正三年（公元1725年）年初，居功自傲的隆科多开始失宠。不久，雍正帝借故解除他的步军统领职务，他周边的人，包括他的儿子、家人等也先后获罪。为了挽回局面，隆科多百般努力。在与策妄阿拉布坦和俄罗斯举行的边界谈判过程中，他发挥自己一切的聪明才智获取了谈判成功，捍卫了大清王朝的领土主权。然而，对他来讲这一切已经太晚，一切都是徒劳。

隆科多最终也没有躲过雍正帝的治罪。刑部判定隆科多犯有“大不敬罪”、“欺罔罪”等41条罪行，并上奏准备将隆科多斩立决、妻子入官府为奴、财产没收入官府等。最后，隆科多虽然被免除了斩首之刑，妻子也免入官府为奴，但是财产全部被迫赃入官府，成年儿子们不是被革职，就是发配边疆，从此佟佳氏家族彻底没落，昔日的辉煌一去不复返。

孝懿皇后的妹妹佟佳氏，出生于康熙七年（公元1668年），入选宫中，于康熙二十九年（公元1690年）被封为贵妃。雍正二年（公元1724年），世宗晋尊她为皇贵妃，乾隆元年（公元1736年）高宗晋尊为寿祺皇贵太妃。寿祺皇贵太妃于乾隆八年（公元1743年）病死，终年76岁，被册谥为“悫惠皇贵太妃”。同年十二月入葬双妃园寝。

所谓双妃园寝，也叫皇贵妃园寝，是乾隆帝特意为悫惠皇贵太妃和康熙帝的另一位妃子——和妃（死后谥为惇怡皇贵妃）修建的园寝。康熙末年，曾经嘱托佟佳氏与和妃共同抚育年幼的弘历。弘历登基以后，为了报答这两位奶奶辈妃子们的养育之恩，一方面不断地晋尊加封，另一方面还破例为她俩单独修建了园寝，即双妃园寝。双妃园寝比照一般妃园寝，增修了配殿、方城、明楼，成为清代等级最高的妃园寝。

孝昭皇后钮祜禄氏和孝懿皇后佟佳氏的共同点，是她们都是朝中重臣的女儿，而且康熙帝为了突出对她们父辈们的重视，将姊妹二人纳入后宫。

5

受尊而不受宠的孝昭仁皇后

孝昭仁皇后，钮祜禄氏，满洲镶黄旗人，为辅政大臣一等公遏必隆之女，康熙第二位皇后。早在孝庄太皇太后给康熙选皇后的时候，钮祜禄氏也参加了候选，鳌拜当时就赞成遏必隆之女为后，因为这样可以拉拢遏必隆。而在当时，康熙的祖母孝庄太皇太后却看中的是索尼之子噶布喇的女儿。因此，索尼的孙女成为皇后，遏必隆之女屈居皇妃。

康熙初年，遏必隆的女儿钮祜禄氏被选入皇宫，立为贵妃。遏必隆终日延颈举踵，盼望此女能被立为皇后，光耀门庭。不料，孝庄皇太后忽颁旨谕，预册立内大臣噶布喇之女赫舍里氏位皇后。遏必隆闻讯，懊恼不已。鳌拜、苏克萨哈因“心怀嫉妒”，不禁怒形于色，声称：“若将噶布喇之女立为皇后，毕动刀枪。满洲下人之女，岂有立为皇后之理?”遏必隆当时虽然表示：“封为皇后，系太皇太后所定之事，我等何以管得?”但他的真正想法却是：“我遏必隆之女，恨不能封皇后。”因此，当鳌拜、苏克萨哈在孝庄皇太后面前“阻拦启奏”时，遏必隆也随之一同前往。

可见，遏必隆多么地希望自己的女儿被封为皇后，可是由于鳌拜事件，遏必隆下狱，本来是将遏必隆革职立绞，妻子为奴。但康熙以遏必隆并无结党之处，命免其死罪，革去太师及公爵。可是直至遏必隆过世都没看到自己的女儿被封为皇后。康熙十二年（公元1673年）十二月，遏必隆病故，康熙命赐祭如例，谥“恪僖”。次年，索尼孙女孝诚仁皇后赫舍里氏产后身死，孝昭仁皇后掌管六宫，不久封为皇后。

钮祜禄氏虽然被选为妃，并且在孝诚仁皇后去世后封为皇后，但是她并不是康熙宠幸的妃子。钮祜禄氏被选为妃，是因为他是辅政大臣遏必隆的女儿，选她为妃，可以起到拉拢遏必隆的作用，这对于刚刚亲政的康熙皇帝非常重要。一方面可以防止他向鳌拜过分靠拢，另一方面至少可以起到一种作用，就是在康熙惩治鳌拜的时候，他能够保持中立。后来事实的发展证明，遏必隆在康熙处理鳌拜的时候，能够保持中立。康熙八年，康熙亲政，鳌拜及其党羽被诛，遏必隆因为和鳌拜关系紧密，被治下狱，后加恩释放，但被革去公爵、罢去官职。母家遭受如此打击，钮祜禄氏在宫中的处境可想而知，本来对她就比较冷落的康熙帝，此时更加不愿意去见钮祜禄氏，钮祜禄氏只能独处深宫，暗自哭泣。宫中后妃，自有品级，钮祜禄氏虽然备受冷落，但是因为她的家世曾经显赫，因而还能保持在一个很高的地位上。康熙十三年，皇后赫舍里氏产后病逝，中宫无主，康熙令钮祜禄氏执掌六宫，不久封为皇后。康熙既然不喜欢这位皇后，那为什么还要让她当皇后呢？这同样是康熙政治上的考虑，而非感情上的喜好。此时距遏必隆获罪革职已经过去多年，康熙对他的前嫌已经消殆一尽。遏必隆也已经于前一年去世，而他生前最大的愿望就是自己的女儿封为皇后，封钮祜禄氏为后，也可以了结这位前辅政大臣的愿望。另外，钮祜禄氏毕竟是满洲大族，按照宫内次序也当为后，康熙此举，可谓是顺理成章。

然而，同前任赫舍里氏一样，钮祜禄氏也并不长寿，当上皇后没几年，就于康熙十七年（公元 1678 年）病逝了。同赫舍里氏相比，钮祜禄氏是痛苦的，她拥有与赫舍里氏一样显赫的家世、一样美貌的面孔、一样良好的修养，但是她的生活，却明显没有赫舍里氏幸福。首先是她进宫时是妃，赫舍里氏是皇后，地位相差了一截。然后是赫舍里氏得到康熙的宠爱，生了两个儿子，虽然有一个夭折，可是另一个活下来，并且被封为太子。而钮祜禄氏根本就没有得到康熙的宠爱，她是康熙几十个妃子当中受尊而不受宠的一个，她入侍几十年，却没有子嗣，由此可想而知。最后，如果不是赫舍里氏难产而死，钮祜禄氏根本就不能成为皇后，其命运会更加悲惨。

钮祜禄氏与赫舍里氏的葬仪基本上相同，不同之处在于钮祜禄氏丧期正是讨伐“三藩”的关键时候，康熙帝下圣旨减免了不少礼仪。皇后灵柩先放在巩华城，在那里，已经存放了赫舍里氏的灵柩。康熙为其上谥曰：孝昭仁皇后。康熙二十年，景陵完工，康熙下令将两位皇后的灵柩移入景陵，入葬地宫。经雍正、乾隆、嘉庆三朝，累加谥号，全称为：孝昭静淑明惠正和安裕端穆钦天顺圣仁皇后。

6

被雍正帝追封的康熙妃子

敬敏皇贵妃章佳氏，参领海宽的女儿，最初入宫封号为妃，之后康熙朝没再加封。章佳氏一生共为康熙帝诞育了 3 位子女。康熙三十八年（公元 1699 年）去世后，入葬景陵妃园寝。雍正元年（公元 1723 年）六月追封为敬敏皇贵妃，并移葬景陵地宫。

怡亲王允祥，是雍正帝最为宠信的皇十三弟。雍正年间，由于继承皇位，亲兄弟互相残杀，皇帝与其诸位兄弟处于纷繁复杂的关系之中。雍正帝做皇子时，允祥与雍正帝的关系就非同一般，经常在一起吟诗作赋，形影不离，感情胜过同胞兄弟。雍正帝即位后，允祥对皇上更是忠心耿耿，毫无二心，成了雍正帝的左膀右臂。允祥与雍正帝的君臣相处过程中，时刻不忘他那“忠”、“敬”、“诚”、“直”、“勤”、“慎”、“康”、“明”八字诀，使得他多年被雍正帝宠信、重用。雍正四年（公元 1726 年），雍正帝曾经亲书这八个字，制作匾额赐允祥。说明允祥确实将这八字诀当作了他人生的座右铭，并且得到了雍正帝的认同与肯定。尤为难能可贵的是，允祥在无与伦比的荣耀和恩宠面前，始终能够摆正自己的位置，恪尽为弟、为臣的道理。他从来不有恃无恐，而是秉公办事，一切为了辅佐好皇兄。康熙帝的第十七子允礼本来与允祥的私人关系一般，但是允祥发现他“居心端方、乃忠君亲上、深明大义”，所以推荐给雍正帝。雍正帝本以为允礼为皇八子党的人，视其为政敌之一，所以派他去看守陵寝。既然允祥推荐允礼，雍正帝就以试一试的想法安排允礼掌管理藩院事务。后来的情况证明，允礼果真是一位忠诚守信、精明强干的皇弟。当允祥于雍正八年（公元 1730 年）病故之时，雍正帝也在患病。但是他不顾大臣们的劝阻，仍然料理了允祥的丧事。雍正帝对十三弟如此倾心，是因为允祥是雍正帝真心信赖的弟弟和忠实的心腹大臣。难怪雍正帝对允祥的母亲格外开恩，将其封号从“敏妃”一下子提高两级，一跃而为“敬敏皇贵妃”，并且将敬敏皇贵妃从已经安葬好的妃园寝，移葬到康熙景陵地宫之中，使景陵地宫开创了祔葬皇贵妃的先例。清东陵的妃园寝到现在还有一个空穴，那就是先前葬入敏妃的地宫。由于其他后妃各有自己规定的墓穴，而且已经使用过的地宫不便再次利用，所以敬敏皇贵妃在妃园寝的地宫以空穴留了下来。

章佳氏，作为康熙帝的一名妃子，在去世 23 年后被雍正帝追封，并破例祔葬景陵地宫，是雍正帝为了自己的统治需要所采用的手段，他是用厚待死者的办法，笼络、恩宠怡亲王允祥。

7

康熙身边并开的姐妹花

宜妃郭络罗氏，于康熙十六年（公元 1677 年）封为宜嫔，两年后生皇五子恒亲王允祺。康熙二十年（公元 1681 年）晋宜妃。二十二年（公元 1683 年）生皇九子允禟，又过两年生皇十一子允禌。宜妃于雍正十一年（公元 1733 年）病逝。

三官保，在康熙年间任盛京内务府上三旗掌关防佐领。康熙帝，在郭络罗氏入宫后的康熙二十一年（公元 1682 年）、康熙三十七年（公元 1698 年）进行了其第二次、第三次东巡，到盛京拜谒祖陵。这两次东巡期间康熙帝曾驻跸三官保家中。接待当朝皇上驻跸家中，是地方官员的莫大荣幸和整个家族的重大事情。所以，圣驾驻跸期间精心恭侍自不必说，在此之前就已经进入了紧张的准备阶段。为了皇上的驾临，三官保的家中，又是修房子、又是准备皇上驻跸所需物品等，一片紧张、忙碌的景象。据当时的档案记载，在官府的资助下，三官保不仅维修了房屋，而且为了防止地面起灰，将房屋东西侧 7 丈左右的地面全部用席子覆盖。三官保的努力，不仅出于对皇帝的忠诚，更为了两个女儿在后宫得到宠幸。

宜妃郭络罗氏，共为康熙帝诞育 3 位子女。在康熙帝的众后妃中，她是深得康熙帝宠爱的妃子之一。康熙帝驾崩的消息传来，宜妃带病欲往哭奠。当她坐着软轿前往存放大行皇帝遗体的寿皇殿时，禀性一向高傲的宜妃，不知是因为没有重视雍正帝的生母、新尊皇太后乌雅氏，还是一时疏忽，竟然没来得及顾上皇太后的位置，走到了皇太后的前边。这一行动，引起了雍正帝的大怒，他痛斥宜妃手下的太监。打狗还要看主人，见自己手下的太监被骂，宜妃显得非常难堪，首次领教了新皇的厉害。而雍正帝之所以如此对待宜妃，是因为她所生皇子允禟，是雍正的政敌之故。

宜妃郭络罗氏所生皇九子允禟，是雍正帝的争储政敌皇八子党的主要成员，因新君即位以后继续与雍正对立，于雍正三年（公元 1725 年）被革爵，次年罢黜宗室，并迫使其改名字为“塞思黑”，满语意为“讨人厌”，同年八月卒。有的野史传说：雍正帝即位后，命允禟去见活佛，皇太后说：“何苦如此用心”，皇上不予理睬，从宫中跑出去，太后大怒，一气之下撞死在墙上。允禟的母亲见皇太后自杀了，也随之自缢而死。其实，孝恭皇后乌雅氏死于雍正元年（公元 1723 年），而宜妃郭络罗氏死于雍正十一年（公元 1733 年），所以这件事情根本不存在。

为了建立新的统治秩序，雍正帝即位后毫不手软地打击政敌，包括自己的兄弟们。这一切，使母亲们很难愉快地度过余生。雍正四年（公元 1726 年），允禟死于非命，白发人送黑发人，可想而知宜妃郭络罗氏的心情该有多么悲伤啊！

宜妃的胞妹、贵人郭络罗氏选入皇宫后，封为贵人，生皇六女固伦恪靖公主和皇子允禑。康熙帝死后，世宗在康熙六十一年（公元 1722 年）封贵人郭络罗氏为嫔，她的封号、卒年和葬期不详，所生固伦恪靖公主下嫁蒙古博尔济吉特氏喀尔喀郡王敦多布多尔济。

郭络罗氏姊妹二人共为康熙帝生育了 4 位皇子和一位皇女。她们的入宫与得宠，大概与康熙帝的东巡分不开。

8

年羹尧之妹敦肃皇贵妃

年氏（？～1725），清世宗贵妃。父年遐龄，官湖北巡抚。公元1723年封贵妃。谥号“敦肃皇贵妃”。雍正皇帝非常喜欢她，她甚至得到专房之宠。这与其兄清廷名将年羹尧不无关系，而其兄由于妹之受宠而忘乎所以，后遭杀身之祸。所幸，雍正帝在年氏病逝后才将其兄处死，足见皇帝对她情谊之深。

年氏早在胤禛继位前就嫁进王府，封为侧妃。康熙五十九年（公元1720年）五月，她为雍正生下第七个儿子福宜，但未满周岁就夭折了。康熙六十年十月，又生第八子福惠；雍正元年（公元1723年）五月，又生九子福沛，但都相继夭亡。

年氏进雍府较晚，却得到雍正的喜爱，有专房之宠。雍正元年，胤禛一继位就封她为贵妃。年氏能取得这样的地位，除她独有的可爱之处外，也与她的哥哥年羹尧不无关系。

年羹尧是康熙三十九年（公元1700年）翰林出身。历充四川、广东试差。不到十年，升为四川巡抚。后赴西藏协理军务，以功晋升为四川总督，接着授予定西将军。西藏战乱平息后，被授予川陕总督，封三等公、加太保。雍正初，年羹尧与隆科多镇压反对派拥立有功，备受恩遇。年羹尧的文韬武略，都深为雍正帝所赏识。尤其是他率军平息青海叛乱以后，解除了皇帝治国之忧，雍正帝更是异常兴奋，把他视为自己的“恩人”，并进封其为一等公，加太傅。年羹尧的父亲、儿子也被加官封爵。这样，年羹尧的妹妹年贵妃深得雍正帝恩宠，就不足为怪了。

雍正帝对年羹尧宠信过分，致使他权势炳赫，居功自大，目空一切，行事自专，做出种种越权枉法的事情来。这样势必导致雍正帝另一部分亲信的不满，这些人不断向雍正帝吹风，自幼生性多疑的雍正帝后悔给年羹尧过多的军政大权，于是开始有计划、有步骤地打击他。雍正三年（公元1725年）三月，公开罪责年羹尧。

事态的变化刺痛了年氏的心，她为哥哥的不检点而不安，也为世态炎凉而感到可畏。郁闷、惊吓、悔恨，种种不愉快的情绪使她终于病倒了。雍正帝虽早已决计整治年羹尧，但又不便在年氏病笃之时动手。这年十一月，年氏病危，雍正帝加封她为皇贵妃，并表彰她：“秉性柔嘉，持躬淑慎。朕在藩邸时，她事事克尽敬慎，在皇后面前小心恭慎；朕即位后，贵妃于皇考、皇妣大事悉皆尽心，力疾尽礼，实能赞襄内政。”加封、表彰并未挽回年氏的病情，年氏当月即去世。乾隆初年，从葬于泰陵。年氏死后仅一个月，雍正即将年羹尧赐死。

9

寿与天齐的耿贵妃

雍正帝的后妃中有一位高寿96岁的妃嫔，她就是裕妃耿氏。她不仅在雍正后宫里是最长寿的，在整个清代后妃中也是次于康熙朝定妃（享年97岁），位居第二。

纯懿皇贵妃耿氏，为管令耿德金之女，康熙二十八年（公元1689年）生，初入雍邸时无封号，雍正帝即位后于雍正元年（公元1723年）册封裕嫔，后来又晋封裕妃。乾隆帝即位后又尊晋裕皇贵太妃，一直活到乾隆四十九年（公元1784年）去世，终年96岁。谥为：纯懿皇贵妃，葬泰陵妃园寝，其位置在诸妃之上。康熙五十年（公元1711年）生皇五子弘昼，封和硕和恭亲王。

在寿命普遍延长的今天，寿命超过90岁的人也不多见。何况“人生七十古来稀”的中国古代，医药和卫生条件极差，纯懿皇贵妃耿氏能高寿到96岁，该有多么不容易。

人能够长寿，除了遗传基因之外，个人的身体状况以及生活条件也很重要。不用说，宫中的生活条件相当优越，锦衣玉食、养尊处优。不仅衣食无忧，而且是相当奢侈的。就清代普通妃子的每日膳食份例来讲，包括猪肉9斤、陈粳米1升3合5勺、白面3斤8两、鸡鸭共10只、白糖3两、核桃仁1两、晒干枣1两6钱、香油6两、鸡蛋4个、面筋4两、豆腐1斤5两、粉锅渣8两、甜酱6两1钱、清酱8钱、醋

2 两 5 钱、鲜菜 10 斤、茄子 8 个、黄瓜 8 条、六安茶叶 14 两、天池茶叶 8 两，另外每月还有 15 盘羊肉。皇后和皇贵妃、贵妃的份例，还要优厚，尽管这些份例中包括宫女、太监的伙食，但是每日进餐，必须先由主子用过之后，吃剩的才分给下人们用。所以，她们的物质条件在当时社会是非常优裕的。

宫里的生活非常单调、乏味，对后妃来讲除了年节之外，平时的户外活动只有早晚向皇太后请安。得宠的后妃还能经常见到皇帝，享受一下夫妻之情，不得宠的后妃或位号极低的答应、常在等人，可能一辈子都难得见上几回皇帝。为了打发无聊、寂寞难耐的日子，宫中妃子们有她们自娱自乐的游戏。比如，冬天画九九消寒图。消寒图的样式各种各样，但都是由九个笔画组成的汉字。入冬以后，从冬至开始每天画一笔，一九过去写成一个字，九个字写好，一冬即过。枯燥乏味的宫廷生活，往往会令人干出出格的事情。为了防止新皇和父皇遗留的年轻皇妃之间产生情爱，这些前朝后妃们在年满 50 岁之前是不允许见新皇帝的。宫廷是一个不流血的战场，明争暗斗不断。后妃之间，为了争宠相互嫉妒、怨恨，使大家的心情始终是郁郁寡欢，这一切严重影响着后妃的健康。所以，后妃要长寿，不仅要学会打发无聊的日子，而且能够心平气和地对待周围的每一件事情，只有这样才能身体健康，延长寿命。

清代历朝后妃中康熙帝的定妃万琉哈氏最为高寿，享年 97 岁，比纯懿皇贵妃还多活了一年。还有乾隆帝的婉贵妃也活到了 92 岁。据宗谱记载，有清一代后妃长寿到 90 以上者，只有她们 3 人。

10

谨守妇道的孝仪纯皇后

魏佳氏（1756～1776），清高宗贵妃。父魏清泰，官内管领。公元1765年被封为令皇贵妃。谥号“孝仪纯皇后”。她为乾隆生了四个儿子、两个女儿，特别是永琰后为仁宗嘉庆皇帝。母以子贵，她遂从贵人晋为令嫔、令贵妃、令皇贵妃。她在乾隆盛世安安乐乐地生活了近50年。

魏佳氏的家庭原本是汉族，姓魏，后来入旗改姓魏佳氏。魏佳氏长得艳丽出众，光彩照人，入宫后以贵人的名份侍奉高宗，深得皇帝的宠爱。魏佳氏给皇上生了六个儿女，这足以说明风流天子对她是情有独钟的，所以她很快从贵人升为令嫔，累晋令贵妃。

乾隆二十五年（公元1760年）十月初六，魏佳氏在圆明园的天地一家春生下了乾隆的第十五个儿子永琰。永琰长得和乾隆十分相像，举止端庄凝重，为人内向多思，深得乾隆喜爱和器重。母以子贵，魏佳氏在后宫的地位也相应提高，到乾隆三十年被晋为令皇贵妃。

乾隆帝接受了历史上外戚为乱的教训，对后宫的管理非常严格。他用历史上著名的有德行的后妃为例，命宫人画出“宫训图”12幅，每到年节就在后宫中张挂，作为后妃们学习的榜样。其中有“徐妃直谏”、“曹后重农”、“樊姬谏猎”、“马后练衣”、“西陵教蚕”等等，在宫中举行宴席时乾隆帝还叫后妃们以“宫训图”中的人物为内容联句赋诗，他要求皇后只能管理六宫事，不得干预外朝事。

乾隆的两个皇后富察氏、乌喇那拉氏先后于乾隆十三年、三十一年死去，按清朝后宫的编制：皇后居中宫；皇贵妃一，贵妃二，妃四，嫔六，贵人、常在，答应无定数，分居东西十二宫。据此，皇后去世后就由皇贵妃魏佳氏执掌六宫事。由于她在宫中生活了三十多年，对后宫人与人的关系有着深刻的体会，管理起来也游刃有余。加之她受皇后富察氏的影响，平时生活节俭，而且牢记皇帝的训示，从不干预朝政。

乾隆三十八年（公元1773年），永琰被乾隆立为皇储。魏佳氏看着自己的儿子被立为皇储，自然是满心高兴，她常常告诫自己的儿子要虚怀大度，多为百姓和社稷着想。然而遗憾的是，她并未见到自己的儿子登基，因为在丈夫乾隆把帝位内禅给儿子之前的20年，即乾隆四十年（公元1776年）时便已故去。累谥“孝仪恭顺康裕慈仁端恪敏哲翼天毓圣纯皇后”。

11

前赴后继做皇后

孝慎成皇后佟佳氏，三等承恩公舒明阿之女。道光帝为皇子时，入侍王府，为侧福晋。嘉庆十三年，钮祜禄氏病逝，她继立为旻宁的嫡福晋。嘉庆二十五年，嘉庆病逝，旻宁继承皇位，年号道光，佟佳氏被立为皇后。

孝慎成皇后出生于清朝历史上名声显赫的佟佳氏，佟佳氏一直是清朝皇室的主要联姻对象之一。清朝历代，宫中都有佟佳氏的后妃。在孝慎成皇后以前，清朝已经出现了两位非常有名的佟佳氏皇后，那就是康熙生母、顺治孝康章皇后和康熙孝懿仁皇后。佟佳氏本来姓佟，是汉军八旗，康熙时因为他的母亲是佟氏，就下令将孝康章皇后的父亲佟图赖改姓佟佳氏，“抬旗”进满洲八旗。所谓抬旗，就是由一个低的旗属抬入高的旗属。清朝制度，八旗分满洲八旗、蒙古八旗和汉军八旗，地位等而下之，享受的政治经济利益也是等而下之。抬旗就意味着一种荣誉和奖赏，这是非常荣耀的事情。佟佳氏成为清代历史上第一个因为后族而抬旗的例子，这后来逐渐成为一种制度，为后代所继承。佟佳氏不仅出现了两位皇后，而且名将迭出。佟图赖的长子国纲曾经任康熙时内大臣、八旗都统、安北将军等重要职位，参与中俄尼布楚条约的签订。佟图赖次子国维曾经任内大臣、议政大臣等职。佟国维侄隆科多更是雍正初年权倾朝野的宰辅，权力大到终于为雍正帝所不容。雍正以后，佟佳氏因为隆科多的获罪而一度陷于寂寞，但是在后宫里仍然不乏来自佟佳氏的后妃。孝慎成皇后父亲舒明阿是隆科多之后，也是当时非常有名望的人物。孝慎成皇后出生于这样一个显赫的满洲世家，在钮祜禄氏去世以后继立为嫡福晋，接着又封为皇后绝非偶然。

嘉庆十三年，旻宁嫡福晋钮祜禄氏病逝，佟佳氏继为嫡福晋，佟佳氏温文尔雅，端庄贤淑，深得旻宁的宠爱。

嘉庆二十五年，嘉庆帝病逝，作为皇次子的旻宁继承皇位，是为宣宗，年号道光。道光即位以后，封佟佳氏为皇后，掌管六宫。道光生活的时代，正是清朝社会矛盾不断激化的时代。嘉庆时，荆楚白莲教起义，蔓延清王朝半壁江山，天理教起义竟然攻进了紫禁城，嘉庆好不容易才把白莲教镇压下去，可是偌大的一个帝国却府库一空，危机四伏。道光即位之初，励精图治，企图重振康乾盛世，佟佳氏颇能佐助皇帝。当时道光提倡节俭，皇后积极支持，并且以身作则，下令减少皇后衣食住行的各项“定例”，节省资金作为镇压西北回民叛乱之用。同时在后宫当中倡导节俭，在帝后的大力提倡下，崇简去奢之风在京城大为盛行。

然而，就在西北回部叛乱刚刚平息不久，道光帝正欲再图大业的时候，孝慎成皇后就一病不起，医治无效，含恨身亡了。孝慎成皇后为后凡十三年，颇能奉行道光提倡节俭朴素、宽厚仁慈、守成之道，故能得到道光的敬重。死后，道光谥一“慎”字，可见其办事为人小心谨慎。

佟佳氏死后，道光把她葬在清西陵的龙泉峪，在那里已经安葬了道光的另一位皇后钮祜禄氏。咸丰初，上谥。光绪间又加谥，曰孝慎敏肃哲顺懿诚敦恪熙天诒圣成皇后。皇后有女一，不幸夭折。

12

临死才封的皇后

博尔济吉特氏（1812～1855），清宣宗曼宁贵妃。父花良阿，官刑部员外郎。公元1832年封为静贵妃，不久晋升皇贵妃。谥号“孝静皇后”。她摄行六宫诸事整整10年，却始终未得皇后封号。后来直到死前的第八天才得到皇太后的封号，死后也未能系宣宗谥。

○掌管六宫抚育皇子

博尔济吉特氏小道光皇帝30岁。她初入宫时为静贵人，后来晋封为静嫔，时常得幸侍奉皇上。道光帝的皇二子奕纲、皇三子奕继，都是她的亲骨肉，可惜一个两岁、一个三岁时，先后幼殇。静妃失去爱子，忍受了极大的悲痛。幸运的是她在道光十二年（公元1832年）又生了一子，就是皇六子奕欣。随即又被封为静贵妃。孝全成皇后钮祜禄氏死后，道光帝不愿另立中宫，晋封她为皇贵妃，在后宫嫔妃中名位最高，故摄行六宫之事。

孝全皇后的遗子奕詝由静皇贵妃抚养。皇贵妃视其如同己出，非常疼爱，奕詝亦视皇贵妃如慈母，母子相依无间。奕詝与奕欣不仅同在皇贵妃的照抚之下，且兄弟两人年龄只差一岁，同在书房读书；兼之当时道光皇帝的皇一、二、三子早殇，皇五子奕淙出嗣为惇亲王之子，不在宫中，皇七子还小，不足为侣，他俩的感情自然就亲密多了。

道光帝晚年，外侮内乱，相逼而来，家事又祸不单行。皇太后一病去世，道光帝素性纯孝，悲伤过度。后来，皇四子奕詝的福晋萨克达氏又病殁。种种不如意之事云集皇家，道光帝忧悲交加，积劳成疾，延至道光三十年（公元1850年）正月十四日，病势加重，自知不起，谕令诸大臣到正大光明殿额后取下秘匣，宣示御书。大臣们在秘密建储匣内竟发现两份谕旨，充分表现了当时道光帝的矛盾心情，虽决定传位给皇四子奕詝，但也不能委曲了另一个宠儿奕欣，因而同时封奕欣为亲王。

道光三十五年（公元1850年）奕詝继位，改元咸丰，是为文宗，亦称咸丰帝。遵照先帝遗旨，封六弟奕欣为恭亲王。咸丰三年恭亲王奕欣受任军机大臣，虽为新进，但因亲王身份爵位最高，成为军机处掌印钥的“领班军机大臣”，咸丰皇帝也常召见奕欣议事。

咸丰帝素受静皇贵妃抚养，视其为生母，因此尊为“康慈皇贵太妃”，居绮春园。皇上经常到此问安视膳，对她格外尊敬。

○临终遂愿乱中获封

静皇贵妃自摄行六宫事整整10年，只因道光帝痛失孝全皇后，不愿另立中宫，所以静皇贵妃始终未得皇后的封号。现今咸丰帝当朝，自恃抚育皇上如亲子，静皇贵妃一心想得到太后的封号。而奕欣也想通过生母晋封皇太后，以扩张自己的权势。但此事迟迟未决，于是奕詝、奕欣兄弟间渐有芥蒂。以静皇贵妃的封号一事为导火线，积嫌到咸丰五年（公元1855年），终于出现了明显的裂痕。

一天，静皇太妃刚醒未起床，咸丰皇上问安即到，太监准备禀告太妃，皇上摇手表示不要惊动。太妃见床前有人影闪动，以为是刚来问安的亲子奕欣还未离开，甚有怨气地说：“你为什么还在这里？我所知道的都告诉你了！他这个人性情不易知，不要生了嫌疑了。”咸丰皇帝一听是对自己有怨气，怕再说下去双方都下不了台，立即喊了一声：“额娘。”太妃一听是皇上，马上翻身朝内卧，也没理睬皇上。自此皇上猜疑更大。

不给静贵太妃加封皇太后封号，咸丰帝有自己的主见。他认为：嗣皇帝的生母被尊封为皇太后有例在先，而先帝妃嫔被嗣皇帝尊封为皇太后的前朝尚无先例。虽然静皇贵妃抚育自己有恩，视为亲母，但毕竟不是生身之母，所以不情愿封静皇贵妃为皇太后。

咸丰五年六月，静皇贵妃病情加剧，咸丰皇帝急入绮春园寝宫探视病情，恰巧碰到恭亲王奕欣从里面出来，皇上询问：“太妃病情如何?”奕欣跪地泣哭，悲伤地说：“已经危在旦夕了。看样子是只等皇太后的封号下来就瞑目了。”咸丰皇帝闻后悲从中来，只随口“哦，哦”两声，便三步并两步走入寝宫去探望太妃。奕欣等待皇上允诺已久，误认为“哦，哦”就是皇上已经答应，赶忙回到军机处恭办皇太后封号事宜。礼部具奏，陈明一切仪典，准备尊封皇太后。恭亲王传旨，虽非咸丰的本意，但生米已煮成熟饭，如果皇帝拒绝礼部请尊封皇太后的奏章，则将闹成天下笑话，所以不得不依奏。逐于咸丰五年七月一日传旨，尊静皇贵太妃为“康慈皇太后”。静皇太妃在忙乱误会中终于获得皇太后封号。

静皇太妃圆了十数年的梦，九天后安详平静地辞世而去，享年 44 岁。咸丰派奕欣等恭理丧仪，一切均按皇后礼办理。咸丰服缟素 27 日，青袍褂百日。但下旨“不系宣宗谥”，即谥号不加宣宗成皇帝的“成”字，谥为“孝静康慈弼天辅圣皇后”。奉安东陵后，神牌回京，升祔奉先殿，而不祔太庙。从而创下了清代历史上皇后不系皇帝谥号的特例。

同治帝即位时，奕欣当国，遂改康慈皇太后谥号，系宣宗之谥号，称作：“孝静成皇后”，神牌也得以升祔太后。

13

珍妃的姐姐

他他拉氏（1873～1933），清德宗（光绪）瑾妃。满洲正红旗人。祖父裕泰为陕甘总督；父长叙曾官至户部右侍郎。

由于在光绪二年（公元1876年）嫁次女予署山西巡抚布政司葆亨为婚。这一天是康熙帝的忌辰，违反了例禁鼓乐的祖制，遭到参奏，被革掉官职，从此家道中落。瑾妃的伯父是广州将军长善，瑾妃姐俩幼年跟随他在广州生活，姐俩的经历与别的满洲贵族小姐有所不同，她们在广州这个近代开放城市接触了许多新的东西。瑾妃与珍妃性格完全不同，珍妃性格外向，聪明伶俐、活泼贪玩，瑾妃性格内向，贤淑忠厚，所以学习什么她都不如妹妹珍妃。她们的伯父，身为武将却非常重视文化学习，特意聘请了光绪年间进士，翰林院侍读学士、才华横溢的文廷式来当家庭教师。老师教授认真，要求严格，加上姐俩的刻苦用功，经过八年的努力，瑾妃姐俩诗词文章大有进步。她们在广州生活了十年左右，当时她俩的两位兄长志锐和志钧也在广州，他们也常和老师文廷式研究时事，颇有文名。光绪十年（公元1884年）她们随伯父返回北京。皇帝大婚前的三个月必须选定皇后和嫔妃，光绪十四年（公元1888年）十月初五，这一天瑾妃和她的妹妹同时被选中。光绪十五年正月二十六日（1889年2月25日）在举行大婚典礼的前一天，16岁的瑾妃和14岁的珍妃同时被送入宫中，封为瑾嫔，珍嫔。

光绪二十四年（公元1898年）六月，光绪帝在康有为、梁启超等人的辅佐下推行变法。珍妃由于在广州接受了新文化的思想，态度鲜明地支持光绪帝的变法活动。变法由于以慈禧为代表的顽固派的坚决镇压，最后以失败告终，聪明活泼、思想激进的珍妃被慈禧毒打后贬入冷宫。面对妹妹不幸的遭遇，瑾妃除了同情、悲伤之外别无办法，连光绪皇上也被软禁在瀛台。在一瞬间，瑾妃在宫中同时失去了两个最亲近的人，她一下感觉到天地窄小了，她也曾去看过妹妹，但每次给她留下的是心酸流泪和心中一阵阵的凄凉。

两年之后，光绪二十六年（公元1900年），八国联军侵入北京城。紫禁城内一片混乱，慈禧太后不顾国难当头，带着光绪帝及宫中嫔妃仓皇出逃。临行前慈禧命人将珍妃处死。这件事情，瑾妃根本不知道，慈禧的出逃也没通知她，她后来自己慌忙跑出京城，追赶上慈禧的逃跑大队，登上了西行之路。

慈禧回到北京后为了掩盖她残杀珍妃的罪行，对外宣称珍妃是为了免遭洋人污辱投井自杀的，又会知内务府筹办棺材，命珍妃的家人打捞尸体，装殓入棺，埋葬在阜成门外恩济庄的宫女墓地。至此，瑾妃才放声大哭了一场。

宣统初年（公元1909年）瑾妃被尊为兼祧皇考瑾贵妃。清帝逊位后，又进尊封。民国三年（公元1914年）隆裕皇后去世，与光绪合葬于西陵九龙峪。瑾妃趁这个机会把妹妹珍妃由宫女墓迁出，葬于景陵妃嫔寝内，并立碑谥称：“恪顺珍贵妃”，尽了姐妹之情。她整整活了一个甲子，于1933年去世。